地球新発見の旅
What am I feeling here?

絶景の旅
The Greatest Landscape of the World
未知の大自然へ

いま、すぐに行きたい！

絶景の達人 太鼓判

「ロバは旅に出たって、馬になって帰ってくるわけじゃない」
ということわざがヨーロッパにあるそうだ。
変貌する自分に期待する旅人を、あっさりと嘲笑ってみせる。
しかし旅とは、じつはロバのまま帰ってくる行動なのだと知る者こそ、
ほんとうの旅人なのかもしれない。
旅に出る、とはどういうことなんだろうか。
生来の旅人である作家ブルース・チャトウィンは、
辺境の地を求めては放浪の旅を続け、
神々しい大自然の光景に息をのむこともあった。
旅とは何かと問い続け、さらにまた辺境へとさまよい出る。
彼はやがて、パスカルを引き合いに出しながら、
人は死の絶望から逃れるために、「気晴らし」として旅に出、
放浪の旅に出る衝動は、人が元来もつ本能なのだという思いにいたる。
人が快適な日常の棲家を捨てて、砂漠へとさまよい出るのは、
人類の起源に関わるほどのDNAがなせるわざなのだと。
すると、旅に出たロバも、もとはといえば馬だったのかもしれないのだ。
ロバはロバのまま帰ってくるのだが、彼は気づかぬまま、
馬がもつ本能に駆り立てられては、また旅に出るのかもしれない。
チャトウィンの放浪もまた、そういう旅ではあった。そのさなか、
WHAT AM I DOING？ と呟いて彼は48歳で若い人生を終える。
本書で紹介する「絶景」と称されるスポットに身を置いて、
あなたはどう呟くのだろうか。
これらの絶景は未踏の地でもなければ、放浪の果てにたどり着く場所でもないが、
すべては日常の棲家から遠い、見事な佳景であり不可思議な奇景である。
これら地球が生み出した特異な自然には、誰もが圧倒される。
その絶景に触発されて、あなたのなかには何が起こるのだろうか。
もしかしたら、心の奥に馬のいななきを聴くかもしれない。
あるいは瞬間、馬そのものに変身してしまうかもしれない。
さあ、出かけよう！ 絶景の旅へ。

サハラの白砂漠(→P.206)

地球新発見の旅
What am I feeling here?

絶景の旅
未知の大自然へ

目次

中南米　CENTRAL & SOUTH AMERICA

1. レンソイス砂丘　ブラジル
   LENCOIS ……………………………………… 10
2. イグアスの滝　アルゼンチン/ブラジル
   IGUAZU FALLS ……………………………… 16
3. ペリト・モレノ氷河　アルゼンチン
   PERITO MORENO GLACIER ………………… 22
4. マーブル・カテドラル　チリ
   MARBLE CATHEDRAL ……………………… 28
5. ブルーホール　ベリーズ
   BLUE HOLE ………………………………… 32
6. カーニョ・クリスタレス　コロンビア
   CAÑO CRISTALES …………………………… 36
7. ウユニ塩湖　ボリビア
   SALAR DE UYUNI …………………………… 40
8. カナイマ国立公園とエンジェル・フォール　ベネズエラ
   CANAIMA NATIONAL PARK ………………… 46
9. マチュピチュ　ペルー
   MACHU PICCHU ……………………………… 52

北米　NORTH AMERICA

10. アンテロープ・キャニオン　アメリカ
    ANTELOPE CANYON ………………………… 58
11. ザ・ウェイブ　アメリカ
    THE WAVE …………………………………… 64
12. ホワイトサンズ国立モニュメント　アメリカ
    WHITE SANDS NATIONAL MONUMENT …… 66
13. キャニオンランズ　アメリカ
    CANYONLANDS NATIONAL PARK ………… 70
14. イエローストーン　アメリカ
    YELLOWSTONE NATIONAL PARK ………… 76
15. レイク・ルイーズ　カナダ
    LAKE LOUISE ………………………………… 82
16. アブラハム湖　カナダ
    LAKE ABRAHAM ……………………………… 86
17. ナイアガラの滝　カナダ/アメリカ
    NIAGARA FALLS ……………………………… 88
18. フェアバンクスのオーロラ　アメリカ(アラスカ州)
    FAIRBANKS …………………………………… 92

オセアニア　OCEANIA

19. ウルル(エアーズ・ロック)　オーストラリア
    ULURU(AYERS ROCK) ……………………… 96
20. ホワイトヘヴン・ビーチ　オーストラリア
    WHITEHAVEN BEACH ……………………… 102
21. フランツ・ジョセフ氷河　ニュージーランド
    FRANZ JOSEF GLACIER …………………… 106
22. ミルフォード・サウンド　ニュージーランド
    MILFORD SOUND …………………………… 112
23. ロック・アイランド　パラオ
    ROCK ISLAND

The Greatest Landscape of the World

CONTENTS

アジア　　　　　　　　　　　ASIA

- 24 武陵源 中国 / WULINGYUAN 122
- 25 九寨溝 中国 / JIUZHAIGOU 128
- 26 盤錦の紅海灘 中国 / HONGHAITAN 134
- 27 カッパドキア トルコ / KAPADOKYA 138
- 28 パムッカレ トルコ / PAMUKKALE 144
- 29 エベレスト ネパール / EVEREST 148
- 30 チョコレート・ヒルズ フィリピン / CHOCOLATE HILLS 152
- 31 バイカル湖 ロシア / LAKE BAIKAL 156

ヨーロッパ　　　　　　　　　EUROPE

- 32 モラヴィアの大草原 チェコ / GREEN FIELDS OF MORAVIA 160
- 33 リーセフィヨルド ノルウェー / LYSEFJORD 164
- 34 トロルの舌 ノルウェー / TROLLTUNGA 170
- 35 ポストイナ鍾乳洞 スロベニア / POSTOJNA CAVE 172
- 36 アイスリーゼンヴェルト オーストリア / EISRIESENWELT 176
- 37 プリトヴィツェ湖群 クロアチア / PLITVICE LAKES NATIONAL PARK 182

アフリカ　　　　　　　　　　AFRICA

- 38 ブライデ・リバー・キャニオン 南アフリカ共和国 / BLYDE RIVER CANYON 188
- 39 ラック・ローズ セネガル / LAC ROSE 192
- 40 ナトロン湖 タンザニア / LAKE NATRON 196
- 41 ナミブ砂漠 ナミビア / NAMIB DESERT 200
- 42 サハラの白砂漠 エジプト / WHITE DESERT 206
- 43 ダナキル荒地 エチオピア / DANAKIL DESERT 212

絶景の旅MAP 6
本書の使い方 6
絶景の達人プロフィール 8
国内旅行代理店・現地ツアー会社 218
インデックス 222

世界の秘境へ 未知の大自然へ
絶景の旅MAP
あなたの絶景スポットは、ここにあります！

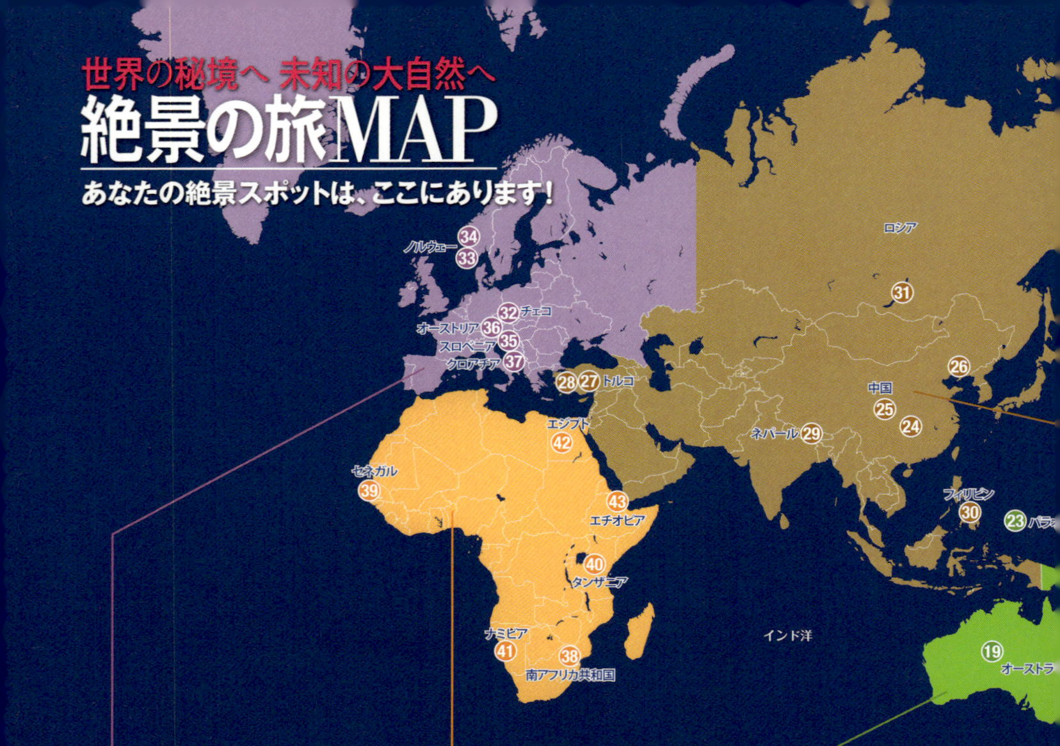

地図ラベル：
- ノルウェー ㉞ ㉝
- チェコ ㉜
- オーストリア ㊱
- スロベニア ㉟
- クロアチア ㊲
- ㉘ ㉗ トルコ
- ロシア ㉛
- 中国 ㉖ ㉕ ㉔
- エジプト ㊷
- セネガル ㊴
- ネパール ㉙
- エチオピア ㊸
- タンザニア ㊵
- ナミビア ㊶
- 南アフリカ共和国 ㊳
- フィリピン ㉚
- パラ ㉓
- オーストラリア ⑲
- インド洋

ヨーロッパ EUROPE

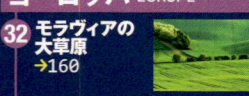

- ㉜ モラヴィアの大草原 →160
- ㉝ リーセフィヨルド →164 
- ㉞ トロルの舌 →170 
- ㉟ ポストイナ鍾乳洞 →172 
- ㊱ アイスリーゼンヴェルト →176
- ㊲ プリトヴィツェ湖群 →182

アフリカ AFRICA

- ㊳ ブライデ・リバー・キャニオン →188 
- ㊴ ラック・ローズ →192 
- ㊵ ナトロン湖 →196 
- ㊶ ナミブ砂漠 →200 
- ㊷ サハラの白砂漠 →206 
- ㊸ ダナキル荒地 →212

オセアニア OCEANIA

- ⑲ ウルル（エアーズ・ロック） →96 
- ⑳ ホワイトヘヴン・ビーチ →102 
- ㉑ フランツ・ジョセフ氷河 →106 
- ㉒ ミルフォード・サウンド →112 
- ㉓ ロック・アイランド →116

本書の使い方

掲載しているアクセス、所要時間、トラベルプラン、予算はあくまで目安です。いずれも現地の状況などによって変更される場合がありますので、旅行の際は事前に最新情報をご確認ください。また、写真は季節や時間帯、撮影場所などによって実際の風景と異なる場合があります。あらかじめご了承ください。

旅の予算

原則として、航空券代（燃油サーチャージを含まない）、宿泊費、食費、現地交通費（現地ツアーなどを含む）、入場料などを合計して算出したおおまかな予算を、ツアーを利用するほうが行きやすい国の場合には一般的なツアー代金を目安にしています。いずれも季節、繁忙期、ツアー会社、条件などの事情により大きく変動する場合があります。

※国、地域の治安や情勢はつねに変わります。また、

北米 NORTH AMERICA

- 10 アンテロープ・キャニオン →58
- 11 ザ・ウェイブ →64
- 12 ホワイトサンズ国立モニュメント →66
- 13 キャニオンランズ →70
- 14 イエローストーン →76
- 15 レイク・ルイーズ →82
- 16 アブラハム湖 →86
- 17 ナイアガラの滝 →88
- 18 フェアバンクスのオーロラ →92

アジア ASIA

- 24 武陵源 →122
- 25 九寨溝 →128
- 26 盤錦の紅海灘 →134
- 27 カッパドキア →138
- 28 パムッカレ →144
- 29 エベレスト →148
- 30 チョコレート・ヒルズ →152
- 31 バイカル湖 →156

中南米 CENTRAL & SOUTH AMERICA

- 1 レンソイス砂丘 →10
- 2 イグアスの滝 →16
- 3 ペリト・モレノ氷河 →22
- 4 マーブル・カテドラル →28
- 5 ブルーホール →32
- 6 カーニョ・クリスタレス →36
- 7 ウユニ塩湖 →40
- 8 カナイマ国立公園とエンジェル・フォール →46
- 9 マチュピチュ →52

旅の日程

絶景スポットのみを見て帰ってくる弾丸ツアーではなく、一緒に見てまわりたい付近の見どころを観光するなど、現実的なツアープランを参考にした日程になっています。ここで紹介している以外にも、まわり方やツアーの種類などによって、さまざまな日程を組むことができるので、旅行する前にご確認ください。

驚嘆度／難易度／危険度

絶景スポットの特徴をそれぞれ5段階で表しています。数字が大きくなるにしたがって、その度合いが強くなります。
驚嘆度…美景度、不思議度、稀有度、スケールなど
難易度…交通手段や気候風土により体力や時間を過大に必要とする場合
危険度…地形や治安による事故や事件に遭う可能性

査証(ビザ)の要不要も国によって変わります。事前に、外務省海外安全ホームページ(www.anzen.mofa.go.jp)の最新情報をご確認ください。

実際に旅した達人たちにお話をうかがってこの本はできました。
絶景の達人プロフィール

ここに紹介するのは、いずれ劣らぬ旅の強モノたち。各絶景スポットで実体験を語っていただきました。

白川 由紀（シラカワ ユキ） — フォトエッセイスト
- ボツワナのオカバンゴ湿地帯、ナミビアのナミブランド国立公園、ボリビアのウユニ塩湖
- 100カ国以上　一年に50日程度は海外に滞在
- やったことのないこと、見たことのない世界を探検すること
- ナミビア　マダガスカル

http://www.facebook.com/cafetoumai

入谷 茂樹（イリタニ シゲキ） — カウリ・メディア・プロダクション メディア・コーディネーター
- テカポの星空（ニュージーランド）、ボラボラ島の水上コテージと海、ワイポウア・フォレストの巨大樹カウリ（ニュージーランド）
- 約20カ国　16年（ニュージーランド）
- パワースポット探し　タヒチ、フィジー、クック諸島、ソロモン諸島
- アイスランド

http://media.kauri-jp.com

岩間 裕子（イワマ ユウコ） — ユーラシア旅行社 添乗および営業担当
- ギアナ高地のロライマ山頂（ベネズエラ）、チベット側のベースキャンプから見たエベレスト、パタゴニア地方（チリ・アルゼンチン南部）
- 約20カ国　バスケットボール
- 南米全般。なかでもギアナ高地は何度も訪れるほど　チベットの聖地カイラス

http://www.eurasia.co.jp

馬場 裕（ババ ヒロシ） — 広告写真家
- ダイビングスポット・グロットの入水直後の外界からの光によるブルー（サイパン）、ラパスの深紅の夕日（メキシコ）、竹富島のコンドイ浜の白砂（日本）
- 10カ国
- 水中写真撮影、人物写真
- 日本、アメリカ、モルディブ
- エクアドルのガラパゴス諸島

内藤 真美子（ナイトウ マミコ） — コロラド・サウスダコタ・ワイオミング州政府観光局
- イエローストーン、ロッキーマウンテン国立公園、ブラックキャニオン・オブ・ザ・ガニソン国立公園（すべてアメリカ）
- 8カ国
- ゴルフ、スキー、ハイキングなど　アメリカ
- コロラド州のクレステッド・ビュート。高山植物が一面に咲き誇る時期に訪れてみたい

http://www.uswest.tv

澤田 真理子（サワダ マリコ） — 西遊旅行 取締役兼秘境ツアーガイド
- ニジェールのテネレ砂漠、パキスタンのコンコルディア、エチオピアのダナキル砂漠
- 100カ国以上　一年に250日前後は海外滞在
- 旅行、写真撮影、動物　本物が残っているニジェール
- 野生動物の写真を撮影すること。まずはスリランカのレオパード

http://www.saiyu.co.jp

羽富 玉樹（ハトミ タマキ） — スールトレック（南米の現地旅行社）トラベルアドバイザー
- アタカマ砂漠の月の谷（チリ）、マチュピチュの雲霧林（エクアドル）、ボリビアのウユニ塩湖
- 12カ国　24年（エクアドル）
- 読書、食べ歩き　メキシコ
- 北欧とアイルランド、スコットランド

http://www.surtrek.jp

中井 太郎（ナカイ タロウ） — 名古屋大学地球水循環研究センター研究員
- アラスカのオーロラ（とくに湖面に映ったものと、オーロラ爆発）、スイスのゴルナーグラートから見たマッターホルン、アラスカのワンダー・レイクから見たマッキンレー
- 7カ国（アラスカに約4年滞在）　写真撮影、旅行、手品　アメリカ
- ナミブ砂漠の美しい星空（ナミビア）

http://sites.google.com/site/taronakai

羽鳥 健一（ハトリ ケンイチ） — 道祖神 旅行企画担当
- エジプトのグレート・サンド・シー、ケニアのトゥルカナ湖、ボツワナのマカディカディ塩湖
- 110カ国（51カ国はアフリカ）　一年のうち90日程度はアフリカに滞在　アウトドア全般（とくに登山）　ケニア、エジプト、スーダン
- インド洋のレユニオン島（フランス）

http://www.dososhin.com

アレクセイ・トロフィモフ（Alexei Trofimov） — カメラマン
- バイカル湖のアイス・ハンモック（ロシア）、ゴビ砂漠の大草原（モンゴル）、西シベリアとモンゴルにまたがるアルタイ山脈　一年に4〜5カ月は海外に滞在　写真撮影、料理、歴史の勉強　シベリア、モンゴル　北極、冬の北日本、ロシアのカムチャッカ半島

http://www.facebook.com/PhotoGraphAlex

アイコンの説明：　心を動かされた景色ベスト3　渡航国数　在住歴、滞在歴　趣味　好きな国　今いちばん行きたい国

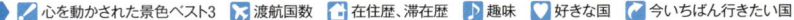

谷口 哲 (タニグチ アキラ) — フリーカメラマン
- 雲南省・元陽の棚田、四川省・四姑娘山長坪溝、安徽省・黄山の日の出(すべて中国)
- 12カ国
- 一年の約30〜50日は海外に滞在
- 中国内陸部で冷えてないビールを飲むこと
- 中国の内陸部
- 新疆ウイグル自治区のアルタイ

http://blogs.yahoo.co.jp/nairikuteki

宮崎 亜希子 (ミヤザキ アキコ) — 販売員
- シチリアのエリチェから見た夕日が差すトラパニ塩湖、ペルーのオリャンタイタンボ遺跡から見た山間の風景、ブラジルのレンソイス
- 17カ国
- 一年で20〜30日、最大80日は海外に滞在
- 写真撮影、旅行
- メキシコ
- ベネズエラのギアナ高地

http://www.facebook.com/viola.brillante

近藤 貴博 (コンドウ タカヒロ) — AATキングス(オーストラリアの現地旅行会社)日本部門マネージャー
- ウルルのサンセット(オーストラリア)、ヨルダンのペトラ遺跡、カンボジアのアンコール遺跡群
- 20カ国
- 18年(オーストラリア)
- 旅行、ジョギング、読書
- オーストラリア、ニュージーランド
- ザンビアとジンバブエの国境沿いにあるヴィクトリア・フォールズ

http://aatkings.com

佐々木 美佳 (ササキ ミカ) — カメラマン
- 北朝鮮のアリラン祭、中国の紅海灘、トルコのパムッカレ
- 10カ国
- 中国大連の滞在歴6年半、現在は京都在住
- 写真撮影、ブログ
- どの国も素晴らしかった!
- チベットのポタラ宮

http://www.linkedin.com/in/mirrorka

小西 美砂江 (コニシ ミサエ) — カナダ・アルバータ州観光公社
- アルバータ州のレイク・ルイーズ、アルバータ州のモレーン湖(ともにカナダ)、沖縄の慶良間諸島(日本)
- 4カ国
- スポーツ観戦(とくにサッカー)
- 日本、カナダ
- エクアドルのガラパゴス諸島

http://TravelAlberta.jp

山本 ジェニファー (ヤマモト ジェニファー) — フィリピン観光省マーケテイングアシスタント
- バナウエ・ライステラス、チョコレート・ヒルズ(ともにフィリピン)、宮島(日本)
- 3カ国
- 読書、映画鑑賞
- フィリピン
- スペインのサグラダ・ファミリア

http://www.premium-philippines.com

林田 第三郎 (ハヤシダ ダイザブロウ) — ハミルトン島のホテルマン
- オーストラリアのホワイトヘヴン・ビーチ、オーストラリアのハート・リーフ、イタリアのアマルフィ
- 23カ国
- 34年(オーストラリア)
- シュノーケリング、水泳、読書、呑むこと
- 日本
- スペイン・アンダルシア地方のセビリア

http://www.hamiltonisland.com.au

難波 真子 (ナンバ マサコ) — 自営業
- アラスカのオーロラ(アメリカ)、アイスリーゼンヴェルト(オーストリア)、カッパドキア(トルコ)
- 15カ国
- 一年のうち15日前後は海外に滞在
- 旅行
- スペイン
- ブラジルのイグアスの滝

http://4travel.jp/traveler/leopanthere

遠藤 優子 (エンドウ ユウコ) — フリーライター
- タクラマカン砂漠の星空(中国)、サマルカンドの青のモスク群(ウズベキスタン)、カッパドキア(トルコ)
- 22カ国
- サイクリング、野菜作り、映画鑑賞
- 台湾
- ラオスやミャンマーの農村地帯

http://takae.jp

高江 遊 (タカエ ユウ) — カメラマン
- 黄山の朝焼け(中国)、イエローナイフのオーロラ(カナダ)、カッパドキア(トルコ)
- 12カ国
- 一年のうち約30日は海外に滞在
- 写真撮影
- アメリカ
- ボリビアのウユニ塩湖

協賛 facebook「絶景事典」
https://www.facebook.com/sbvtravel

本書は、facebookで最も人気のある絶景写真ページのひとつ、『絶景事典』の協賛・協力を受けて編集製作しています。本書の「絶景の達人」である白川由紀さん、宮崎亜希子さんなどは、この投稿ページで「絶景ハンター」として認証された方です。

1

数万年の時を紡いで、白く輝く砂丘と雨季に現れる無数の湖が織りなす大地

LENÇÓIS

レンソイス砂丘

ブラジル

地平線まで続く砂丘と湖。湖は大きいもので幅2kmに及ぶという。つねに風が吹いているため、砂丘の表面は絶え間なく変化を続けている

乾季には純白のきらめく砂丘に、雨季には砂丘の窪地が無数の湖に

　ブラジル北東部、マラニョン州の大西洋岸にある国立公園。広さは1550㎢、琵琶湖の2倍余の大地を石英が砂粒状になった砂丘が連なる。石英は、国立公園の南を流れるパラナイーバ川が河口に運んだ土砂に含まれ、数万年をかけてここに運ばれた。そのさまはまるでシーツが風にたなびいているかのように見えることから、レンソイス(ポルトガル語でシーツの意)と名付けられた。雨季には多量の雨が降る。雨は砂丘の窪地に溜まり、淡水湖ができる。湖というよりは池ほどの大きさだが、青緑の水の美しさと湖の数、砂丘の白とのコントラストに圧倒される。しかも不思議なことにどこからやって来るのか魚が棲む湖もある。乾季には湖が消え、砂丘は白の世界に戻る。

旅の予算 ●40万円～
(大人1人あたりの総予算)

サン・ルイスまでの航空券が約30万円程度、そこからレンソイスのツアーが約10万円ほど。日本発着ツアーは40万円～。物価は安くなく、レストランなどは日本とあまり変わらない。

旅行日程 ●3泊7日～

日本からブラジルは乗り換え時間を含めると約40時間はかかるので、弾丸旅行は避けたい。レンソイスの観光に2日以上は確保し、1週間ほどの日程を組んでおこう。

驚嘆度	1	2	3	4	5
難易度	1	2	3		
危険度	1	2			

絶景の達人 感動実体験

まるで別の惑星に迷い込んだような感じ

現地ツアーに参加しました。未舗装のワイルドな道を4WDでがんがん爆走して、レンソイスへと向かいます。車を降りてかなり急斜面の砂丘を頑張って越えると、そこにはご褒美が待っていました。見渡す限りの真っ白な砂丘と真っ青な湖…、見たこともない白さがまぶしすぎて「地球には想像もつかないような景色があるんだなあ」とその絶景ぶりに感動しました。

夕日に照らされた湖は見逃せません

砂丘の地平線にゆっくりと落ちる夕日は絶対おすすめなので、夕刻の時間まで湖遊びなどを楽しんでください。また、5～9月頃までに行かないと湖の水が跡形もなく消え失せ、ただの白い砂丘になってしまうので、時期には十分に気をつけてください。　　●販売員 宮崎 亜希子

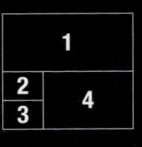

1	
2	4
3	

1 白い石英の砂が描く風紋や砂丘の陰影も美しい
2 自然を保護するために、公園内は裸足で歩くよう定められている
3 湖で水浴びや水泳をする観光客。日差しが強いので、水浴びが気持ちいい
4 砂丘の上から一面に広がる白と青の世界が見渡せる

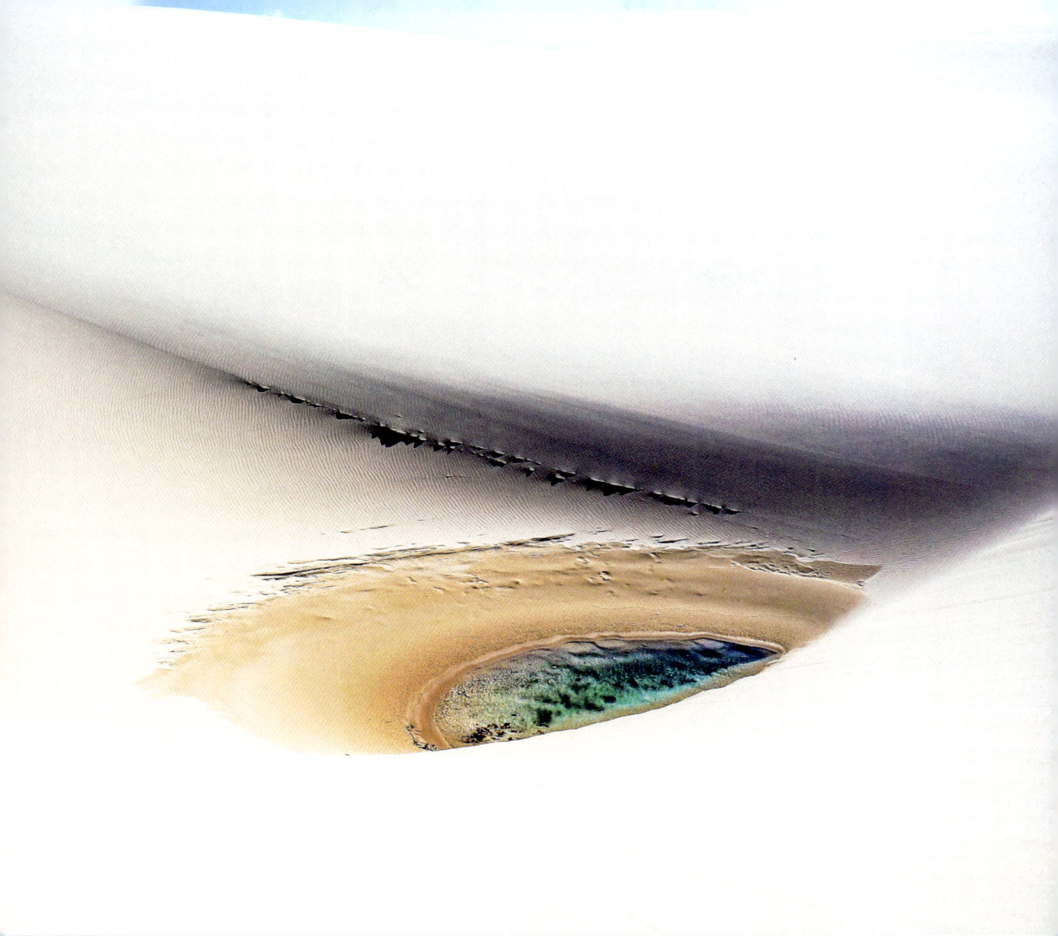
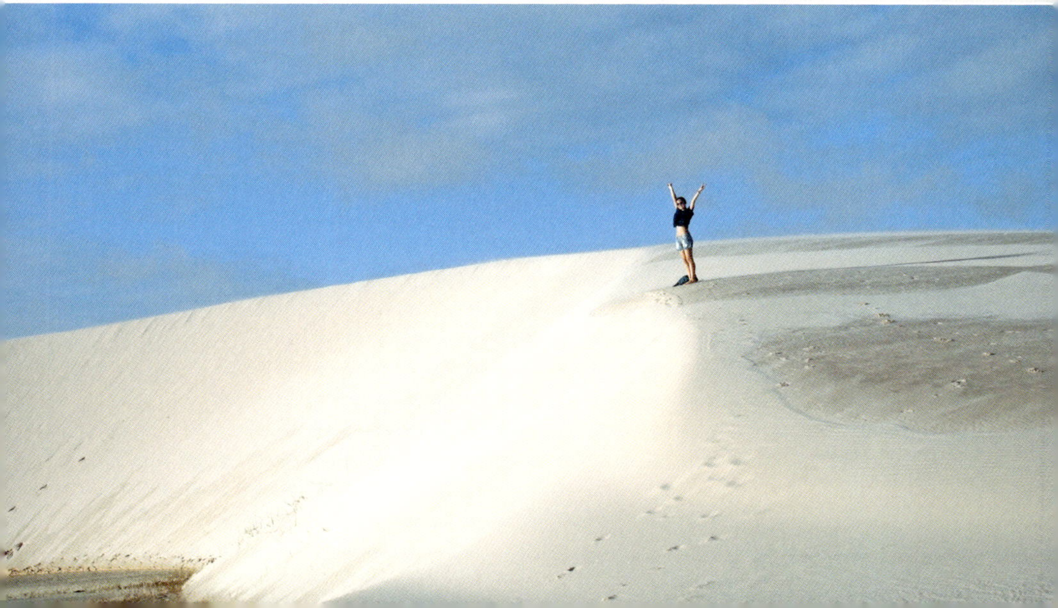

TRAVEL PLAN

アクセス　　　　　　　　　ACCESS

ブラジルへの直行便はないので、アメリカとブラジルで乗り継ぐ。所要約40時間以上の旅

アメリカ、ヨーロッパの1都市で、リオ・デ・ジャネイロまたはサン・パウロへの直行便に、さらに国内線のサン・ルイス行きに乗り継ぎが必要。レンソイス観光の拠点となるバヘーリニャスまでは約240km、バスで所要4時間ほど。

日本 → アメリカ／ヨーロッパ主要都市　約12～16時間
サン・ルイス　約4時間　レンソイス砂丘
バヘーリニャス
約3時間30分
リオ・デ・ジャネイロ／サン・パウロ　約10～14時間

旅のシーズン　　　　　BEST SEASON

湖と砂のコントラストが美しいのは雨季後半から
10～4月頃は湖が干上がる

1	2	3	4	5	6	7	8	9	10	11	12
				雨季					乾季		

白い砂丘に水が溜まるのは雨季後半から乾季前半。湖の水量が多い5～9月頃がベストシーズンだ。バカンスにあたる7～8月は観光客が多く、ホテルも混むので早めに予約をしておきたい。

旅のアドバイス　　　　TRAVEL ADVICE

砂と強い日差しへの対策を忘れずに
ブラジルは観光目的でもビザが必要だ

砂丘巡りの必需品、サングラスと日焼け止め
日差しが強く、光を反射した石英の砂はかなりまぶしい。海からの強風は砂嵐のようになるので、日光だけでなく砂をよけるためにもサングラスは必須。日焼け止めもぬっておこう。

出国前にビザを取得しておこう
東京、名古屋、浜松にあるブラジル総領事館に申請しよう。パスポートは有効期限まで最低6カ月残っている必要がある。

ツアー情報

日本からのツアーは3泊7日ほどから揃う。リオ・デ・ジャネイロなどブラジルの都市を一緒にまわるものも多い。サン・ルイスからの現地ツアーで行く場合は、サン・ルイス観光とレンソイスのサンセットツアーやボートツアーなどが含まれた3泊4日程度のものが多い。

モデルプラン　　　　　　MODEL PLAN

地平線まで続く広大な砂丘を満喫!
湖で泳ぐこともできるので水着は必携

DAY 1　日本からアメリカのダラスを経由
ダラスまでは約12時間。夜にダラスを出発してブラジルのリオ・デ・ジャネイロへ向かう。機中泊。

DAY 2　サン・ルイスからバスでバヘーリニャスへ
午前、リオ・デ・ジャネイロに着き、国内線に乗り換えサン・ルイスへ。バヘーリニャスまではバスで4時間。夜ホテルに着いたら、翌日のレンソイスのツアーを予約。

DAY 3　ツアーに参加してレンソイス観光
朝、バヘーリニャスから車で約1時間30分かけてレンソイスへ。舗装されていない道はかなり揺れるので荷物は最小限に。ツアーはボニータ湖周辺、ペイシ湖周辺どちらかを訪れるものが多い。魚が棲むペイシ湖に行きたい場合は予約時に確認を。湖周辺を散策し、夕日を堪能したあとはバヘーリニャスへ。

湖で泳ぎたい場合は、更衣室がないので事前に水着の着用を。

DAY 4　ボートに乗って小レンソイス公園を訪れる
プレギッサ川を下るボートツアーに参加。1時間ほどで小レンソイス公園に着く。バッソーラスという砂丘地帯に立ち寄りサンドボードに挑戦してみよう。

DAY 5-7　アメリカ経由で日本へ
午前中はバヘーリニャスの街を散策し、バスでサン・ルイスへ向かう。翌日、飛行機でリオ・デ・ジャネイロへ。アメリカを経由し、日本到着。リオ・デ・ジャネイロに数日滞在するプランを組むのもおすすめです。

プラス＋3日のオプションプラン

DAY 1　世界遺産に登録された歴史ある街
サン・ルイス　São Luís
バヘーリニャスからバスで約4時間

バヘーリニャスへの玄関口ともなる都市。ブラジルで唯一、フランスに支配された歴史を持つ。旧市街の多くの建物がタイルで飾られ、「タイルの街」とも呼ばれる。その美しさ、歴史的価値から世界遺産にも登録されている。

DAY 2-3　カーニバルに、サッカーに、躍動する都市
リオ・デ・ジャネイロ　Rio de Janeiro
サン・ルイスから飛行機で約3時間30分

ブラジル第2の大都市。カーニバルで有名だが、コパカバーナ、イパネマなどの海岸、街を俯瞰できるコルコバードの丘のキリスト像など、見どころも満載だ。

TRAVEL PLAN

魚たちの謎 驚嘆！この生き物はどこから来て、どこに消えてしまうのか

雨季と乾季に繰り広げられるドラマ

　レンソイス周辺に生息する新種のカメ、ブラジルクジャクガメの一種は湖のある時期に活動し、湖のなくなる約半年間の乾季には砂丘に穴を掘って比較的湿った層で、冬眠ならぬ夏眠してやり過ごし、次の雨季を待つという。

　なるほどと思わせるが、では湖に降って湧いたように現れる10種類以上の小さな魚はどこから来るのか？ 周辺にはつながっている川や海などは皆無なのに、なぜここに魚がウヨウヨと？

　この秘密はまだ解明されていないが、さまざまな説が考えられている。たとえば、魚の卵を含んだ鳥の糞によってもたらされるというもの。最も有力な説は、水のない乾季には砂丘の地下の湿った砂の中で卵という形で生息し、雨季に湖ができると孵化して泳ぎだすのだという。いずれにしろこの生きるための知恵と工夫と戦略には驚かされる。この不思議が解き明かされるのを待ちたい。

雨が降らなければ出現しない湖に魚が棲む。この地固有のカメもいる

広大な純白の砂丘に生命力の強さを知る

　雨季だけに無数に出現する大小さまざまな湖は、砂丘を構成するほぼ100％の石英層と、その下層にある粘土層との間にある地下水が雨季の降雨によって増水し、砂丘の低い部分に浸み出してできるものとされるが、この砂丘と湖が形成する生態系は世界でもごく稀なものだという。

　そのため新種のカメやカエル、魚が観測されるが、この環境の全体のメカニズムは調査や研究の遅れから、まだわかっていない。

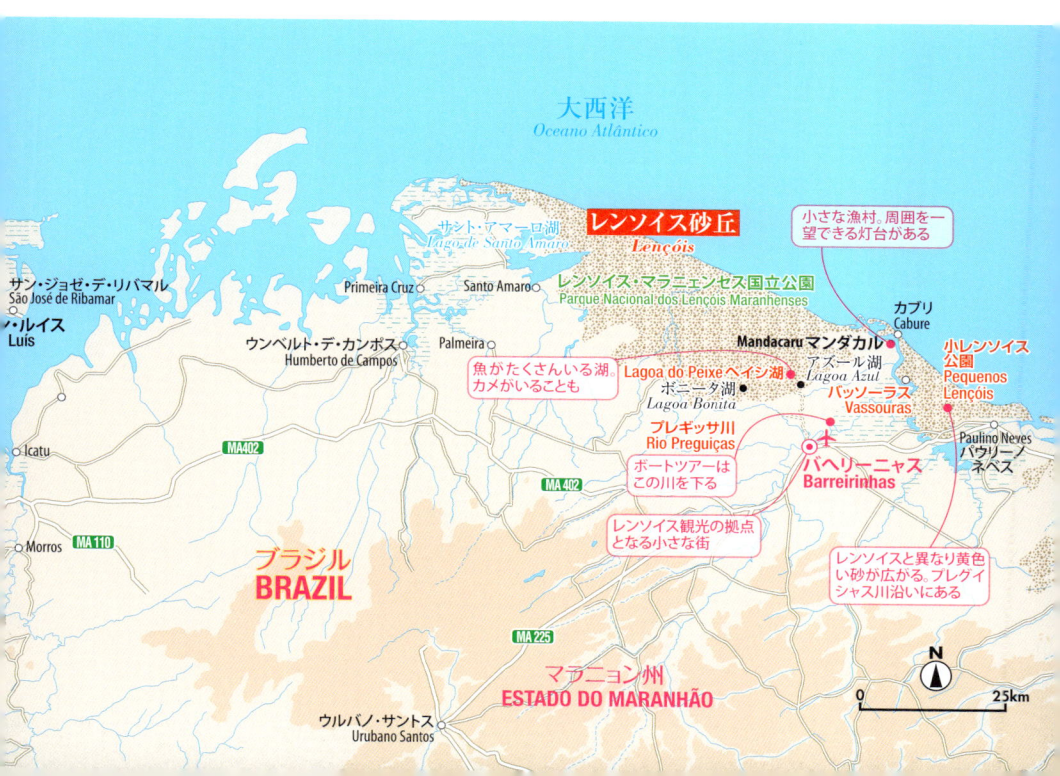

大西洋 / Oceano Atlântico

レンソイス砂丘 / Lençóis
小さな漁村。周囲を一望できる灯台がある

サント・アマーロ湖 / Lago de Santo Amaro
レンソイス・マラニェンセス国立公園 / Parque Nacional dos Lençóis Maranhenses

サン・ジョゼ・デ・リバマル / São José de Ribamar
サン・ルイス / São Luís
プリメイラ・クルス / Primeira Cruz
サント・アマーロ / Santo Amaro
カブリ / Cabure
ウンベルト・デ・カンポス / Humberto de Campos
パルメイラ / Palmeira
マンダカル / Mandacaru
小レンソイス公園 / Pequenos Lençóis

魚がたくさんいる湖。カメがいることも
ラゴア・ド・ペイシ湖 / Lagoa do Peixe
アズール湖 / Lagoa Azul
ボニータ湖 / Lagoa Bonita
パッソーラス / Vassouras

イカトゥ / Icatu
プレギッサ川 / Rio Preguiças
ボートツアーはこの川を下る
パウリーノ・ネベス / Paulino Neves
バヘリーニャス / Barreirinhas
レンソイスと異なり黄色い砂が広がる。プレグイシャス川沿いにある

モロス / Morros
レンソイス観光の拠点となる小さな街

ブラジル / BRAZIL

マラニョン州 / ESTADO DO MARANHÃO
ウルバノ・サントス / Urubano Santos

N　0　25km

2

2つの国にまたがる世界最大の大瀑布
七色の虹の橋がかかる滝

IGUAZU FALLS

アルゼンチン／ブラジル

イグアスの滝

イグアスの滝は観光用によく整備されており、展望台も充実している。迫力あるツアーがいろいろあるので、フルに利用したい

エレベーター、ボート、遊歩道など、滝を見物する手段は多彩

　ブラジル、アルゼンチン両国にわたるイグアス国立公園内にあり、国境にまたがって落ちる世界最大規模の滝。ナイアガラ、ヴィクトリアとともに世界三大瀑布に数えられる。落差こそ約80mと、約100mのヴィクトリアに劣るが、毎秒6.5tという水量、約4kmにわたる滝幅などで、他の2つを圧倒する。イグアスを訪れたルーズベルト大統領夫人がその規模の違いに「かわいそうなナイアガラ」と嘆いたという。

　どちらも世界遺産に登録されていて、広さは2つの国立公園を合わせて2260㎢、東京都より広い。そのうち8割をアルゼンチンが占める。滝の数は水量により150〜300に及ぶが、なかでも自然の力を見せつけるのが、獣の咆哮のような轟音のため"悪魔の喉笛"と呼ばれる最大の滝だ。

旅の予算 ● 40万円〜
（大人1人あたりの総予算）

日本発着ツアーは、イグアスの滝とブエノス・アイレスを訪れるものが40万円ほど。アルゼンチン南部、またはペルーを周遊するものが50万円〜、レンソイスやリオ・デ・ジャネイロなど、ブラジルを周遊するものが45万円〜。

旅行日程 ● 4泊8日〜

アルゼンチンと日本の往復で4日。イグアスの滝観光に2日、そのほかのスポットの周遊に2日以上は確保しておきたい。

	1	2	3	4	5
驚嘆度					●
難易度			●		
危険度		●			

絶景の達人 感動実体験

容赦なく降り注ぐ、永遠の豪雨

「It's storm!(嵐だわ！)」。前を歩く女性の興奮を帯びた叫び声も、あっという間に怒濤の爆音にかき消されていきます。水量が多い日は、すぐそこに見えていた白い水煙が風でこちらに運ばれてきた瞬間、視界はゼロ。気づけば叩きつけるような嵐の中にいることに。でもそれも数秒の出来事、嵐が去ってしまえば、見知らぬ観光客同士、濡れ鼠になった互いの姿を見てお腹を抱えて笑い合う、そんなほのぼのとした光景も見られます。

個性の違う見物ポイント

2日滞在するのがおすすめです。1日目はブラジル側で全景を。2日目はアルゼンチン側で人気ポイント"悪魔の喉笛"を観賞後、ツアーボートで滝壺へ突っ込む。これで200%の大満喫です！　●フォトエッセイスト 白川 由紀

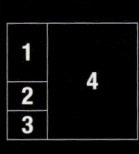

1	
2	4
3	

1 ブラジル側からは滝全体が見渡せる。さまざまな角度から大迫力の滝を堪能
2 午前はブラジル側、午後はアルゼンチン側に虹が出る確率が高い
3 悪魔の喉笛に近づくには列車の終点で遊歩道に入り約25分、上方から眺める
4 川のなかほどのサン・マルティン島にも、島のジャングルをまわるトレイルと展望台がある

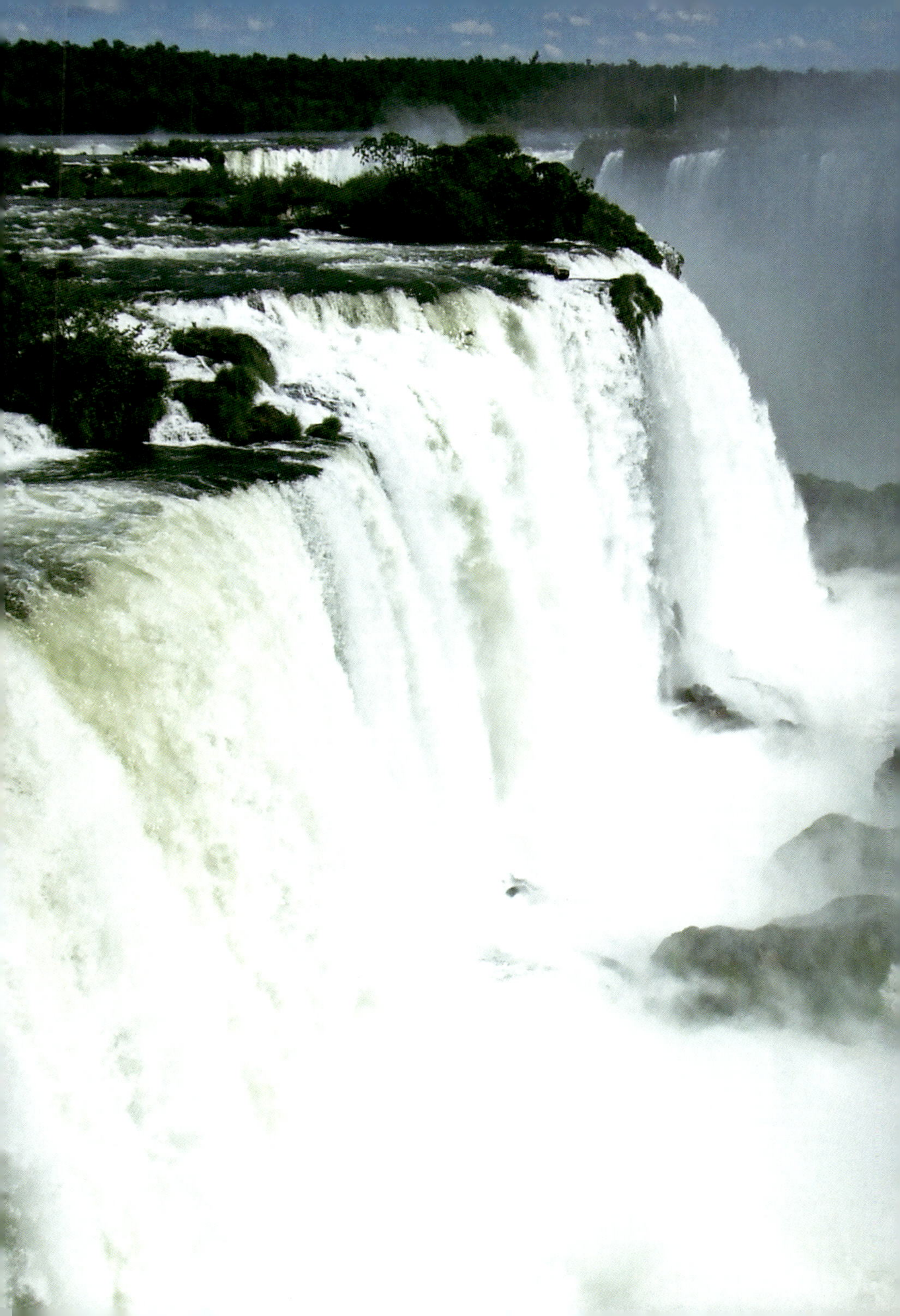

TRAVEL PLAN

アクセス　　　　　　　　　　ACCESS

アルゼンチンへの直行便はなくアメリカ経由で
さらにアルゼンチンで乗り継いで、約38時間

アメリカかヨーロッパの1都市でブエノス・アイレスへの直行便に、さらに国内線のプエルト・イグアス国際空港行きに乗り継ぐ。拠点となる街、プエルト・イグアスからアルゼンチン側のビジターセンターまでバスが出ており、所要約30分。

日本		アメリカ／ヨーロッパ主要都市
	約12〜16時間	

ペルー／ボリビア／ブラジル／パラグアイ／サンパウロ／プエルト・イグアス／イグアスの滝／チリ／アルゼンチン／大西洋／ウルグアイ／ブエノス・アイレス

約2時間／約10〜14時間

旅のシーズン　　　　　　　BEST SEASON

水量が増し迫力があるのは雨季
乾季は水量は減るが天候は安定している

1	2	3	4	5	6	7	8	9	10	11	12
雨季				乾季						雨季	

水量が増し、落下する滝に迫力があるのは雨季だが、かえって水しぶきで滝がよく見えなかったり、遊歩道が通れないこともある。迫力は劣るが、乾季は天気に左右されることが少ない。

旅のアドバイス　　　　　TRAVEL ADVICE

人気の滝壺クルーズはずぶ濡れ覚悟で
ブラジル側からも滝を眺めるならビザを取得

いっそ水着を着たほうが見学にはうってつけ
人気の滝に突っ込むボートツアーはもちろんだが、遊歩道もかなり水しぶきを浴びるところがあるので、水着着用もおすすめ。

対岸は異国、ブラジル・ビザを用意しよう
ブラジル側に行くときはビザを用意しよう。厳しい検問があるわけではないが、通過するときは出入国審査を受ける。ツアーで行く場合は旅行社がまとめて申請してくれる。

ツアー情報

日本発のパッケージツアーは、ブエノス・アイレスを経由し、アルゼンチン、ペルーを周遊するもの、リオ・デ・ジャネイロを経由しブラジルを周遊するものが多い。ボートクルーズなどイグアス国立公園内のツアーは、ビジターセンターそばのチケット販売ブースでも予約可能だ。

モデルプラン　　　　　　　MODEL PLAN

大迫力のイグアスの滝を訪れてから
ペルーにある3つの世界遺産を巡る

DAY 1-2　アメリカを経由してブエノス・アイレスへ向かう
日本を夕方に出発、アメリカの1都市を経由し、ブエノス・アイレスへ。機中泊で翌朝到着。乗り継ぎまでの時間を利用し、簡単に市内を観光。国内線でプエルト・イグアスへ向かう。所要約2時間。

DAY 3　滝壺ぎりぎりまで接近するボートクルーズを体験
プエルト・イグアスのホテルからイグアス国立公園までバスで移動。広い園内を走る無料の列車で、セントラル駅からガルガンタ・デル・ディアブロ駅へ。展望橋を進むと、轟音とともに"悪魔の喉笛"が見えてくる。展望台から壮大な滝のスケールを体感しよう。大迫力のボートクルーズ、「アベントゥラ・ナウティカ」にも参加。"悪魔の喉笛"を下から眺めてから、別の滝の中にボートで突入する。全身ずぶ濡れ必至の人気アトラクションだ。水着を着用して参加しよう。

DAY 4　遊歩道を歩いて、滝全体の眺望を楽しみたい
列車でカタラタス駅へ。遊歩道が滝の上下に設置されているので、まずは滝の上のコースを歩き、展望台から流れ落ちる滝を見学。次に滝の下の遊歩道へ向かい、いくつもの滝を下から見上げよう。ホテルへ戻り空港へ。ブエノス・アイレスを経由し、深夜にペルーのリマ到着。

DAY 5-7　ペルーの世界遺産を訪ねる
リマから長距離バスでナスカへ。セスナに乗って上空から地上絵を鑑賞。ナスカ往復は17時間ほど。翌朝、リマから飛行機でクスコへ。標高の高さに体を慣らしてから、無理をせず、ゆっくり市内観光を楽しもう。7日目はクスコから日帰りでマチュピチュ(➡P.52)へ。壮大な街を山上に建設したインカのエネルギーを感じたい。

DAY 8-10　ペルーからアメリカを経由して帰国
クスコからリマまで飛行機で移動。同日の深夜、リマのホルヘ・チャベス国際空港を発ち、機中泊でアメリカのダラスへ向かう。ダラスで飛行機を乗り継ぎ、再び機中泊で夕方に日本に到着する。

プラス＋1日のオプションプラン

DAY 1　ブラジル側からもイグアスの滝を見てみよう
プエルト・イグアスからバスで約45分

バスで国境を越え、ビジターセンターへ。滝まではバスで移動。ブラジル側は、滝壺近くまで遊歩道が延びており、下からイグアスの滝の全景が眺められる。ヘリツアーなど、アルゼンチン側にはないツアーも体験してみたい。ビジターセンターのそばにあるバードパークや世界第2位の発電出力を誇るイタイプー・ダムにも立ち寄ってみよう。

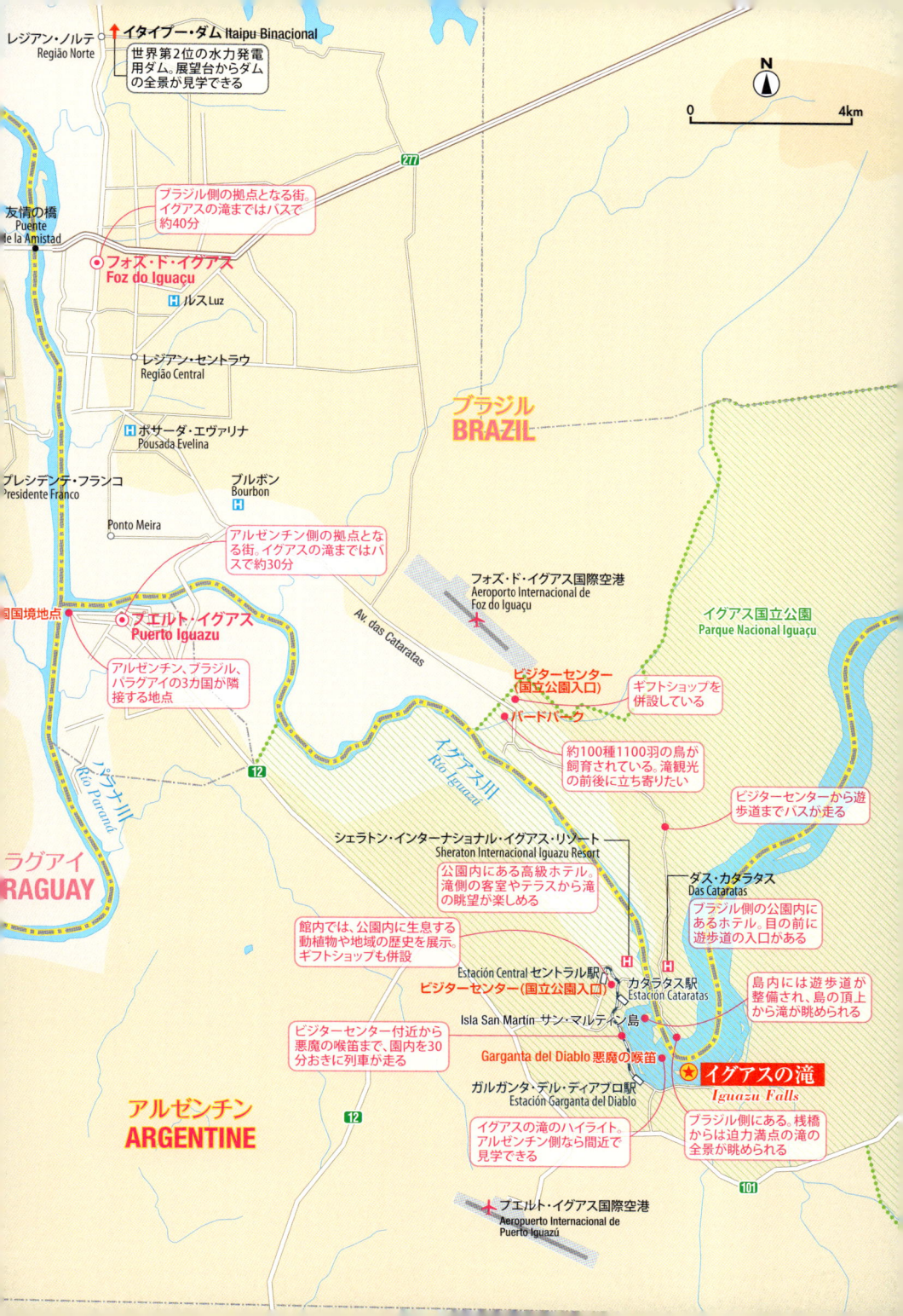

イグアスの滝周辺マップ

- **イタイプー・ダム** Itaipu Binacional
  世界第2位の水力発電用ダム。展望台からダムの全景が見学できる

- **レジアン・ノルテ** Região Norte

- **友情の橋** Puente de la Amistad

- **フォズ・ド・イグアス** Foz do Iguaçu
  ブラジル側の拠点となる街。イグアスの滝まではバスで約40分

- ルス Luz (H)

- **レジアン・セントラウ** Região Central

- **ポサーダ・エヴァリナ** Pousada Evelina (H)

- **プレジデンテ・フランコ** Presidente Franco

- **ブルボン** Bourbon (H)

- Ponto Meira

- **ブラジル** BRAZIL

- 国境地点
  アルゼンチン、ブラジル、パラグアイの3カ国が隣接する地点

- **プエルト・イグアス** Puerto Iguazú
  アルゼンチン側の拠点となる街。イグアスの滝まではバスで約30分

- **フォズ・ド・イグアス国際空港** Aeroporto Internacional de Foz do Iguaçu

- **イグアス国立公園** Parque Nacional Iguaçu

- **ビジターセンター（国立公園入口）**
- **バードパーク**
  約100種1100羽の鳥が飼育されている。滝観光の前後に立ち寄りたい
  ギフトショップを併設している

- パラナ川 Río Paraná
- イグアス川 Rio Iguazú

- ビジターセンターから遊歩道までバスが走る

- **シェラトン・インターナショナル・イグアス・リゾート** Sheraton Internacional Iguazu Resort
  公園内にある高級ホテル。滝側の客室やテラスから滝の眺望が楽しめる

- **ダス・カタラタス** Das Cataratas
  ブラジル側の公園内にあるホテル。目の前に遊歩道の入口がある

- **パラグアイ** PARAGUAY

- **セントラル駅** Estación Central
- **ビジターセンター（国立公園入口）**
  館内では、公園内に生息する動植物や地域の歴史を展示。ギフトショップも併設

- **カタラタス駅** Estación Cataratas

- **サン・マルティン島** Isla San Martín
  島内には遊歩道が整備され、島の頂上から滝が眺められる

- ビジターセンター付近から悪魔の喉笛まで、園内を30分おきに列車が走る

- **悪魔の喉笛** Garganta del Diablo
  イグアスの滝のハイライト。アルゼンチン側なら間近で見学できる

- **ガルガンタ・デル・ディアブロ駅** Estación Garganta del Diablo

- ★ **イグアスの滝** Iguazu Falls
  ブラジル側にある。桟橋からは迫力満点の滝の全景が眺められる

- **アルゼンチン** ARGENTINE

- **プエルト・イグアス国際空港** Aeropuerto Internacional de Puerto Iguazú

3

南米パタゴニアに、白と青のドラマ
崩壊と再生、氷河が繰り返す悠久の営み

PERITO MORENO GLACIER

アルゼンチン

ペリト・モレノ氷河

見学は、展望台から氷河を眺めるツアーや
ボートで氷河に近づくツアー、氷河の上を
トレッキングするツアーなどがある

轟音とともに崩落する大迫力シーン
氷の放つ透明な青色に魅入る

　南アメリカ大陸南部、南緯40度以南がパタゴニア地域で、その最大の見どころがロス・グラシアレス（スペイン語で氷河の意）国立公園。47もの氷河があり、世界遺産に登録されている。なかでもこの氷河は、崩壊と再生を繰り返し、生きている氷河として、また氷の美しさで有名だ。

　全長約35km、アルヘンティーノ湖に崩れ落ちる終端は幅5km、高さ60m、水面下の部分はその倍に及ぶ。1日2m動き、崩壊するが、その分、太平洋の湿気を含んだ風がアンデスに当たり、多量の降雪をもたらすため、終端部の位置はあまり変わることがないという。ヒマラヤやアルプスの氷河と違い、岩の破片などの堆積物が少なく、結氷密度が高いため、青く反射する。

旅の予算 ● 45万円〜
（大人1人あたりの総予算）

日本発着ツアーは、ペリト・モレノ氷河とイグアスの滝を巡るものが多く、45万円〜。数は少ないがパタゴニア周遊をするツアーが50万円〜。ほとんどの物資がブエノス・アイレスなどから空輸されるため、物価は南米のなかでも高めだ。

旅行日程 ● 5泊9日〜

現地滞在はイグアスの滝も訪れるツアーが5日〜、パタゴニア周遊が6日〜。日本とアルゼンチンの往復に4日かかる。

	1	2	3	4	5
驚嘆度					5
難易度				4	
危険度			3		

絶景の達人 感動実体験

五臓六腑を揺るがす大迫力

突然ピシピシッバキッと雷のような音がしたかと思うと、五臓六腑を揺るがすような大音響。「ドーンッ！」という鈍い音が空に向かって砕け散ったその瞬間、氷河の先頭で固い扉のように立っていた真っ青な氷の塊が一枚、板のようにが剥がれ、大きなしぶきをあげて川に倒れ込みます。その迫力は圧巻、1時間に2〜3回の割合で大崩落を見ることができ、フェリーで近づくこともできます。

氷河の上でバータイム！

アイゼンを着けて氷河を歩くトレッキングの目玉は、氷河の氷を使った"オンザロック"。白と青、2色しかない世界でいただくウイスキーは格別です。氷河の移動によって時折響くミシッという音が、地球が生きていることを感じさせてくれます。　●フォトエッセイスト 白川 由紀

	1	
2		4
3		

1 氷河の上をトレッキングするツアー。滑らないようアイゼンを装着し、軍手も貸してくれる

2 轟音とともに氷河が崩れ落ちるさまは迫力満点。氷がきしみ合う音も崩落を予兆する臨場感がある

3 氷河を砕いた氷で飲むウイスキーオンザロック。汚れが少なく、氷の密度が高いため飲用できる

4 崩壊した氷河がアルヘンティーノ湖に落ち、氷塊が浮かぶ。ツアーの船は氷を避けながら進む

24　CENTRAL & SOUTH AMERICA

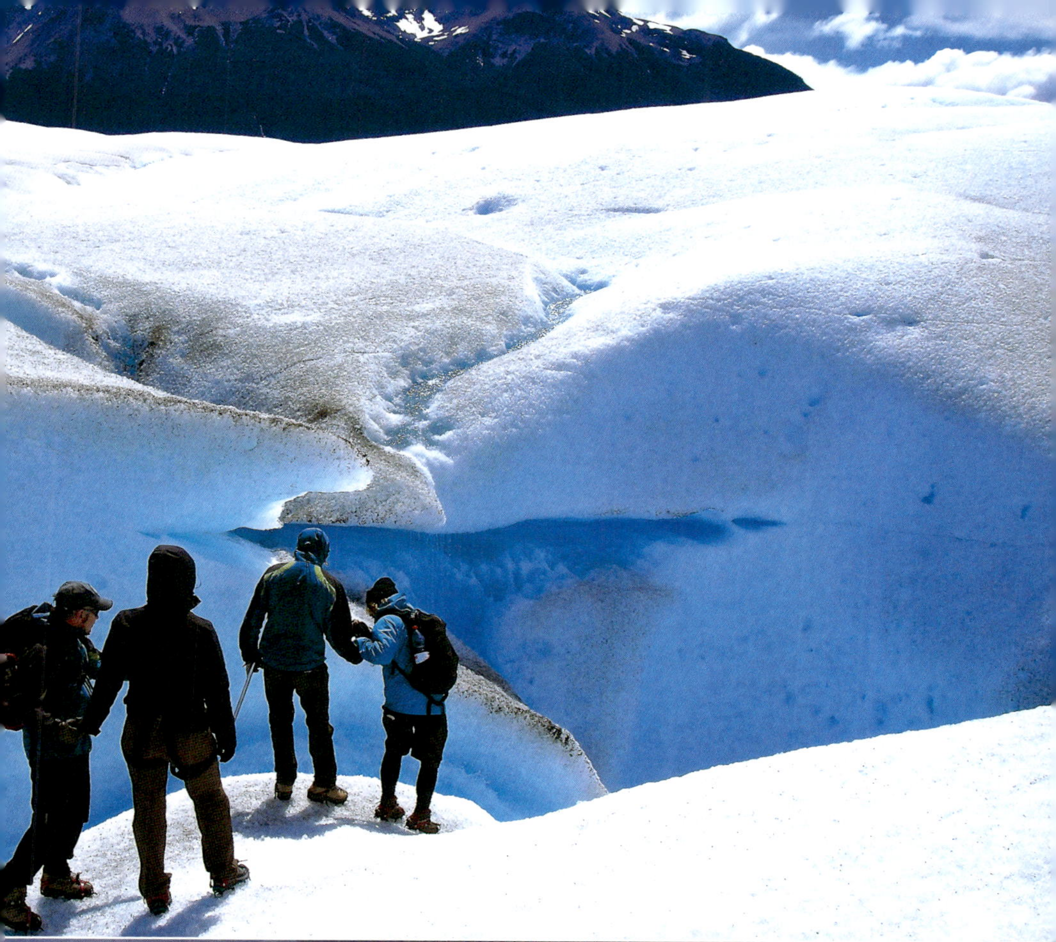

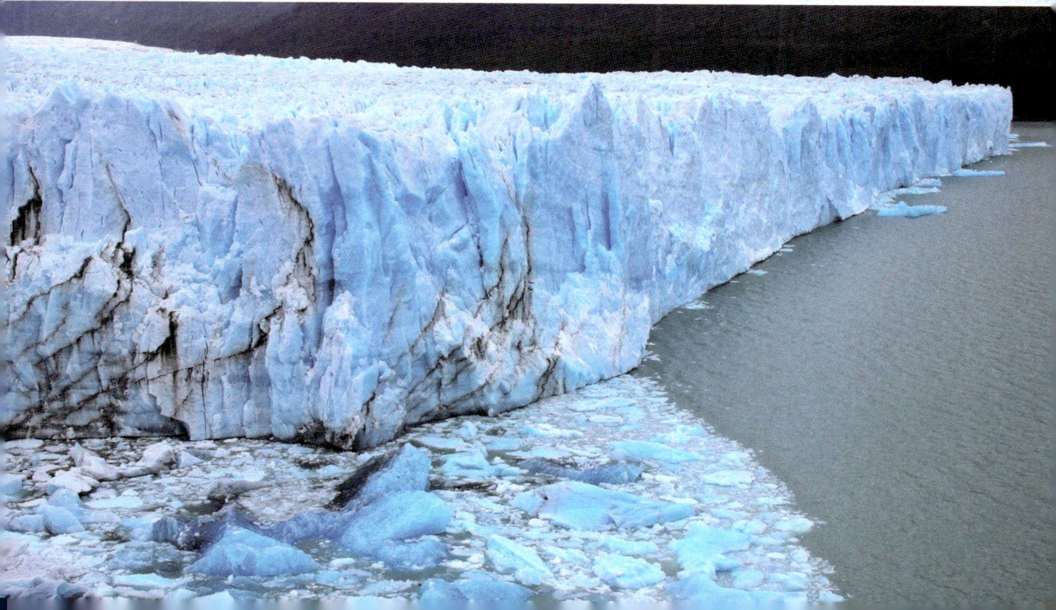

アクセス　ACCESS

日本の真裏にあるアルゼンチンだから西からでも東からでも35時間以上

日本を出て、アメリカの主要都市かヨーロッパの主要都市を経由して、アルゼンチンのブエノス・アイレスへ。国内線でパタゴニア旅行の拠点となるエル・カラファテへと乗り継ぐ。ブエノス・アイレスからエル・カラファテまでバスもあるが、約40時間かかり、治安も悪い。

- 日本 → アメリカ／ヨーロッパ主要都市：約12〜16時間
- アメリカ／ヨーロッパ主要都市 → ブエノス・アイレス：約10〜14時間
- ブエノス・アイレス → エル・カラファテ：約3時間30分

（地図：アルゼンチン、チリ、ブエノス・アイレス、ペリト・モレノ氷河、エル・カラファテ、ウシュアイア）

旅のシーズン　BEST SEASON

大規模な氷河の崩壊は夏がチャンス夏はエル・カラファテの街が賑わう

1	2	3	4	5	6	7	8	9	10	11	12
夏	夏	秋	秋	秋	冬	冬	冬	春	春	春	夏

氷河の崩壊に遭遇する可能性が高いのは、気温の高い夏だが、観光客で混雑する。とくにエル・カラファテでは宿泊料金が上がり、ツアーも満席で予約できないこともある。冬は寒さが厳しく氷河の崩壊もないが、旅行者が少なく大自然が堪能できる。

旅のアドバイス　TRAVEL ADVICE

強い風のため体感温度は低い日差しと紫外線への対策が必要

日本ではあまり想像できない氷河の実態とアルゼンチンの気候
冬は降雪のある山岳地帯であることを忘れないように。年間を通して強風が吹き、体感温度は気温より低い。夏でもウインドブレーカーのような風を通さない上着を携行しよう。夏は日差しや紫外線がきついのでサングラスや日焼け止めを忘れずに。

ツアー情報
日本発着ツアーは、イグアスの滝やマーブル・カテドラルなどを周遊するものが一般的。南部パタゴニアを周遊するなら、ブエノス・アイレス発着ツアーのほうが種類が豊富。エル・カラファテでは氷河の上を歩くトレッキングツアー、湖から氷河を見上げるクルーズツアーなどの申し込みが可能。

モデルプラン　MODEL PLAN

ロス・グラシアレス国立公園をはじめ南部パタゴニアを周遊

DAY 1-2　アメリカを経由しブエノス・アイレスへ向かう
日本を出発し、ヒューストンへ向かう。飛行機を乗り継ぎ、ブエノス・アイレスへ。機中泊で翌日の午前に空港に到着する。午後からブエノス・アイレスの観光を楽しみ、市内のホテルにチェックイン。

DAY 3　ブエノス・アイレスからエル・カラファテへ
午前は市内を観光。ペリト・モレノ氷河観光の起点となる街、エル・カラファテへ飛行機で移動する。

DAY 4　ペリト・モレノ氷河をトレッキング
氷河の展望台へ向かう。第1展望台からは氷河の全景を、第2展望台からは崩落する氷河を見学。その後、トレッキングツアーに参加する。モレノ港から、フェリーで対岸の氷河へ。ガイドに従い氷上を歩く。途中で振る舞われる、氷河の氷を使ったウイスキーのオンザロックの味は格別だ。

> 滑り止めのアイゼンを装着し、氷河の上をトレッキング。国立公園管理局の規定で、65歳以上は参加不可なので注意しよう

DAY 5　氷河クルーズを楽しむ
プンタ・バンデラ港からのクルーズツアーに参加。ウプサラ氷河と、スペガッツィーニ氷河を巡る。船が氷河に近づくにつれて、その大きさに圧倒される。

DAY 6-7　エル・カラファテからウシュアイアへ移動
氷河の博物館、グラシアリウムを見学してから空港へ。南極に最も近い街、ウシュアイアへ向かう。所要約1時間30分。翌日、オタリアなどが見られるビーグル水道のクルーズツアーに参加する。

DAY 8-11　ブエノス・アイレスを観光し帰国
ウシュアイアから飛行機でブエノス・アイレスへ移動。所要約3時間30分。市内観光を楽しみ、ブエノス・アイレス泊。翌日、飛行機の時間まで街を散策。空港へ向かい、機中泊でヒューストンへ。日本行きの飛行機に乗り換え、再び機中泊で夕方、日本に到着する。

プラス +2日 のオプションプラン

DAY 1-2　フィッツロイを仰ぎ見つつトレッキング
エル・チャルテン　El Chaltén
エル・カラファテからバスで約3時間

エル・カラファテの北200kmにあるフィッツロイ山（標高3405m）へのトレッキングの拠点。フィッツロイに連なる山々、湖、氷河、草原などアルプスやヒマラヤとも異なる雄大な風景が広がる。

地図

↑ マーブル・カテドラル
→ P.28
マーブル・カテドラルへはエル・カラファテから約400km

さまざまなルートが整備されており、半日程度から数日のトレッキングまで楽しめる

フィッツロイ山
Cerro Fitz Roy 3405m

Cerro El Faldeo 1803m

1359m

2109m

セロ・ペリト・モレノ
Cerro Perito Moreno 3393m

セロ・トーレ
Cerro Torre 3102m

Cerro Solo 2121m

Río Fitz Roy

エル・チャルテン
El Chaltén

Río Túnel

Lago Túnel

Cerro Huemul 2677m

Río Blanco

Río Barrancas

Arroyo Pastoso

Río Shehuen

Arroyo Potranca

ビエドマ氷河
Glaciar Viedma

Cerro Gemelos Blancos 2127m

立公園内で最大の氷プンタ・バンデラ港発フェリーで見学できる

ウプサラ氷河
Glaciar Upsala

2289m

ビエドマ湖
Lago Viedma

Cerro Murallón 2656m

Cerro Norte 2730m

Cerro Huemoles 1784m

コンドル川
Río Cóndor

Laguna Anita

Cerro Pintado 2343m

グアナコ川
Río Guanaco

ラ・レオナ
La Leona

Río Matas Negras

Cerro Agassiz 3180m

Cerro Camilo 1652m

アルゼンチン
ARGENTINE

Río La Leona

Cerro Punto Alto 1993m

1307m

807m

Brazo Upsala

Cerro Hobler 1864m

オネージ水道

Brazo Norte

Cerro Peineta 2068m

Cerro Castillo 1255m

エル・カラファテ国際空港
Aeropuerto Internacional de El Calafate

アルヘンティーノ湖
Lago Argentino

ニメス湖
Laguna nimes

スペガッツィーニ氷河
Glaciar Spegazzini

アベリャネダ半島
Península Avellaneda

Cerro Avellaneda 1424m

ロス・グラシアレス国立公園
Parque Nacional Los Glaciares

湖周辺に遊歩道があり、一年を通して水鳥が見られる

Arroyo De Los Perros

プンタ・バンデラ港
Puerto Punta Bandera

マガジャネス半島
Península Magallanes

1118m

グラシアリウム
Glaciarium

エル・カラファテ
El Calafate

の先端部が国立公で最も高く80～mに達する。プンタ・デラ港発のフェリー学できる

Cerro Negro 1486m

ブエノス・アイレス山
Co.Buenos Aires 1602m

氷河の博物館。エル・カラファテから直通バスでアクセスする

Cerro Paredón 2165m

Glaciar Ameghino

第1展望台
Primer Balcón

モレノ港
Puerto Moreno

リコ水道
Brazo Rico

1487m

ペリト・モレノ氷河観光の拠点となる山と湖に囲まれた小さな街

ペリト・モレノ氷河
Perito Moreno Glaciar ★

Canal de los Témpanos

Cerro Moreno 1640m

ペリト・モレノ氷河のクルーズやトレッキングに向かう船が出港する

Río Centinela

氷河全体が見渡せる展望台。近くの第2展望台は氷河の高さに近く、崩落を見るのに向いている

Cerro Cervantes 2380m

Cerro Adriana 2005m

1417m

Brazo Sur

Lago Frías

2188m

Río Vizcachas

N ↑ 20km

CHILE

4 浸食された大理石の美しい聖堂
青い輝きを放つ神秘の洞窟

MARBLE CATHEDRAL

マーブル・カテドラル

チリ

美しい模様を描く大理石が、ターコイズブルーの湖の色を反射し、青みを帯びる

中部パタゴニア地域の湖に浮かぶ幻想的な水と大理石の世界

　チリ南部、アルゼンチンとの国境にまたがるヘネラル・カレーラ湖にある。大理石が浸食されてできた洞窟内が教会の聖堂のように見えることから、この名がつけられた。人の手で掘られたような洞窟の形は、数千年にわたって波が少しずつ大理石の亀裂に入り込み、石を削ることでできあがったといわれている。氷河が溶けた水に含まれるシルトという粒子が青色のみ反射するため、湖水は青く透き通っている。湖畔にある小さな街、プエルト・トランキーロからのボートツアーは、往復で1時間30分ほど。午前と午後に各1便運航しており、風のない晴天時、最も美しい洞窟の姿を見ることができる。ボートで洞窟の中へ入り、聖堂のドームのように優雅なカーブを描き、青く輝く大理石を間近で見る。

旅の予算 ● 50万円〜
（大人1人あたりの総予算）

マーブル・カテドラルとアウストラル街道、エクスプロラドレス氷河、サン・ラファエル氷河などを訪れるツアーが50万円ほど、アルゼンチンも周遊するツアーが60万円ほど。

旅行日程 ● 4泊8日〜

日本とチリの往復で4日、現地滞在の4日間でマーブル・カテドラルと周囲のスポットを巡るものが多い。アルゼンチンにも立ち寄るツアーは6泊10日程度から。

驚嘆度	1	2	3
難易度	1	2	3
危険度	1	2	

絶景の達人 感動実体験

箱庭サイズの神秘空間
規模は小さいものの、味わいある紋様が刻まれた大理石と、氷河由来の静謐さが感じられる湖が相まって、独特の造形美が創り出されています。まさに宝石箱にしまいたくなるような手のひらサイズの神秘空間。洞窟内から見えるアンデスの山々も雰囲気づくりに一役買ってます。

フィッシングファンの憧れの地
ヘネラル・カレーラ湖は天然マスのフィッシングでも有名。村で漁船を頼むと、漁師さんが釣り竿を用意して案内してくれます。人口が少ないせいか、ほぼ入れ食い。きらきら光るシルバーの魚体がコバルトブルーの水面を打つ情景は、神々しさを感じさせるほどの美しさ。何匹も釣ろうとすると「胃袋に収められる数だけにしよう」とたしなめられます。　●フォトエッセイスト 白川 由紀

アクセス　ACCESS

日本からチリへの直行便はない。アメリカ、サンティアゴを経由して約40時間

アメリカ、ヨーロッパの1都市で乗り継ぎ、サンティアゴへ。サンティアゴから国内線でバルマセダ行きに乗る。空港から拠点となる街、プエルト・トランキーロまでは車で約4時間。ボートツアーで街からマーブル・カテドラルへ向かう。

旅のシーズン　BEST SEASON

日本とは季節が逆になり、現地の夏に相当する12〜2月が旅行に適している

1	2	3	4	5	6	7	8	9	10	11	12
夏		秋			冬			春			夏

夏といってもパタゴニアは寒いので防寒対策は必要。冬は宿が休業していたり、ツアーが催行されていないことも多い。季節により表情を変えるマーブル・カテドラル。水位が上昇する夏は、水に浸かる面積が増え、大理石が幻想的な青さを増す。水位が下がると、大理石本来の色が強調される。

旅のアドバイス　TRAVEL ADVICE

交通手段の把握が難しい中部パタゴニア　個人での旅行はゆとりある日程が必須

周辺の街からのツアーに参加する場合は日数に余裕をもって
不定期な運行時間、運行会社が1日おきに変わるなど、スケジュールを立てるのが難しい。日本発着のパッケージツアーを利用しないなら、臨機応変な対応を心がけよう。

ツアー情報
数は少ないが日本発着ツアーがあり、マーブル・カテドラルとエクスプロラドレス氷河を訪れるものや、アルゼンチンのペリト・モレノ氷河などを周遊するものが一般的。マーブル・カテドラルへのボートツアーは、プエルト・トランキーロのバス停近くに並ぶツアー会社で予約が可能。周辺の街、コイハイケ、チレ・チコなどからのツアーもある。

TRAVEL PLAN

モデルプラン　　MODEL PLAN

マーブル・カテドラルを訪れたあとは
南部パタゴニアのペリト・モレノ氷河も見学

DAY 1-2　アメリカを経由しサンティアゴへ向かう
夕方、日本を出国、ダラスを経由してサンティアゴへ。機中泊で翌朝に到着。バルマセダへの飛行機に乗り換える。空港からプエルト・トランキーロへ車で移動する間、世界一美しい国道と呼ばれるアウストラル街道の眺めも楽しめる。

DAY 3　マーブル・カテドラルと氷河観光を楽しむ
午前はプエルト・トランキーロからボートに乗ってマーブル・カテドラルへ。午後からは街の北西部にあるエクスプロラドレス氷河へ向かい、展望台から氷河を眺める。

DAY 4-5　アルゼンチンのエル・カラファテへ
プエルト・トランキーロからバルマセダ空港へ、サンティアゴへ向かう。サンティアゴ泊。翌日、飛行機でブエノス・アイレスへ。飛行機を乗り継ぎ、ペリト・モレノ氷河（→P.22）観光の拠点、エル・カラファテまで移動。

DAY 6　展望台とボートからペリト・モレノ氷河を見学
エル・カラファテの街から車で氷河の展望台へ。ボートにも乗船し、間近で氷河を観賞。ボートツアーのほか、氷河トレッキングツアーなども行なっている。

DAY 7　ブエノス・アイレス到着後、街を散策
エル・カラファテから飛行機でブエノス・アイレスへ移動。到着後、市内を観光。夜はタンゴ・ショーを鑑賞。

DAY 8-10　チリ、アメリカを経由して日本へ帰国
飛行機出発までの時間はブエノス・アイレスの観光を楽しむ。空港へ向かい、サンティアゴ行きに乗り、機中泊でダラスに到着。ダラスで日本行きに乗り換え、再び機中泊で日本に帰国する。

5

怪物の寝床と呼ばれる深い海の穴
不思議な魚や動物が棲む謎のホール

BLUE HOLE

ブルーホール

ベリーズ

グレート・ブルーホールと呼ばれる規模、カリブの宝石とも例えられる美しい光景は上空から遊覧ツアーで眺めるのもいい。ブルーホールの色、形状、サンゴ礁の様子がよくわかる

ひときわ濃い青をたたえる海中の穴
空中から眺めたい海の色の変化

　ユカタン半島の付け根、北はメキシコ、西はグアテマラに接し、東はカリブ海に面した小国がベリーズ。海に飛び出すような岬にあるベリーズ・シティの沖100kmほどに、直径300m以上、深さ約130mという世界でも屈指のブルーホールがあり、きれいな円形にサンゴ礁が取り囲む。ブルーホールとはかつての鍾乳洞や洞穴が地殻の変動で海の中に没したもので、海中の浅瀬に大きな穴が開いたような地形をいう。ベリーズのそれも30mほど潜ると、鍾乳洞の天井から鍾乳石の柱がぶらさがる光景が見られる。周辺には南北約250kmにわたる北半球で最大のバリア・リーフがあり、ともに世界遺産に登録されている。サンゴ礁の海には500種もの魚や絶滅の危機にあるマナティなどが生息する。

旅の予算 ● 40万円〜
（大人1人あたりの総予算）

ベリーズ・シティ、メキシコのカンクンを訪れるツアーが40万円〜。宿泊は中級リゾートホテルで1泊1万5000円程度。ブルーホール遊覧飛行ツアーは2万5000円ほどかかる。

旅行日程 ● 6泊8日〜

ベリーズ・シティやその周辺、カンクンなどに滞在する旅なら、最低8日間は確保したい。ダイビングを十分に楽しむならプラス3〜4日あるといい。

驚嘆度		1	2	3	4	5
難易度		1				
危険度		1	2			

絶景の達人 感動実体験

海に開いた大きな穴!?
某焼酎のCMで一気に知られることとなりましたね。あれを見てイメージは出来上がっていたのですが、実際の絶景を前にしたら思わず絶句。周りはなにもない真っ青な海原。その真ん中に、ひときわ青く塗りつぶしたような巨大な穴。まるで海底世界の入口のような、そして思わずそこに吸い込まれてしまいそうな、そんな不思議な光景を目の当たりにして、感動もひとしおでした。

不思議な海の神秘は、空からも
ベリーズ・シティからは、船だと2時間半ほどかかりますが、遊覧飛行ならセスナで片道30分。比較的簡単に空からの眺めを堪能できます。また、マヤの遺跡など、ベリーズには見どころが盛りだくさん、併せて観光してみてはいかがでしょうか？　　●ユーラシア旅行社 岩間 裕子

アクセス　　　　　　　　ACCESS
ダラスで乗り継ぎ、ベリーズ・シティへ
日本からベリーズ・シティまで所要約18時間

日本からの直行便はない。アメリカのダラスで乗り継ぐのが接続がいい。日本からダラスまで所要約12時間、ダラスからベリーズ・シティまで所要約3時間。フィリップS.W.ゴールドソン国際空港から市内へタクシーで30分ほど。

旅のシーズン　　　　BEST SEASON
雨季でも雨は一時的で、降り続くことはないが
乾季のほうが観光に適している

1	2	3	4	5	6	7	8	9	10	11	12
乾季				雨季							乾季

乾季はスコールを心配せずに観光が楽しめる。雨季の後半、10〜11月はハリケーンが集中するため避けたほうがいい。一年中暑いので、服装は日本の夏と同様、軽装で過ごせる。

旅のアドバイス　　　　TRAVEL ADVICE
入国には事前にビザの取得が必要
夜に街を歩くのは避けたほうが安心

ビザは入国時に空港での取得ができないので必ず事前もって入手
日本人はビザが必要。日本では30日間滞在が許可されるビザが取得できる。パスポートの有効期限は6カ月以上が必要。取得後、3カ月以内にベリーズ国に入国しなければならない。

周辺国に比べると比較的治安は良いほうだが注意が必要
夜間、窃盗の被害に遭うケースがあるので、極力外出を控えよう。昼間も人けのない路地には近づかないようにしたい。

ツアー情報
ベリーズ・シティに加えて、キー・カーカーやサン・ペドロに滞在するプラン、さらにメキシコのカンクンに滞在する8日間〜のプランが主流。ブルーホール遊覧飛行のほか、マヤ遺跡巡りやジャングル探検、ダイビングやシュノーケリングなどの現地発着ツアーは多彩に揃っている。

TRAVEL PLAN

モデルプラン　MODEL PLAN

**神秘に満ちたブルーホールを空から眺め
カンクンに立ち寄ってカリブ海を満喫する**

DAY 1　日付変更線を越えるので、同日の午後には到着
日本からアメリカのダラスで乗り継ぎ、同日の午後、ベリーズ・シティに到着、市内のホテルにチェックイン。

DAY 2　ブルーホール遊覧飛行で空からの絶景を独り占め
セスナ機に乗ってブルーホールの上空を遊覧飛行。サンゴ礁に覆われた海原に、ぽっかりと開いた大きな穴は、深いブルーをたたえて神秘に満ちている。一日のうちで最も晴れる確率が高い午前10～11時頃を狙って出かけたい。午後はのんびりと街を散策するか、ベリーズ動物園まで足を延ばしてみてもいい。ベリーズ・シティ泊。

ブルーホール遊覧飛行はベリーズ・シティのほか、サン・ペドロやキー・カーカーからも発着している。所要時間は1時間ほど

DAY 3　大型ボートでキー・カーカーへ渡る
ベリーズ・シティから大型ボートで45～60分、透明度の高い海で知られるキー・カーカーへ。定期便は頻繁に往復している。シュノーケリングで熱帯魚を眺めるのも楽しい。ゴフ・キーなど周辺の島を巡るツアーに参加してもよい。

DAY 4　ジャングルの中にあるマヤ遺跡を見学
マヤ遺跡のなかでも重要なラマナイ遺跡、カラコル遺跡、シュナントゥニッチ遺跡を訪れ、密林に残された古代文明の神秘に触れてみよう。ベリーズ・シティ泊。

DAY 5　贅沢なカリブ海リゾートを満喫
ベリーズ・シティから、メキシコ随一のリゾートエリア、カンクンへ。カリブ海の休日を満喫したい。カンクン泊。

DAY 6　各種現地ツアーを利用して、カンクン観光を楽しむ
チチェン・イッツァ遺跡、エク・バラム遺跡、トゥルム遺跡などを観光するか、巨大な海中洞窟セノーテでシュノーケリングをエンジョイ。カンクン泊。

DAY 7-8　カンクンからアメリカ経由で日本へ帰国
早朝、ホテルからタクシーでカンクン国際空港へ。ダラスへ向かい、日本行きに乗り継ぎ機中泊。日本まで移動時間のトータルは17時間ほどだが、時差があるため、到着するのは翌日の午後になる。

6 世界でいちばん美しい五色の川
川全体がカラフルなパレットのよう
CAÑO CRISTALES　　　　　　　　　コロンビア

カーニョ・クリスタレス

アマゾン川とオリノコ川の源流に分かれるあたり。一年のうち、ほとんどはなんの変哲もない川が、一定期間だけ川底が5色に染まる
©Mario Caravajal　www.cano-cristales.com

CAÑO CRISTALES

川底の色が鮮やかな赤や緑に変化
世界で最も美しい川と讃えられる

コロンビア中部、マカレナ山脈の山間にある小さな街、ラ・マカレナを基地に、ボートで川をさかのぼり、ジープで行けるところまでドライブ、さらにトレッキングと合計2時間30分〜3時間の行程を経て、この絶景にたどり着く。

カーニョ・クリスタレスが世界一美しい川に変わるのは、気候の変動にもよるが9〜11月頃の乾季とその前後。川の水位が下がり、水温が上がることで、川底に生育するマカレニア・クラヴィゲラという藻が、花を咲かせたような鮮やかな色に変わる。周辺にゲリラが出没していたこともあり、最近まで地元の人々だけが週末などに訪れる場所だった。安全確保と環境破壊を避けるため、外国人の観光は1日4人、ツアーのみに限られている。

旅の予算 ● 35万円〜
（大人1人あたりの総予算）

ボゴタまでの航空券が13万円〜。ボゴタ発着のツアーが約9万円。ボゴタの中級ホテルが1泊8000円〜。物価は日本より安いものが多い。ミネラルウォーターは1本80円程度。

旅行日程 ● 5泊7日〜

ラ・マカレナに2泊、ボゴタに3泊、日本からの往復の時間も含め、1週間程度は確保したい。レティシアでアマゾン観光も楽しむ場合はプラス2日以上あるといい。

驚嘆度	1	2	3	4	5
難易度	1	2	3	4	
危険度	1	2	3	4	

絶景の達人 感動実体験

現地の人は「世界一美しい川」と呼んでいます

最初は「せっかくだから行ってみよう」と軽い気持ちで訪れたのですが、首都のボゴタからそれは長い道のりでした。車やセスナで移動しラ・マカレナに1泊…行くまでの時間が長かったです。ようやく到着したときは、まるでどこかの惑星にいるような、別世界に来てしまった感じでした。少しだけ茶色になっているときだったのが残念でしたが、苦労してたどり着いた満足感が大きかったです。

雨季と乾季がずれる年があります

乾季の場合、藻類が成長するタイミングで色がより鮮やかになります。ただ水が少なすぎると乾いてしまい、茶色になります。一方、水位が高い場合は水の透明度が下がります。時期がとても重要になりますが、気候が安定しないため、難しいところです。●Surtrek社 羽富 玉樹

アクセス　　ACCESS

コロンビアの首都ボゴタへは所要約20時間
ラ・マカレナまでは4WDとセスナ機で移動

日本からボゴタへはダラスなどアメリカの1都市で乗り継ぐ。ボゴタからビジャビセンシオへ4WDで3〜4時間。ビジャビセンシオからラ・マカレナへはセスナ機を利用、所要は約1時間。ここからカーニョ・クリスタレスへは、ボートや4WD、トレッキングで所要約2時間30分〜3時間。

日本 —約12〜16時間→ アメリカ主要都市
アメリカ主要都市 —約6時間→ ボゴタ
ボゴタ —約3〜4時間→ ビジャビセンシオ
ビジャビセンシオ —約1時間→ ラ・マカレナ
カーニョ・クリスタレス ★

太平洋／コロンビア／エクアドル／ブラジル

旅のシーズン　　BEST SEASON

川底の色が鮮やかに変わるのは5〜12月だが
近年は時期がずれることもある

1	2	3	4	5	6	7	8	9	10	11	12
雨季	乾季		雨季					乾季			雨季

一般的に、3カ月ごとに雨季と乾季を繰り返すといわれているコロンビアだが、近年は変動も多い。藻が色を変えるのは5〜12月頃、なかでも9〜11月頃に鮮やかになる。

旅のアドバイス　　TRAVEL ADVICE

カーニョ・クリスタレスへは現地ツアーを利用
伝染病の媒介となる虫に注意

今でも軍の規制地域。ツアーに参加して訪れよう
観光用に整備されていないため、現地ツアーを利用して安全な旅を楽しみたい。外国人旅行者の受け入れは1日4人に制限されているため、早めに予約をしておこう。

義務ではないが念のため黄熱病の予防接種を
黄熱病のウイルスを媒介するネッタイシマカなど、伝染病を媒介する虫もいるので用心のため予防接種をしておきたい。トレッキングの際は、虫よけスプレーも必ず利用しよう。

ツアー情報

ボゴタからのツアーは、3日程度のものが一般的。ツアー料金にはボゴタからの移動費と宿泊費、国立公園の入場料が含まれている。外国人の場合、ツアーを組むのは必須。ツアー会社は多くないので、早めの予約を心がけよう。

TRAVEL PLAN

モデルプラン　　MODEL PLAN

4WD、セスナ、トレッキング
安易には行けないまさに秘境の地へ

DAY 1 アメリカ経由でボゴタへ
日本を午後出発し、アトランタへ向かう。飛行機を乗り継ぎボゴタへ。到着後、市内のホテルにチェックイン。

DAY 2 ボゴタからツアーを組んで、ラ・マカレナへ向かう
カーニョ・クリスタレスまでのツアーに参加。ボゴタから車でビジャビセンシオに向かう。セスナに乗り換え、ラ・マカレナへ。この日はラ・マカレナのロッジに泊まる。明日に備えて早めの就寝を。

DAY 3 大自然をトレッキング！カーニョ・クリスタレスへ！
朝からトレッキング開始。ボートで約30分、グアヤベロ川を進み、車に乗り換え1時間ほど移動、徒歩約1時間30分で到着。滝を見たり、泳いだり、真っ赤に染まる景観のなかで楽しみたい。水着を忘れずに持参しよう。

行くまでは大変だが訪れる価値は十分にある

DAY 4 ラ・マカレナからボゴタへ
ラ・マカレナからセスナでビジャビセンシオへ向かう。車に乗り換えてボゴタへ戻る。ツアーはホテルまで送ってくれることが多い。

DAY 5 ボゴタ市内観光。夜は壮大な夜景を堪能 
コロニアルな建造物が並ぶボゴタは、歩くだけでも楽しい。ボテロ美術館や黄金博物館など、美術館や博物館が多いので、ぜひ足を運びたい。夜はセンセラーテの丘へ。標高約3000ｍからの夜景は一見の価値あり。

DAY 6-7 ボゴタから日本へ
出発時間までボゴタの街を散策し空港へ。アトランタ行きに乗り、到着後、飛行機を乗り換え日本に帰国。数日アトランタに滞在し、観光を楽しんでから日本へ帰るプランを立ててみるのもいいだろう。

プラス ＋ 2日 のオプションプラン

DAY 1-2 アマゾン観光の拠点となる街
レティシア　Leticia
ボゴタから飛行機で約2時間

コロンビアの最南端、ブラジルに接し、ペルーに突き出たような街。コロンビアの都市を結ぶ道はなく、交通手段はボゴタからの飛行機のみ。アマゾン・クルーズの出発点で、各種クルーズがある。

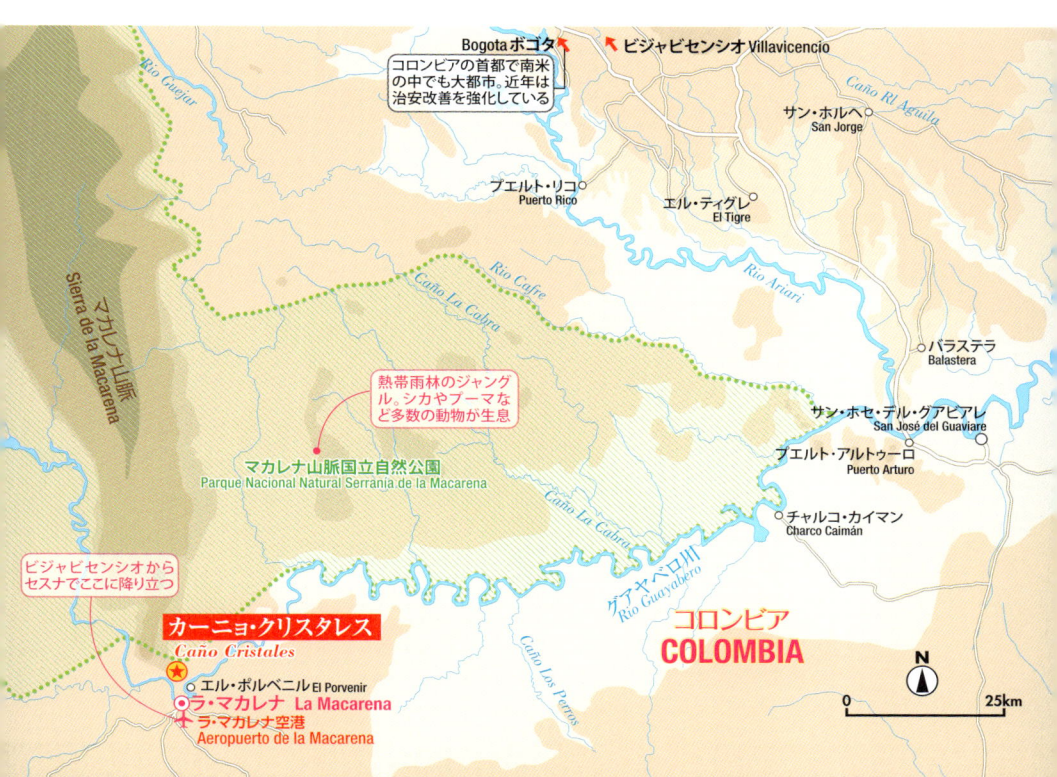

地図:

- Bogota ボゴタ — コロンビアの首都で南米の中でも大都市。近年は治安改善を強化している
- ビジャビセンシオ Villavicencio
- サン・ホルヘ San Jorge
- プエルト・リコ Puerto Rico
- エル・ティグレ El Tigre
- バラステラ Balastera
- サン・ホセ・デル・グアビアレ San José del Guaviare
- プエルト・アルトゥーロ Puerto Arturo
- チャルコ・カイマン Charco Caimán
- マカレナ山脈 Sierra de la Macarena
- Río Guejar
- Caño La Cabra
- Río Cafre
- Río Ariari
- グアヤベロ川 Río Guayabero
- Caño Los Perros
- マカレナ山脈国立自然公園 Parque Nacional Natural Serranía de la Macarena — 熱帯雨林のジャングル。シカやプーマなど多数の動物が生息
- カーニョ・クリスタレス Caño Cristales
- エル・ポルベニル El Porvenir
- ラ・マカレナ La Macarena
- ラ・マカレナ空港 Aeropuerto de la Macarena — ビジャビセンシオからセスナでここに降り立つ
- コロンビア COLOMBIA
- 25km

7 地球が創り出す華麗なエンターテインメント
鏡になった大地が空と溶け合う場所
SALAR DE UYUNI

ウユニ塩湖

ボリビア

雨季のときに見られる「鏡張り」の現象。空が反射して上下対照の不思議な光景を生み出す。まるで雲の中を歩いているよう

「世界で最も平らな場所」は
ときにふと地平線が消える不思議

　南米ボリビアの中西部、標高3700mの高原地帯に、世界の絶景ファンをうならせる奇跡の塩湖がある。面積は約1万1000km²で、塩湖としては世界最大だ。数百万年前にアンデス山脈が海底から隆起した際に生まれた塩湖で、流入する川もなく、乾燥気候で水が干上がった結果、塩の堆積する一面純白の世界ができた。高低差はたったの50cm。塩の大地ははるか地平線へと続く。わずかに水がたまる雨季には、光に反射した湖面が鏡となって輝く。雲が映り込めば、湖と空との境はなくなり、湖に立つとまるで浮かんでいるかのようだ。夜明けから夕刻、それに深夜まで、条件によって光景は変化し、夢のような絶景となる。塩湖の大量の塩は採掘され、付近の村の貴重な収入源となっており、塩のホテルもある。

旅の予算 ● 45万円〜
（大人1人あたりの総予算）

日本発着ツアーは45万円程度から。現地で申し込むツアー代金は、参加人数により異なるが日帰りで4000円程度。ボリビアは南米のなかでもとくに物価が安め。

旅行日程 ● 5泊7日〜

最低でもアメリカと南米で1回ずつの乗り継ぎが必用。便により約40時間かかることもある。ウユニ塩湖は天気よって景色が異なるので、ウユニ滞在は2日以上確保したい。

	1	2	3	4	5
驚嘆度					●
難易度			●		
危険度		●			

絶景の達人 感動実体験

壮大なスケールの万華鏡

塩湖にうっすら雨水が溜まったその時期(12〜1月)、私は小さな米粒になって、壮大な万華鏡に紛れ込んだようでした。世界は真っ二つ。夕日が沈もうとしている瞬間、空は金色に光りを放ち、桃色になった雲が悠々と地平線を滑っていきます。空と雲と光と色彩。それらが、見渡す限りの鏡に映り込んだとき、"私たちはどこまでも飛べたはず"という錯覚さえしてしまうのです。

雨季以外の塩湖の表情

乾季は乾季で、蜂の巣状の紋様が塩原に果てしなく描かれており、自然の神秘を感じます。「ここでは車はいつもピクルス(塩漬け)。雨粒にも塩が含まれているので、窓ガラスもつねに真っ白。雪じゃないよ、塩でだよ」とドライバーが笑ってます。

●フォトエッセイスト 白川 由紀

	1		
2	3		4
			5

1 12月下旬の早朝、新月のため満天の星に朝日が融合した、幻想的な景色
2 塩湖の真ん中ほどにあるインカワシ島に群生しているサボテン
3 ウユニ塩湖で採取された塩は円錐の山型に積んで乾燥させ、コルチャニ村の製塩所に運び込まれる
4 雨上がりの日の出。神々しい光が差し込み、360度黄金色に染まる
5 「列車の墓」と呼ばれるかつて塩や鉱物を運んだ蒸気機関車が残る

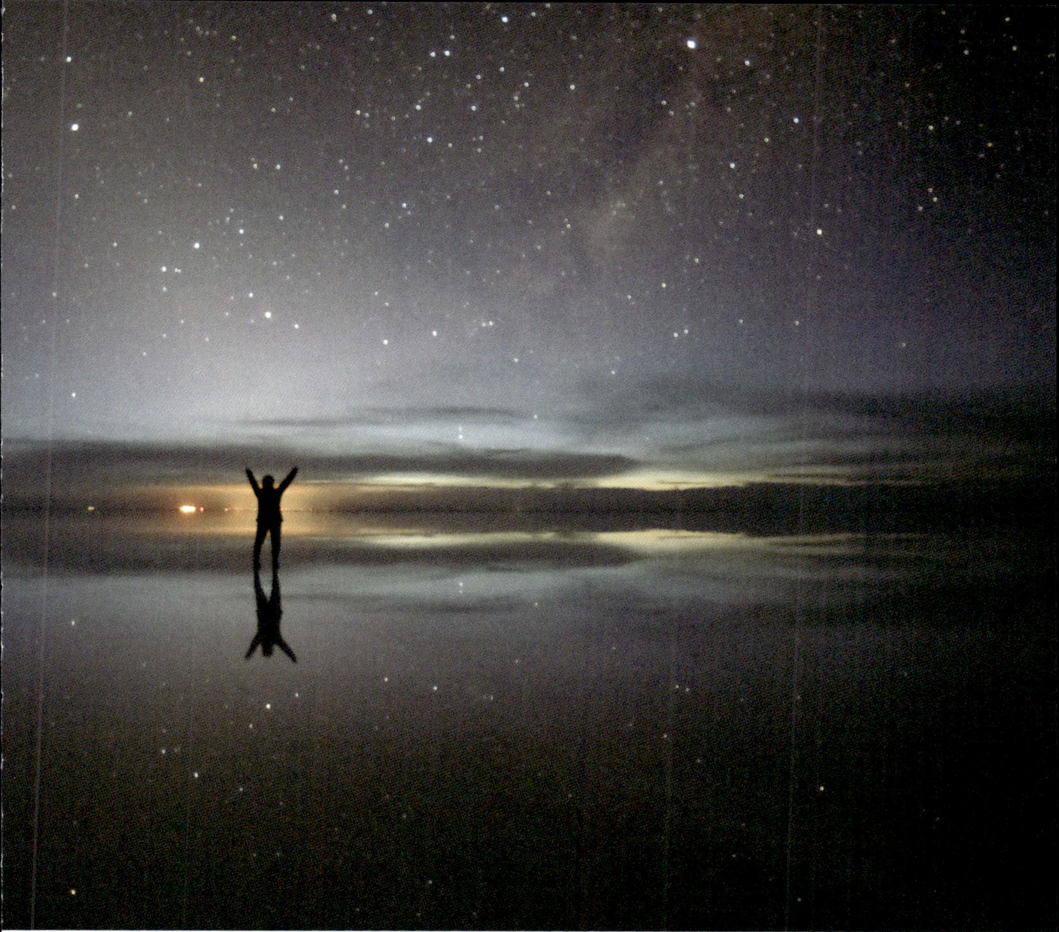
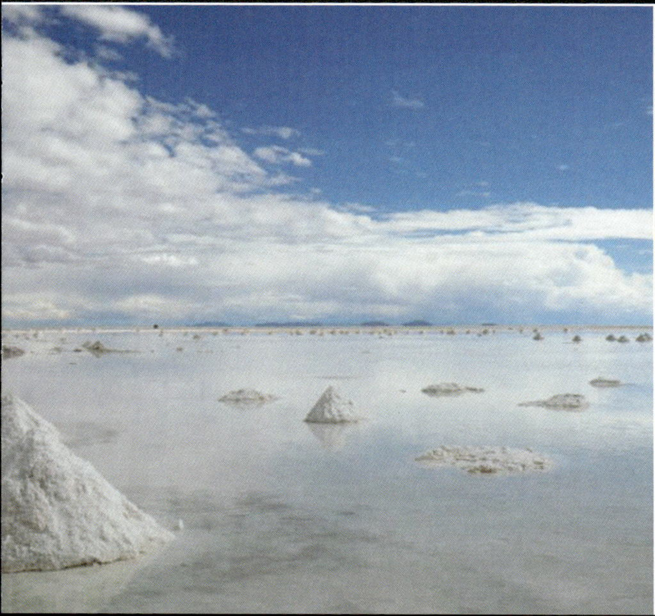
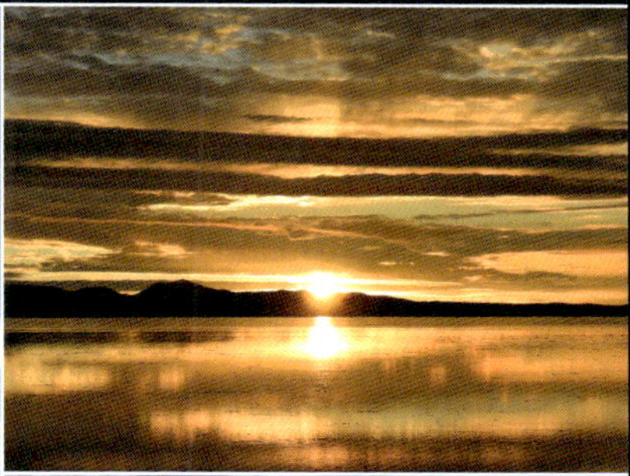
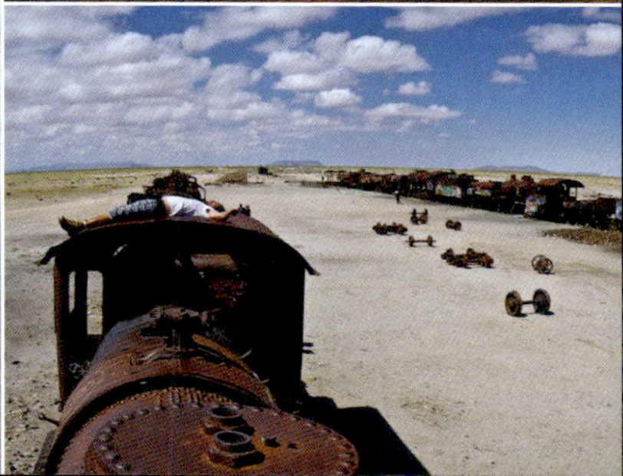

TRAVEL PLAN

アクセス　　　　　　　　　ACCESS

アメリカかペルーを経由してラ・パスへ
そこからは飛行機でウユニ空港をめざす

ボリビアの中心都市ラ・パスへ行く代表的なルートは2つ。アメリカ1都市と、ペルーのリマを経由するルートと、マイアミ経由でラ・パスに向かうルートだ。ラ・パスからウユニ空港へは飛行機で約1時間だが、遅延や運休が発生することも。バスで行く場合は10時間かかるうえ、道路環境も悪く体力を消耗する。

- 日本 — 約17時間 — アメリカ／マイアミ
- 日本 — 約12〜16時間 — アメリカ主要都市
- リマ — 約8時間 — (ペルー/ボリビア)
- — 約6時間30分 — ブラジル
- リマ — 約2時間 — ラ・パス
- ウユニ塩湖 — 約10時間 — / 約1時間 — ウユニ
- チリ / パラグアイ

旅のシーズン　　　　　　　BEST SEASON

塩原が湖に変わるのは、
12月下旬〜3月下旬の雨季の期間

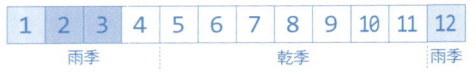

1	2	3	4	5	6	7	8	9	10	11	12
雨季	雨季	雨季			乾季	乾季	乾季	乾季	乾季		雨季

湖面が鏡のようになるのは雨季。水が多すぎると、湖の中にある塩のホテルやインカワシ島に行けないこともある。乾季は、鏡張りのような湖は見られないが、天候に左右されないため、確実に行きたいスポットを訪ねられるというメリットがある。

旅のアドバイス　　　　　　TRAVEL ADVICE

寒暖の激しい標高4000m近い高地では、
高山病と強度な紫外線の対策を

高山病と紫外線、朝晩の温度差対策は怠らずに
飛行機で乗り継ぐと、突然の高地に体が慣れず、高山病にかかりやすい。心配な人は事前に医者に相談を。また、真っ白な塩原を反射するためサングラス、日焼け止めなどの紫外線対策を忘れずに。雨季は昼夜の気温差が激しいため防寒具は必携。

現地の治安情報
日中はとくに問題ないが、夜は人通りが少ないのでむやみに出歩かないほうがいい。タクシーは乗る前に料金を交渉すること。

> **ツアー情報**
> 日本発着のツアーは8〜10日ほどで、ウユニ塩湖とボリビアの世界遺産を巡るものが一般的。雨季の時期にしか催行されないツアーもある。マチュピチュなど、隣国を周遊するツアーも多数。現地ツアーは1〜3日のものがほとんど。

モデルプラン　　　　　　　MODEL PLAN

朝と夜、刻々と表情を変えるウユニ塩湖を満喫
ウユニの街や列車の墓の観光も楽しむ

DAY 1　アメリカを経由してラ・パスへ
日本から直行便でマイアミへ向かい、飛行機を乗り継いでボリビアのラ・パスへ。機中泊。

DAY 2　高山病に気をつけ、ラ・パス到着日は無理をしない
ラ・パスに到着。空港からホテルへ。到着日は観光を控え、標高の高さに体を慣らし、ウユニ塩湖観光に備える。多くの酸素を消費する、飲酒や熱いシャワーは避けよう。水分補給も重要だ。

DAY 3　ラ・パスからウユニ塩湖へ向かう
飛行機でウユニ空港へ。ホテル到着後、ウユニの街を散策。夕方からウユニ塩湖に向かい、星空を眺める。夜空の写真を撮影したい場合は軽量な三脚を持参しよう。

> 壁や床が塩でできた「塩のホテル」。見渡す限り塩の世界が満喫できる環境を重視するなら湖内、設備重視なら湖畔のホテルを選ぼう

DAY 4　終日、ウユニ塩湖で観光を楽しむ
午前、ホテルを出発し、役目を終えた蒸気機関車や貨物車両が放置されている列車の墓場を見学。コルチャニ村へ移動し、休憩をしてからウユニ塩湖到着。塩のテーブルセットでランチをいただく。塩の堆積場を眺めながらインカワシ島へ。トリック写真の撮影も楽しみたい。

DAY 5　日の出を眺めてからラ・パスへ
早朝、サンライズツアーに参加してから、飛行機でラ・パスへ移動。市内の観光を楽しむ。

DAY 6-7　ラ・パスからアメリカを経由し帰国
ラ・パスを出発。マイアミで日本への直行便に乗り換え、翌日帰国。マイアミ、日本間のフライトは、直行便よりもアメリカ主要都市を経由するものが多い。経由便の場合、移動時間が40時間を超えることもある。

プラス ＋3日 のオプションプラン

DAY 1　銀鉱山で栄えた世界遺産の街
ポトシ　Potosí
> ウユニからバスで約5時間、ラ・パスからバスで約10時間

ボリビア南部にある標高4000m、人が住める世界最高地点の都市。現地で世界遺産を巡るツアーが組める。

DAY 2-3　ラ・パス郊外、海抜3800mの湖
ティティカカ湖　Largo Titicaca
> ラ・パスからバスで約4時間

ボリビアとペルーの国境に位置し、インカの頃からの伝統的な営みを続ける民族が生活している島が点在する。1泊2日のツアーに参加するのもいい。

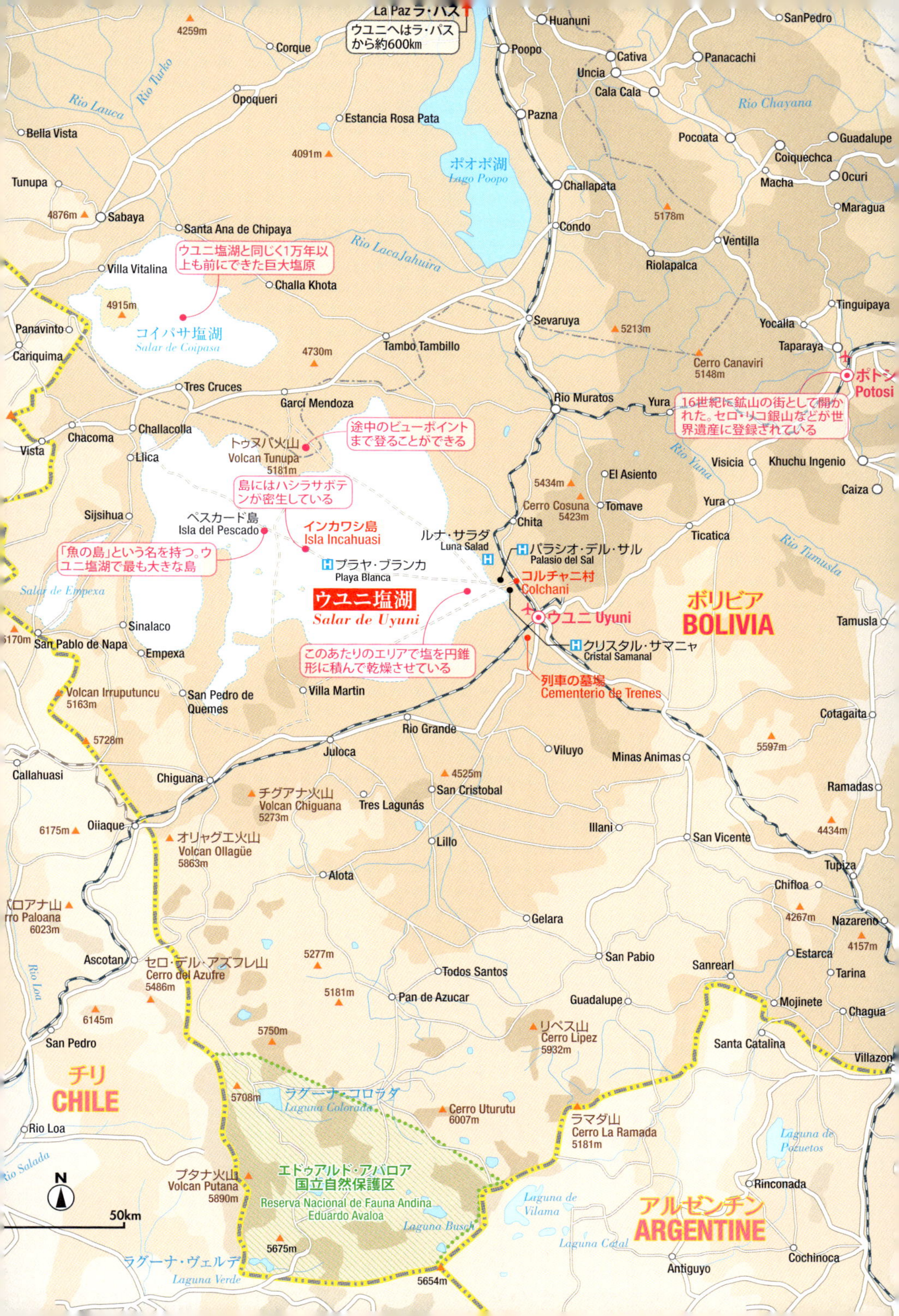
La Pazラ・パス
ウユニへはラ・パスから約600km
Huanuni
SanPedro
4259m
Corque
Poopo
Cativa
Panacachi
Uncia
Cala Cala
Rio Turko
Rio Lauca
Opoqueri
Rio Chayana
Estancia Rosa Pata
Pazna
Bella Vista
Pocoata
Guadalupe
Coiquechca
4091m
ポオポ湖
Lago Poopo
Tunupa
Challapata
Macha
Ocuri
4876m
Sabaya
5178m
Maragua
Santa Ana de Chipaya
Condo
ウユニ塩湖と同じく1万年以上も前にできた巨大塩原
Rio LacaJahuira
Ventilla
Villa Vitalina
Riolapalca
Challa Khota
4915m
Tinguipaya
Sevaruya
Panavinto
コイパサ塩湖
Salar de Coipasa
5213m
Yocalla
Cariquima
Tambo Tambillo
Taparaya
4730m
Cerro Canaviri
5148m
ポトシ
Potosi
Tres Cruces
Garci Mendoza
Rio Muratos
Yura
16世紀に鉱山の街として開かれた。セロ・リコ銀山などが世界遺産に登録されている
途中のビューポイントまで登ることができる
Challacolla
Chacoma
トゥヌパ火山
Volcan Tunupa
5181m
Vista
Llica
Rio Yura
Visicia
Khuchu Ingenio
El Asiento
5434m
島にはハシラサボテンが密生している
Caiza
Sijsihua
Cerro Cosuna
5423m
Tomave
Yura
ペスカード島
Isla del Pescado
インカワシ島
Isla Incahuasi
Chita
ルナ・サラダ
Luna Salad
Ticatica
「魚の島」という名を持つ。ウユニ塩湖で最も大きな島
パラシオ・デル・サル
Palasio del Sal
Rio Tumusla
プラヤ・ブランカ
Playa Blanca
コルチャニ村
Colchani
Salar de Empexa
ウユニ塩湖
Salar de Uyuni
ボリビア
BOLIVIA
ウユニ Uyuni
Tamusla
Sinalaco
5170m
San Pablo de Napa
クリスタル・サマニャ
Cristal Samanal
Empexa
このあたりのエリアで塩を円錐形に積んで乾燥させている
列車の墓場
Cementerio de Trenes
Volcan Irruputuncu
5163m
San Pedro de Quemes
Villa Martin
Cotagaita
5728m
Rio Grande
Juloca
Viluyo
5597m
Minas Animas
Callahuasi
Chiguana
4525m
Ramadas
チグアナ火山
Volcan Chiguana
5273m
Tres Lagunás
San Cristobal
6175m
Oiiaque
Illani
4434m
オリャグエ火山
Volcan Ollagüe
5863m
San Vicente
Lillo
Tupiza
Alota
Chifloa
パロアナ山
rro Paloana
6023m
4267m
Gelara
Nazareno
5277m
4157m
Ascotan
セロ・デル・アズフレ山
Cerro del Azufre
5486m
San Pablo
Estarca
Sanrearl
Todos Santos
Tarina
Rio Loa
5181m
Pan de Azucar
Guadalupe
Mojinete
6145m
Chagua
リペス山
Cerro Lipez
5932m
5750m
San Pedro
Santa Catalina
Villazon
チリ
CHILE
5708m
ラグーナ・コロラダ
Laguna Colorada
Cerro Uturutu
6007m
ラマダ山
Cerro La Ramada
5181m
Rio Loa
Laguna de Pozuetos
Rio Salada
N
プタナ火山
Volcan Putana
5890m
エドゥアルド・アバロア国立自然保護区
Reserva Nacional de Fauna Andina Eduardo Avaloa
Rinconada
Laguna de Vilama
50km
アルゼンチン
ARGENTINE
Laguna Busch
Laguna Catal
5675m
ラグーナ・ヴェルデ
Laguna Verde
5654m
Cochinoca
Antiguyo

8 20億年という地層が物語る脅威の山々
最後は霧となって消える巨大な滝

CANAIMA NATIONAL PARK

カナイマ国立公園とエンジェル・フォール

ベネズエラ

2000m級のテーブルマウンテンが集中するカナイマ国立公園は世界遺産にも登録。地層には14億〜20億年前に堆積した岩石が残る

テーブルマウンテンの威容は
訪れる人を寄せつけない厳しさ

　ベネズエラをはじめブラジル、ガイアナなど6カ国と地域にわたって広がるギアナ高地の中心的存在となる。その面積は3万㎢余りといわれ、日本の中国地方ほどの広さにあたる。公園内にはジャングルと大小100ものテーブルマウンテンが連なる。垂直に切り立った断崖の頂上部分は平らで、台形状の山容は訪れる人を圧倒し、なかには人類未踏の山もある。公園の北西部にある最大規模のアウヤンテプイ（悪魔の山）からは979mという世界最高の落差を誇るエンジェル・フォールが流れ落ちる。あまりの高さに滝は途中で水滴となり麓のジャングルを潤すという。
　コナン・ドイルはこの地を題材に『失われた世界』を書き、のちの映画や漫画に影響を与えた。

旅の予算 ● 50万円〜
（大人1人あたりの総予算）

航空券は21万円〜。ホテルはカラカスの高級ホテルが5万円、中級で2万円前後。日本発着ツアーは50万円〜。現地のツアーは13万〜20万円。ミネラルウォーター150円程度。

旅行日程 ● 6泊9日〜

日本〜ベネズエラ間、またベネズエラ国内でも移動に時間がかかるため日程は長めにとりたい。9日間のうち、現地で観光できるのは5日間くらいの旅程になる。

	1	2	3	4	5
驚嘆度					●
難易度			●		
危険度		●			

絶景の達人 感動実体験

過酷な探検の先にある絶景は、感動も倍になります

ボートに乗り、ジャングルの中を泥んこになりながら向かった展望ポイント。たどり着いた瞬間出会う景色に、それまでの疲れは一気に吹き飛びます。これこそが探検の目的、大滝エンジェル・フォール！ 流れ落ちる滝はスローモーションのように見え、まるで生き物のように姿を変えます。言葉では、言い表せないほどの感動を覚え、「ありがとう」と100回言いたい気分になりました。

さらなる秘境、ロライマ山へ

よりディープに秘境を楽しむなら、ロライマ山登頂トレッキングがおすすめ。太古から隔離された卓状台地では、固有種の動植物が見られます。時間がない方、体力に自信がない方は、ヘリでテーブルマウンテンの上に着陸するプランをどうぞ。　　　　●ユーラシア旅行社　岩間 裕子

		4	
1		5	6
2		7	
3			

[1] ライメ展望台から眺めるエンジェル・フォール。滝の全容を見ることができる
[2] ギアナ高地には、その特異な山容のため外来種の侵入が難しく、固有種が多い
[3] ギアナ高地に多く見られる植物の一種、モウセンゴケ。植物の多くが食虫植物
[4] 夜明けのテーブルマウンテン、荘厳なひととき
[5] 頂上の様子がよくわかる上空からのアウヤンテプイ
[6] 滝の裏側を通り抜けられる、スリリングなサポの滝
[7] 約1000mにわたって絶壁が続くロライマ山（右）

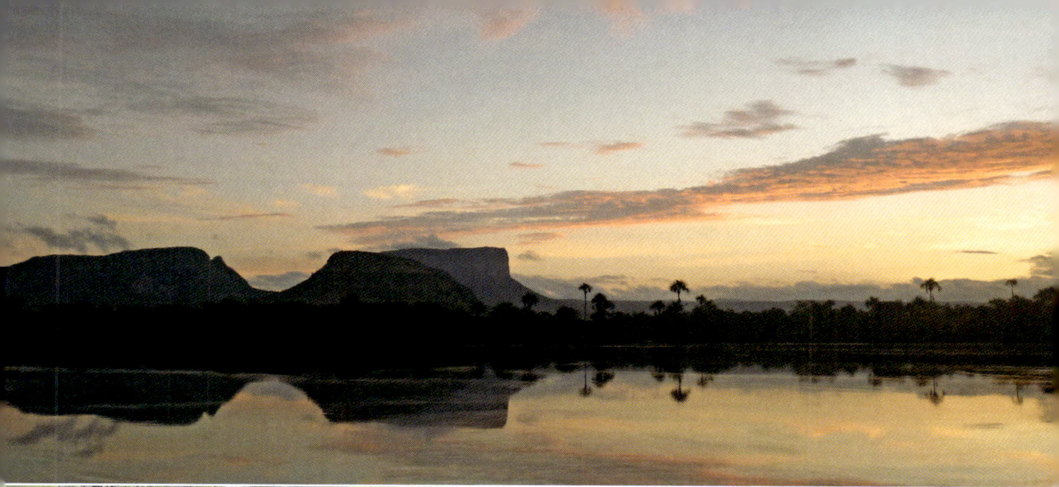
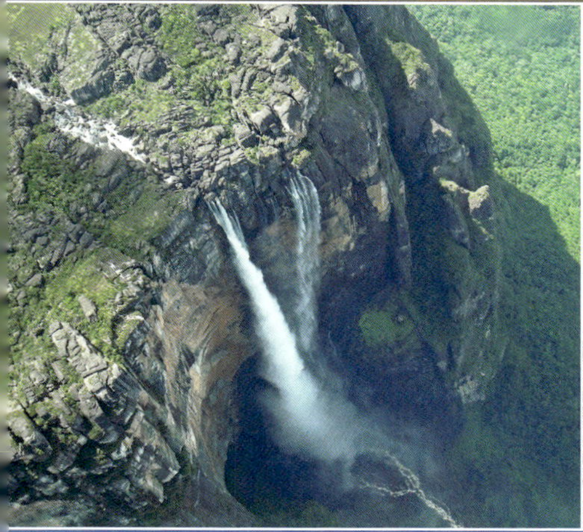
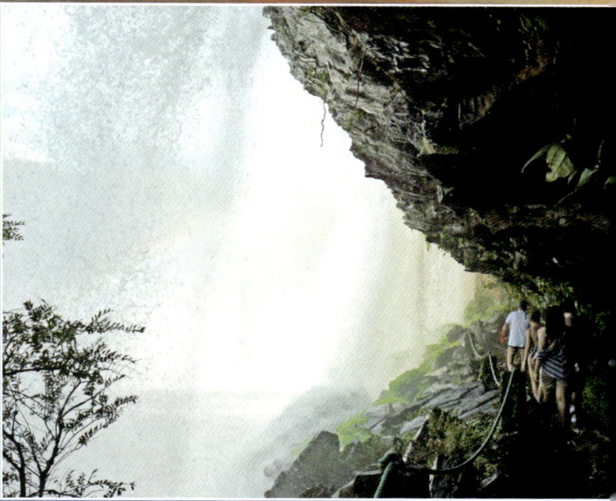
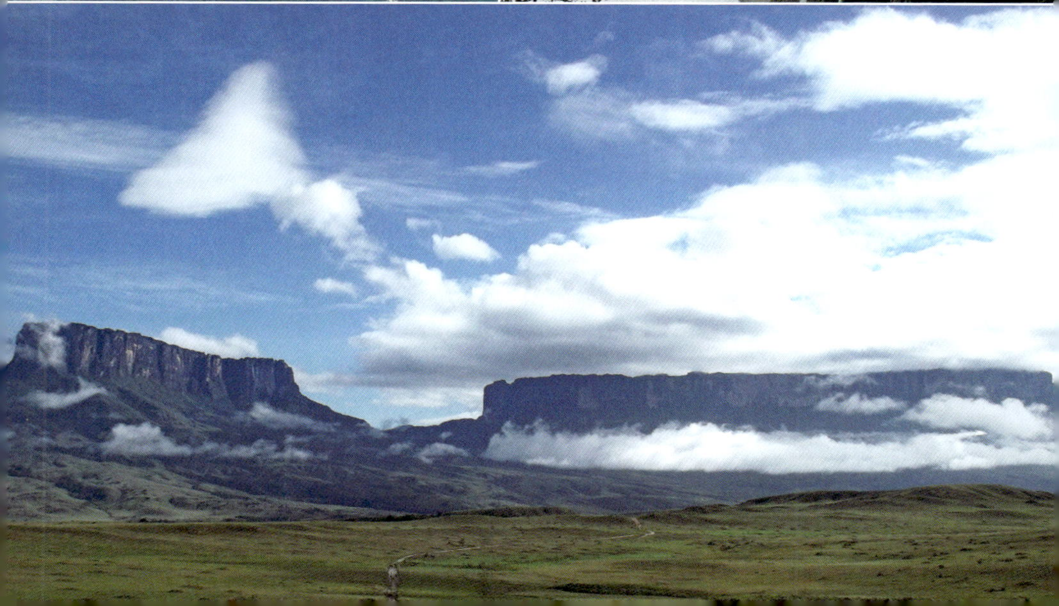

TRAVEL PLAN

アクセス　　　　　　　　ACCESS

日本からはアメリカ内都市で乗り継ぎ、首都カラカスへ。所要約20時間以上

日本からベネズエラの首都カラカスへの直行便はない。カラカスからはプエルト・オルダスで乗り継ぎ、カナイマ国立公園の拠点となるカナイマまでセスナ機で移動する。ツアーを利用するほうが飛行機や宿泊施設の予約も確実。

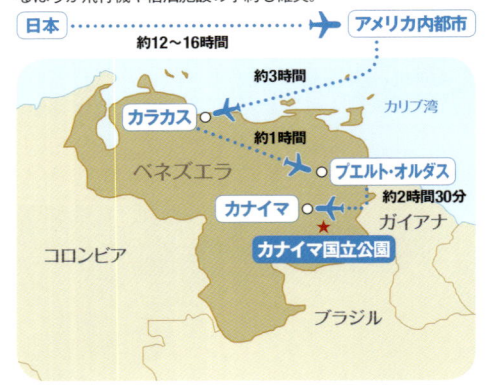

- 日本 → アメリカ内都市　約12〜16時間
- アメリカ内都市 → カラカス　約3時間
- カラカス → プエルト・オルダス　約1時間
- プエルト・オルダス → カナイマ　約2時間30分

旅のシーズン　　　　　　BEST SEASON

水量が多い7〜10月がおすすめ
目的によっては乾季でも楽しめる

1	2	3	4	5	6	7	8	9	10	11	12
乾季					雨季					乾季	

迫力のあるエンジェル・フォールを見るなら、雨季の7〜10月が最適。乾季は水量が減り、ボートツアーが行なえないこともあるが、晴天率が高いため、遊覧飛行には適している。

旅のアドバイス　　　　　TRAVEL ADVICE

天候次第でスケジュールが変わる可能性があり、濡れてもいい服装やカッパ、滑りにくい靴を

日焼け対策とともに大切な虫よけ対策、蚊取り線香も有効
暑いが、日焼け防止のためにも長袖、長ズボンを用意。かなり虫がいるので虫よけ(スプレーは機内持ち込み禁止)、虫さされの薬も忘れずに。懐中電灯も必携。防虫ネットも効果がある。

南米でもとくに治安の悪い国、ベネズエラ
いちばん治安が悪いといわれるのが首都のカラカス。乗り継ぎの際も、宿泊、滞在の予定がないかぎり街へ出るのは控えたい。

ツアー情報

日本発のツアーは7〜9日間。ツアーによってはエンジェル・フォールでハンモック泊が体験できる。南米を周遊する10〜14日程度のツアーも多い。現地発なら、エンジェル・フォール2泊3日ツアーや公園東部のロライマ山ツアーなどが催行されているが、日本発のツアーで行くほうが安心だ。

モデルプラン　　　　　　MODEL PLAN

世界最長の落差を誇るエンジェル・フォール
空と陸の両方から眺めて、壮大さを実感する

DAY 1　アメリカ経由でベネズエラの首都カラカスへ
日本を出発、アメリカ内都市で乗り継ぎ、カラカスの空港に到着する。この日はカラカス泊。

DAY 2-3　サンタ・エレナを拠点にグラン・サバナ観光
カラカスから、カナイマ観光の拠点プエルト・オルダスへ飛行機で向かう。ここからグラン・サバナというサバンナ地帯を4WDで走り、カナイマ国立公園・東エリアの街サンタ・エレナへ。サンタ・エレナは近くのテーブルマウンテン、ロライマ山観光の拠点となる街。余裕があれば、ロライマ山トレッキングツアーに参加するのもよい。翌日はグラン・サバナに点在する滝を巡る。これらの滝はテーブルマウンテンから流れ出す川によって生まれたものだ。カマの滝、ハスペの滝などいくつもの滝を観賞して、サンタ・エレナに戻る。

DAY 4　旅のハイライト、エンジェル・フォールの遊覧飛行
小型機にて空路、カナイマ国立公園・西エリアのカナイマへ。到着後、エンジェル・フォールを遊覧飛行。ギアナ高地のテーブルマウンテンのなかでも最大規模のアウヤンテプイ、その断崖を流れ落ちるエンジェル・フォールの全貌は迫力満点。圧倒されること間違いなしだ。

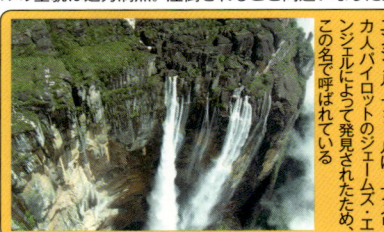

> エンジェル・フォールは、アメリカ人パイロットのジェームズ・エンジェルによって発見されたため、この名前で呼ばれている

DAY 5　ボートツアーで、滝の真下の展望台へ 
早朝から、エンジェル・フォールのボートツアーへ。まずはカナイマのカラオ川をさかのぼる。エンジェル・フォールの展望台があるラトンシート島へ。そこから約1時間歩いて展望台に到着。滝の英姿を間近に見上げることができる。

DAY 6　ラグーンクルーズとエル・サポの滝を楽しむ
カナイマからボートに乗りカナイマ・ラグーンをクルーズ。ラグーンを渡りきってアナトリー島に行く。島からは規模の大きいエル・サポの滝が流れ落ちていて、滝の裏を歩くことができる。午後、プエルト・オルダスを経由し空路でカラカスへ。

DAY 7-9　アメリカ内都市で1泊し、翌々日に日本到着
カラカスのホテルから空港へ。経由地であるアメリカ内都市に泊まる。翌日、アメリカ内で飛行機を乗り継いで日本に向かう。日本に到着するのはさらにその翌日なので、出発の2日後となる。

↑プエルト・オルダス

ベネズエラ
VENEZUELA

ガイアナ
GUYANA

ブラジル
BRAZIL

Embalse de Guri
San Pedro de las Bocas
eves
El Manteco
Guasipati
La Tigre
La Chicharra
La Esperanza
El Callao
Irapa
El Perú
Tumeremo
Purgatorio
Las Bonitas
Mercedes
El Merey
Botanamo de Abaty
Suasúa
Castillejo
San Martín de Turumban
El Dorado
Bocón
854m
San Miguel de Betania
937m
カナイマ・フォー の玄関口
カナイマ・ラグーン
Laguna de Canaima
エル・サポの滝 Salto El Sapo
カナイマ
Canaima
Ciratobo
Las Claritas
Caño Negro
エンジェル・フォールのボートツアーはこの川から入っていく
Río Carao カラオ川
チュルン川
Río Churún
カラオ川の支流。この川をさかのぼってラトンシート島へ
1795m
1410m

エンジェル・フォール
Angel Falls
★ラトンシート島

2700m
Kamarkaiwaran-tepui

カナイマ国立公園東部のテーブルマウンテン、標高2723m。トレッキングができる

アウヤンテプイ
Auyán-tepuí
2510m

このテーブルマウンテンの山頂からエンジェル・フォールが流れ落ちている

Kaváč
Kamarata

Ptarí-tepui
2621m

グラン・サバナの滝のひとつ

Kavanayén
Iboribó
Kamoirán

1264m

Aprada-tepuí
2652m
Urimán

2695m

グラン・サバナ
Gran Sabana

カマの滝
Salto Kama

El Oso

ロライマ山
Roraima
2810m

2330m
Akopán-tepui
2110m

面積約3000km²の広大なサバンナ地帯。映画『ジュラシック・パーク』の撮影地

カナイマ国立公園
Canaima National Park

Mure-tepuí
1931m

San Francisco de Yuruaní
San Ignacio de Yuruaní
Chirimata
Guararita

Wonkén
Puerto Bello

Pirma

ハスペの滝
Oda de Jaspe
(Kako-parú)

サンタ・エレナ
Santa Elena de Uairén

1703m

1412m
Maijía

1219m
El Paují
Pacaraima

グラン・サバナ、ロライマ山の観光拠点となる街

Icabarú

Boca de Mata
Milagre
Depósito

1060m
856m

N
40km

9 今なお謎のベールに包まれた
インカ帝国の空中都市

MACHU PICCHU　　　　　　　　　　　　　　　　　　　　　ペルー

マチュピチュ

建物に使われた巨石は、大量の人員による力作業で高地まで運ばれたという説が有力。帝国が絶大な権力を持っていたことが推測される

アンデス最後の帝国が築いた他に類を見ない石造建築群

　空中都市、失われた都市の名で知られる遺跡は、アンデスの山中、約2400mの断崖の上にある。高度な石造技術の集大成といえる都市は、石段の組み方などから、15世紀半ばに造られたものと推測されている。東側にはジャガイモ、トウモロコシなどを生産した段々畑が広がり、西側の市街区は、神殿や居住区などに分かれ、高さ5mほどの城壁が周囲を囲む。文字を持たなかったインカ文明は、多くの謎に包まれており、都市の機能をめぐり、要塞、太陽観測のための建造物、神を祀る神殿、王族の避暑地など複数の説が唱えられている。

　16世紀、スペインがインカ帝国を征服。山裾から見えないマチュピチュだけが破壊を免れ、400年の時を経て、アメリカ人歴史学者により発見された。

旅の予算 ● 35万円〜
（大人1人あたりの総予算）

日本発着ツアーは、リマ、マチュピチュ、クスコを巡るものが35万円〜。ウユニ塩湖などボリビアも周遊するツアーは50万円〜。ホテルは中級クラスが3000円程度。物価は比較的安いが、アルマス広場とマチュピチュ周辺はやや高め。

旅行日程 ● 4泊7日〜

リマに1泊、マチュピチュに2泊、クスコ1泊程度のツアーが多い。1週間ほどの日程を組んでおこう。

驚嘆度	1	2	3	4	5
難易度	1	2	3		
危険度	1	2			

絶景の達人 感動実体験

謎が謎を呼ぶ、ファンタジーな遺跡

ポンポコ山が、まるで絵本の夢物語の舞台のように、いくつも林立する不思議な地形。そこへもってきて、そのポンポコ山を飾っているのが空中都市なのだから、その遺跡が放つ魅惑に、歓声を上げない人はいません。観光客は下から上までを行ったり来たり。相当な運動量になりますが、だからこそ、これを建てた人々のパワーを感じ、遺跡の偉大さに感じ入ることになります。

復路は四つん這いで下りる覚悟が必要

マチュピチュの向かいにあるワイナピチュは、その険しさゆえ登るのにさらに難易度が高くなります。その分頂上までたどり着ければ、天空の城ラピュタに迎え入れられた気分。ワイナピチュから見るマチュピチュは言葉どおりの"絶景"です。

● フォトエッセイスト 白川 由紀

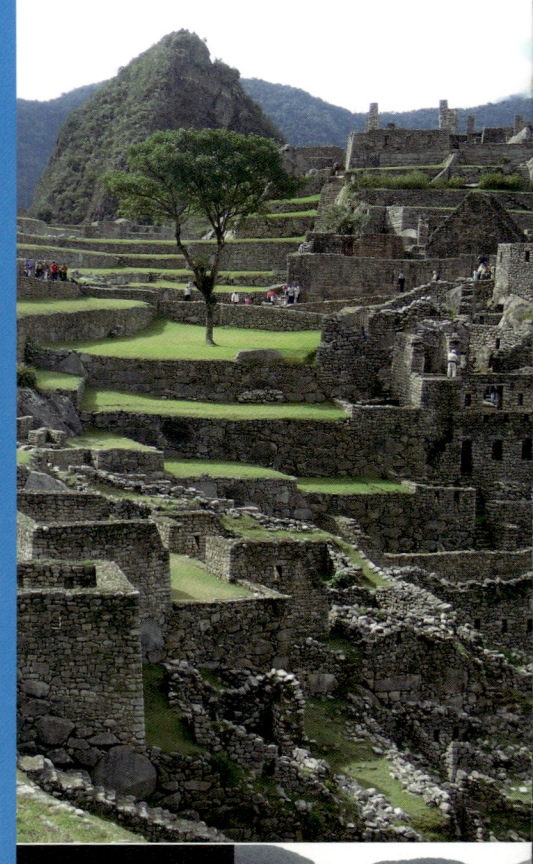

1	4
2	5
3	

1 定められたルートに沿って遺跡内を見学する
2 リャマが見学ルートを歩いていることも
3 本来リャマはマチュピチュに生息しておらず、CM撮影で連れてこられたリャマが棲み着いたといわれている
4 マチュピチュ西部、若い峰を意味するワイナピチュ山頂からの眺め
5 大広場の近くに残る土台。石組み、大きさから未完成の神殿といわれている

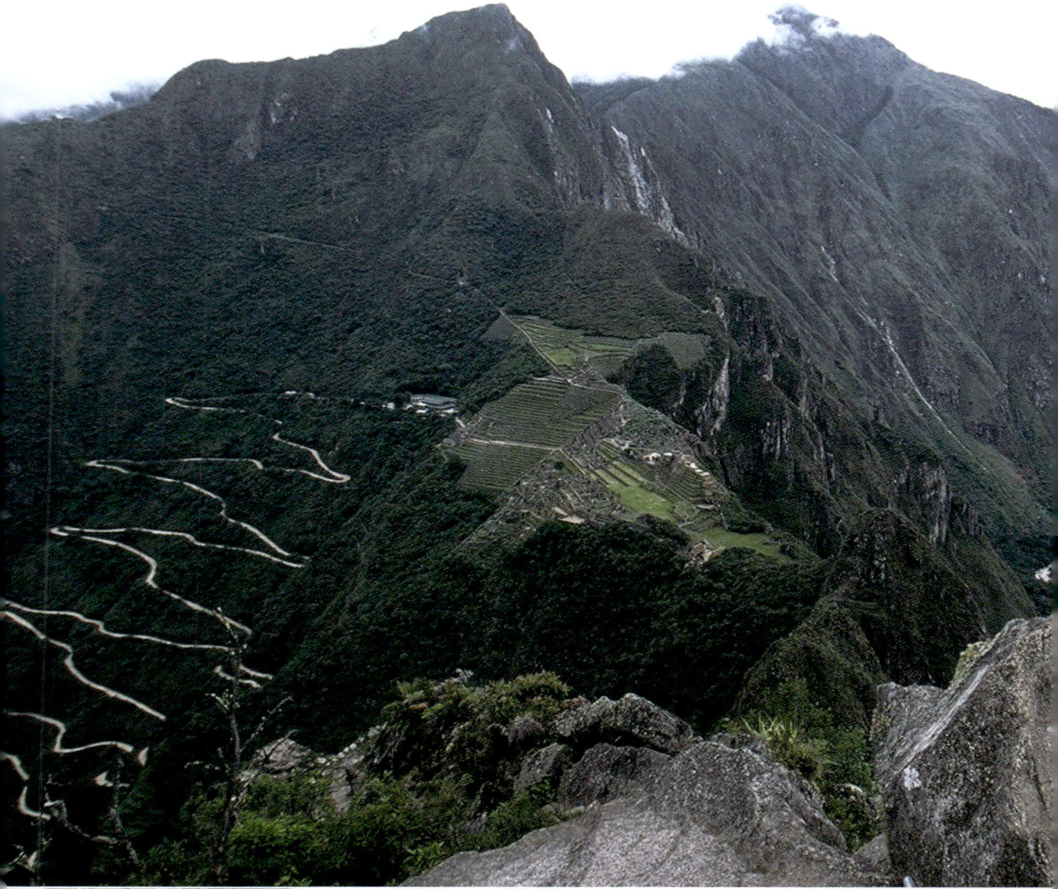
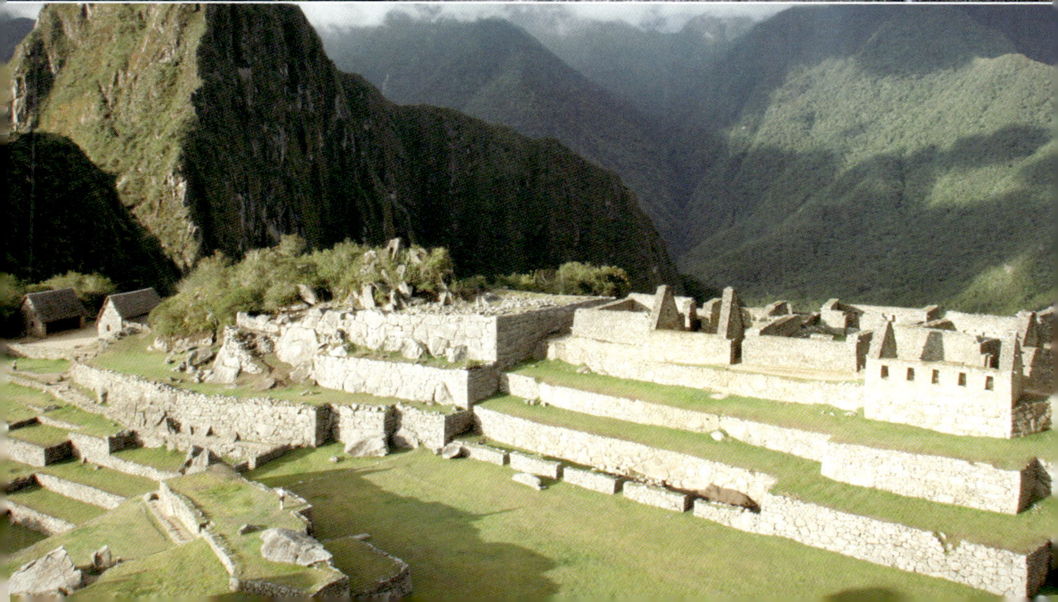

TRAVEL PLAN

アクセス　　　　　　　　ACCESS

アメリカとリマで乗り継ぎ、クスコまで約35時間
クスコ、マチュピチュ間はバスや列車で約4時間

日本からペルーまでの直行便はなく、アメリカの主要都市を経由し、リマへ向かうのが一般的。リマからクスコまでは飛行機で1時間。バスや列車でクスコからマチュピチュ駅へ向かう。駅から遺跡まではシャトルバスで30分ほど。

旅のシーズン　　　　　　BEST SEASON

7〜9月がベストシーズン
混雑を避けたければ4〜6月、10月もおすすめ

1	2	3	4	5	6	7	8	9	10	11	12
雨季			乾季							雨季	

乾季のなかでも雨がほとんど降らない7〜9月が理想的。前後の4〜6月、10月もツアー料金がやや下がるのですすめられる。山岳部だから乾季でも寒暖差は激しい。防寒具は必要だ。

旅のアドバイス　　　　　TRAVEL ADVICE

強い日差しと高山病に注意
遺跡見学の際は決められたマナーを守ろう

日焼け止めはマストアイテム。慣れない高地では無理をしない
南米の紫外線はかなり強いのでこまめに日焼け止めをぬるのを忘れずに。慣れない高地に到着した日はゆっくり体を休めよう。
遺跡保存のため、定められたルールを厳守
食べ物を持ち込まない、ゴミ箱以外にゴミを捨てない、ペットボトルは持ち帰る、金属製のスティックを利用しない、石組みに登らないなど、遺跡周辺の環境や生態系を壊す行為は厳禁。

ツアー情報

日本発着ツアーはマチュピチュ、リマ、ナスカ、ピスコ、ウルバンバなどを巡るものが主流。イグアスの滝やウユニ塩湖を周遊するものも多い。クスコからマチュピチュまで、公認ガイドとともに45kmほどを数日でトレイルするツアーもあり、日本でも予約可能。人数制限があるので予約は早めに。

モデルプラン　　　　　　MODEL PLAN

高山病対策のためクスコではのんびり過ごし
旅のハイライト、マチュピチュ観光に備える

DAY 1　アメリカを経由してリマへ
日本からロサンゼルスを経由して、リマへ向かう。深夜、ホルヘ・チャベス国際空港着。リマ泊。

DAY 2　クスコ到着後は高山病への対策を
リマから飛行機でクスコへ移動。標高に体を慣らすため、到着後はゆっくりと過ごし十分な睡眠時間を確保する。

DAY 3　クスコ市内を観光
カミソリの刃1枚すら入らないといわれる12角の石、インカ博物館など、アルマス広場を中心にのんびりと市内を散策。高山病を防ぐためにも無理は禁物。

DAY 4　列車に乗ってマチュピチュ駅へ
午前、クスコ市内からタクシーで約15分のポロイ駅へ。ペルーレイルに乗り、約4時間でマチュピチュ駅に到着。駅前のマーケットでおみやげを買い、ホテルへ。 

DAY 5　ワイナピチュに登ってから遺跡をじっくり見学
早朝、ホテルを出てバスで遺跡入口へ。開門と同時にワイナピチュの登山口へ向かう。入山できる時間帯が決められており、7〜8時と10〜11時の2回。約1時間ほど歩くと山頂に着き、遺跡を見下ろし下山、往復2時間30分ほどだ。下山後、起伏のある遺跡内を3時間ほどかけて見学。夕方、遺跡からバスでマチュピチュ駅へ戻る。

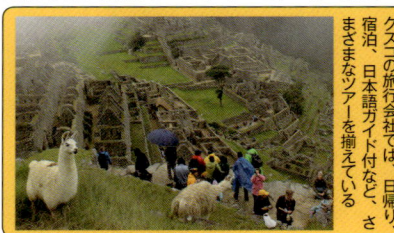

クスコの旅行会社では、日帰り、宿泊、日本語ガイド付など、さまざまなツアーを揃えている

DAY 6-8　アメリカを経由し日本へ向かう
早朝、マチュピチュ駅からペルーレイルでポロイ駅へ。クスコ市内のアレハンドロ・ベラスコ・アステテ国際空港までタクシーで移動。リマ行きの飛行機に乗り、到着後ロサンゼルスへの便に乗り換え。ロサンゼルスで再び飛行機を乗り換え、日本帰国。

プラス ＋1日 のオプションプラン

DAY 1　上空からしか確認できない巨大な絵
ナスカの地上絵　Lineas de Nasca

リマからバスで約8時間、クスコからバスで約13時間

紀元前6〜2世紀頃に、ペルー南部の乾燥地帯に描かれたといわれ、なぜ描かれたかは、さまざまな説がある。あまりにも大きいので、見学をする際はセスナや展望台から。セスナはナスカ空港で申し込み可能だ。

TRAVEL PLAN

発見とその謎　マチュピチュが"発見"されたのは20世紀初頭

『インディー・ジョーンズ』のモデルのひとり

1911年にマチュピチュを発見した（1902年にクスコのペルー人農場主が最初に発見したともいわれている）とされるハイラム・ビンガムは1875年にハワイ、オアフ島のホノルルで生まれている（自著の中でマチュピチュへの道から望む景観を「生まれ故郷のオアフ島にあるヌウアヌ・パリ」のように驚くほど美しいと例えている）。

1908年にイェール大学で南アメリカ史の講師となり、1911年にペルー探検隊を組織、同年7月24日に忘れられたインカの都市マチュピチュを発見する。ビンガムはマチュピチュこそがインカ帝国最後の都市ビルカバンバであると信じたが、のちにエスピリトゥ・パンパがそれであることが確認された。第一次世界大戦時には軍人となるが、戦後は政治の世界に進出し、1924年にコネチカット州の州知事を経て上院議員に当選。ワシントンD.C.の自宅で1956年に死去した。享年80歳。

謎の多い古代都市は多くの観光客をひきつける

15世紀のインカ遺跡には不思議がいっぱい

「空中都市」と称されるマチュピチュはなぜこのように急峻な山の尾根（標高2430m）に造られたのか。10t以上もある巨石を鉄製の道具類もなく運んだのか（より高い標高の場所に石材の切り出し場が発見されているが）。組み合わされた石と石の間にはカミソリ1枚も通さず、天災にもびくともしないというのは、どのような精緻な技術によるのか。発見されて100年以上経過した現在、マチュピチュの謎は依然として解明の途上にある。

10 神聖なるナバホの宮殿に 一筋の光が差し込む岩山の演出

ANTELOPE CANYON

アメリカ

アンテロープ・キャニオン

アメリカではスロット・キャニオンといえばアンテロープ・キャニオンのことを指すことが多い。その美しさは格別

ANTELOPE CANYON

浸食された砂岩のつくる複雑な曲線
天空から差し込む一筋の光に感動

　離れたところで降った雨が鉄砲水となり、砂岩の台地や大きな岩山の割れ目や隙間から狭い渓谷内に浸水、水圧で岩肌を浸食する。これが数千年にわたりゆっくりと繰り返された結果、岩壁が不思議な流線形の狭い谷間ができた。

　アリゾナ州北部、ユタ州との州境近く、先住民族ナバホの人々の居留地にあるアンテロープはその代表格で、アッパーとロウワー、2カ所のキャニオンに分かれる。アッパーの内部は高さ20m、長さ150mほどで、開口部から差し込む太陽の光が美しく、また歩きやすいことから、アッパーが人気だが混雑する。数kmほど離れたロウワーは上り下りがあり、足場が悪いため、人は少ない。どちらも外からは想像がつかない自然の造形美に感動する。

旅の予算 ● 30万円〜
（大人1人あたりの総予算）

航空券はロサンゼルス経由などで10万〜15万円。アンテロープ・キャニオンには、ツアーに参加するかレンタカーを借りる方法がある。ツアーは3万円、レンタカーは1万円弱。

旅行日程 ● 5泊7日〜

ペイジにはアンテロープ・キャニオン以外にもレインボーブリッジなどの観光ポイントがあるため3泊はしたい。帰りはラスベガスかロサンゼルスで1泊するのがおすすめ。

	1	2	3	4	5
驚嘆度					●
難易度			●		
危険度			●		

絶景の達人 感動実体験

日が昇るにつれ、幻想的な景色が浮かび上がる

初めて訪れたとき、目の前に広がるあまりの美しさに言葉を失いました。日が高くなってくると、天井の亀裂からしだいに陽光が入り始め、人の行き来で舞った砂埃に反射し光の帯が現れます。間接照明のようなやわらかい光がキャニオンの美しい色彩を浮かび上がらせ、岩壁の曲線は鉄砲水の動きを見るような躍動感で、私たちに迫ってきます。心が癒される神秘的な世界でした。

カメラには砂塵対策をしっかりと

日光が差し込むピーク時を少し外すと、内部の光がやわらかく、わずかですが人も少なくなるので個人的にはおすすめです。また、光の帯を撮影するため、砂をまき散らす人もいます。カメラの砂塵対策は忘れずに。

●アメリカ西部3州観光局　内藤 真美子

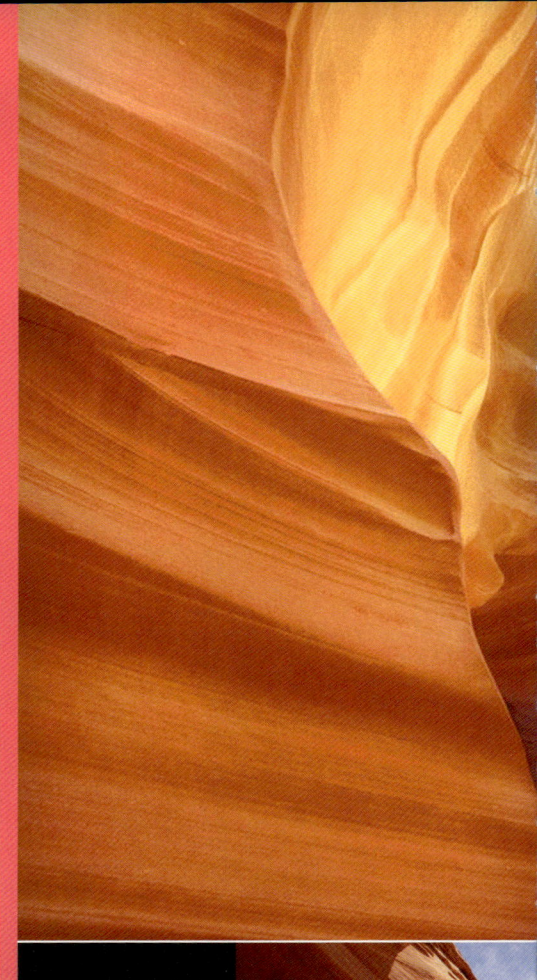

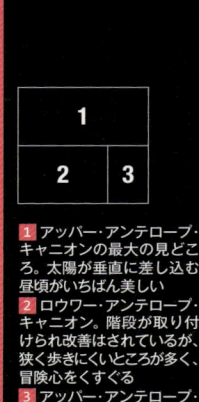

[1] アッパー・アンテロープ・キャニオンの最大の見どころ。太陽が垂直に差し込む昼頃がいちばん美しい
[2] ロウワー・アンテロープ・キャニオン。階段が取り付けられ改善はされているが、狭く歩きにくいところが多く、冒険心をくすぐる
[3] アッパー・アンテロープ・キャニオン。浸食された砂岩の描く曲線が複雑に入り組むさまに圧倒される

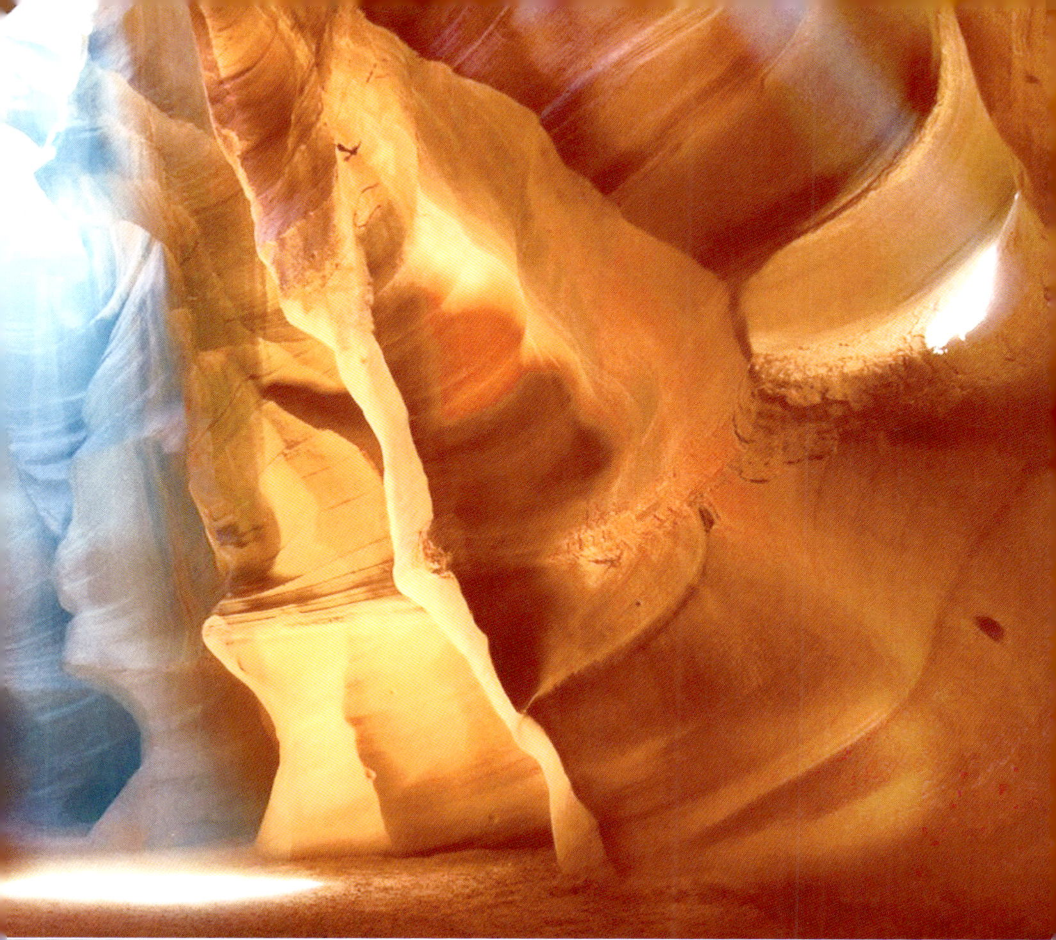
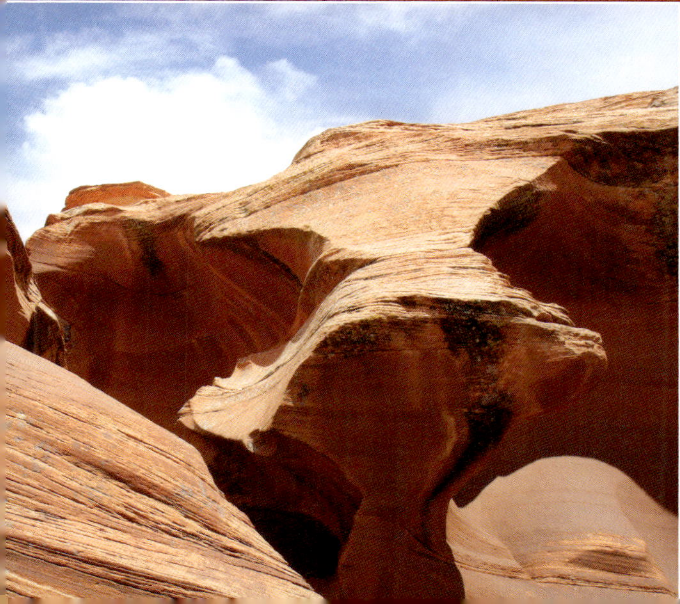
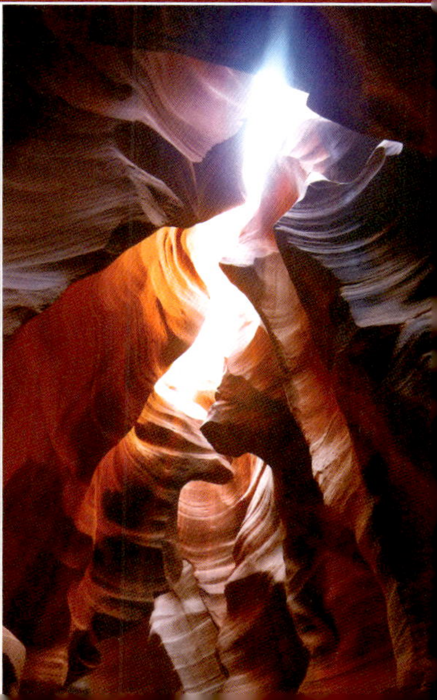

TRAVEL PLAN

アクセス　　　　　　　　　ACCESS

日本からペイジまでは空路で16時間以上
アメリカ国内で2回以上の乗り継ぎが必要

日本からアンテロープ観光の拠点となる街、ペイジまでは16時間以上。アメリカ国内で2回以上の乗り継ぎが必要だ。ロサンゼルスやサンフランシスコなどを経由して、さらにフェニックスやラスベガス、ソルト・レイク・シティなどで乗り換える。

日本 → アメリカ主要都市（サンフランシスコ、ロサンゼルスなど）約11時間～
アメリカ　約2～3時間
約2～3時間
●イエローストーン
ソルト・レイク・シティ　約1時間
ペイジ
サンフランシスコ
ラスベガス　約1時間　アンテロープ・キャニオン
ロサンゼルス　約1時間
フェニックス
メキシコ

旅のシーズン　　　　　　　BEST SEASON

ベストシーズンは春と秋
日が高い3月中旬から10月第1週に訪れたい

1	2	3	4	5	6	7	8	9	10	11	12
冬		春			夏			秋		冬	

天候が安定しているのは3月中旬～10月初旬。夏は上昇気流が生み出す夕立があり、鉄砲水の危険性があるとクローズされることがある。冬は冷え込むので注意。

旅のアドバイス　　　　　TRAVEL ADVICE

カメラなど精密機器には注意
いつ来るかわからない鉄砲水

風がなくても、渓谷を歩けば砂だらけになる
見た目では砂が舞っているように見えなくても、1時間も歩きまわれば砂だらけになる。カメラ、コンタクトレンズなどは砂が入らないようカバーやサングラスを。

数十キロ先の雨が、突然、鉄砲水になって洪水に
現地では雨が降っていなくても、かなり遠くの豪雨が鉄砲水となって襲う。渓谷の中で勢いを増し、増水する。

ツアー情報

モニュメントバレーやグランドキャニオン、ザイオン国立公園などの国立公園とセットのツアーが多い。ラスベガス発の日帰りツアーもあるほか、現地のパウエル博物館では各種アクティビティのツアー申し込みが可能。レイク・パウエル・リゾートは人気があるので、早めに予約しよう。

モデルプラン　　　　　　　MODEL PLAN

太陽の光が差し込む幻想的な空間
パウエル湖のアクティビティで楽しもう

DAY 1　ロサンゼルス経由でラスベガス〜ペイジへ
ロサンゼルスなどを経由してラスベガスへ。ペイジには車で約4時間30分。日本を午後出ると、同日の昼に到着。

DAY 2　アンテロープ・キャニオンは正午がベスト
朝は早起きしてペイジの街からも近い、コロラド川の巨大へアピンカーブ、ホースシュー・ベンドを見に行くのがおすすめ。アンテロープ・キャニオンは太陽の光が差し込む正午頃に観光するのがベスト。ロウワーの内部は洞窟のようになっているので、観光する場合にはスカートやサンダルなどの軽装は避けよう。夜はレイク・パウエル・リゾートが催行するディナークルーズに参加し、湖の夜景をゆったりと楽しみたい。

専用のクルーザーから夜のパウエル湖を眺めながらディナーをいただく、2時間のツアー。シェフが作る料理も絶品

DAY 3　パウエル湖観光のハイライト
3日目は「レインボーブリッジ」のボートツアーに参加。乗船券はレイク・パウエル・リゾートで購入できる。時間帯は正午〜夕方までがおすすめだ。船内にはドリンクなどが用意されているので、快適な環境でパウエル湖の景色を堪能できる。

DAY 4　アメリカの原風景を堪能しよう
4日目は旅の拠点をペイジからモニュメントバレーに移す。ビジターセンターで申し込みを済ませてからバレーツアーに参加。朝晩の風景が見事なので、ぜひ1泊して絶景を楽しみたい。

DAY 5-7　ラスベガスかロサンゼルスで1泊して帰国
帰りはラスベガスやロサンゼルスで1泊して、市内を観光する。ロサンゼルスは観光地が多いため、数日滞在してもよいかもしれない。ロサンゼルスまでの国内線は約1時間。日本までの国際線は約10時間かかる。

プラス +2日 のオプションプラン

DAY 1-2　緑が目にやさしい渓谷を通ってセドナへ

セドナ Sedona
ペイジから車で約3時間

砂漠地帯の多いアリゾナで、新緑の季節なら緑鮮やかな、秋なら黄色く紅葉した木々が豊かな街。先住民族の聖地で、パワースポットとして人気がある。赤い岩山の裾野が豊かな緑という景観が美しい。

TRAVEL PLAN

絶景の連続 広大壮大なアメリカ大陸の凄さに圧倒される

集中する国立公園に見る地球の摩訶不思議

　アリゾナとユタの州境、パウエル湖を中心にした半径230kmの円（サークル）内に国立公園が集中している。このエリアをグランドサークルと呼ぶ。

　無数の大木の化石が転がるペトリファイド・フォレスト化石の森国立公園。スカイウォークからは谷底が足下に見える、グランドキャニオン国立公園。白い王座には高さ732mの1枚岩が立つザイオン国立公園。レインボー・ポイントが標高2700mを誇るブライスキャニオン国立公園。ダブルアーチが映画『レイダース/失われたアーク《聖櫃》』に登場するアーチーズ国立公園。ペインテッド・ウォール・ポイントの黒い絶壁が特徴的なブラックキャニオン国立公園。キャニオンランズ国立公園はグランドビューポイントから望む荒野と蛇行する川に注目したい。シーニック・ドライブでウォーターポケット褶曲（地層が曲がりくねるように変形すること）が眺められるキャピトル・リーフ国立公園など。

荒涼とした台地に奇岩が延々と続く、キャニオンランズの壮大な風景

アクセスとドライブで気をつけたい注意点

　ラスベガスを起点にする場合、グランドサークルの北半分を右回り・左回り、あるいは南半分を右回り・左回りで周遊するコースなどがあり、レンタカーを利用するのが一般的だが、ガソリンスタンドは少なく、夜は外灯はないものと考えたほうがよい。また夏季は気温が40℃を超すことが多いのでオーバーヒートにも注意が必要だ。また、3～10日間でグランドサークル内の国立公園をまわるツアーが日本から各種催行されている。

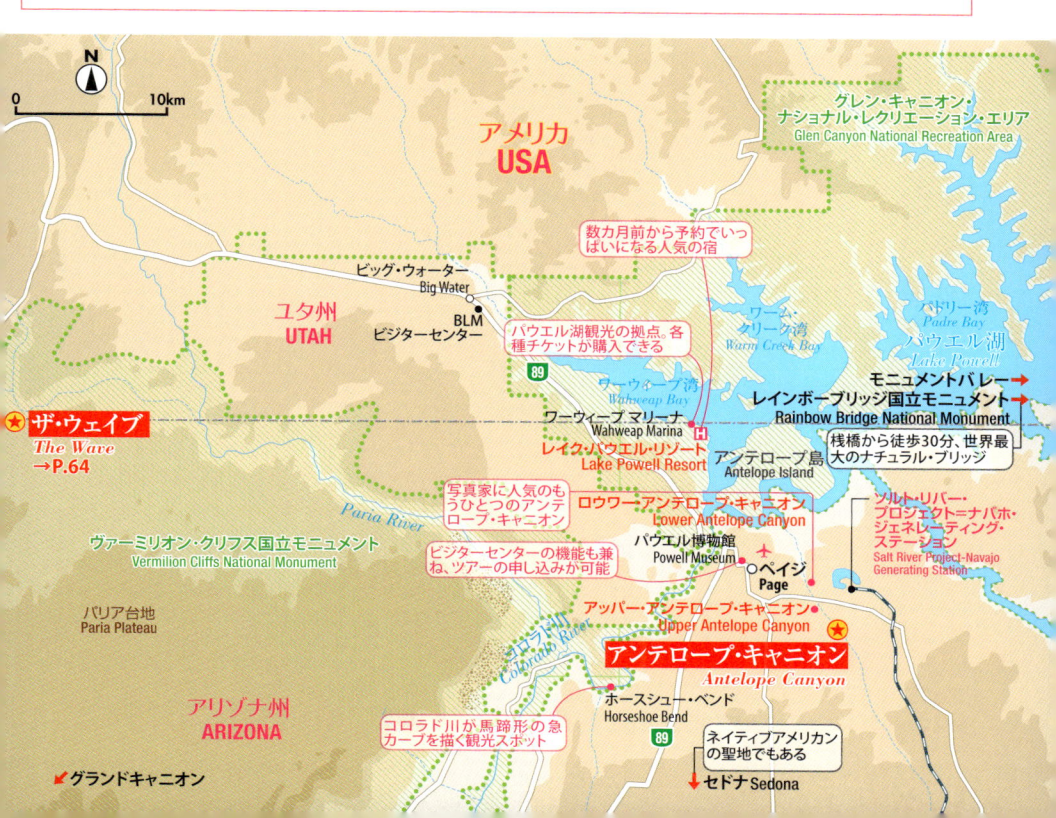

地図

- アメリカ USA
- ユタ州 UTAH
- アリゾナ州 ARIZONA
- グレン・キャニオン・ナショナル・レクリエーション・エリア Glen Canyon National Recreation Area
- ビッグ・ウォーター Big Water
- BLMビジターセンター
- ワーウィープ湾 Wahweap Bay
- ワーム・クリーク湾 Warm Creek Bay
- パドリー湾 Padre Bay
- パウエル湖 Lake Powell
- ワーウィープ マリーナ Wahweap Marina
- レイク・パウエル・リゾート Lake Powell Resort
- アンテロープ島 Antelope Island
- モニュメントバレー →
- レインボーブリッジ国立モニュメント Rainbow Bridge National Monument （桟橋から徒歩30分、世界最大のナチュラル・ブリッジ）
- ザ・ウェイブ The Wave →P.64
- Paria River
- ヴァーミリオン・クリフス国立モニュメント Vermillion Cliffs National Monument
- パリア台地 Paria Plateau
- ロウワーアンテロープ・キャニオン Lower Antelope Canyon（写真家に人気のもうひとつのアンテロープ・キャニオン）
- パウエル博物館 Powell Museum（ビジターセンターの機能も兼ね、ツアーの申し込みが可能）
- ペイジ Page
- ソルト・リバー・プロジェクト＝ナバホ・ジェネレーティング・ステーション Salt River Project-Navajo Generating Station
- アッパー・アンテロープ・キャニオン Upper Antelope Canyon
- アンテロープ・キャニオン Antelope Canyon
- Colorado River
- ホースシュー・ベンド Horseshoe Bend（コロラド川が馬蹄形の急カーブを描く観光スポット）
- セドナ Sedona（ネイティブアメリカンの聖地でもある）
- グランドキャニオン
- 数ヵ月前から予約でいっぱいになる人気の宿
- パウエル湖観光の拠点。各種チケットが購入できる

11 ダイナミックにうねる地表
砂岩の層が生んだ絵のような曲線美

THE WAVE

ザ・ウェイブ

アメリカ
MAP P.63

繁忙期は倍率100倍の入山抽選
頼りは地図と磁石、GPSのみ

　ペイジの西、アリゾナ州とユタ州にまたがるヴァーミリオン・クリフス国立モニュメント内のノース・コヨーテ・ビュート・エリアにある。砂丘が固まった岩に鉄砲水が流れ、浸食。鉄を含む砂岩が層をなして大きく歪曲し、さまざまな曲線を見せる。入場者は1日20人、BLT（国土管理局）の許可が必要。未整備のトレイルをトレッキングする。

スケジュールには十分な余裕をもち
万全な準備をして訪問しよう

　ザ・ウェイブの訪問人数は1日20人に制限されており、そのうち10人は4カ月前にインターネットで申請し、抽選で選ばれる。申請料がかかるが、落選した場合も返金されない。残りの10人は、訪問前日に、近郊のカナブの街で入山抽選を行なう。春～秋がベストシーズンだが倍率が高いため、冬のほうが当選しやすい。訪問の際は、方位磁石と地図が必要。地図は受付で購入できる。往復4時間のトレッキングになるため、飲料水や携帯トイレなどは忘れずに準備しよう。

BLT(国土管理局)への入山申請は4カ月前にネットで行なうか、前日、カナブにあるビジターセンターで本人立ち会いで行なう

アクセス　　　　　　　　　　　　ACCESS

日本からはペイジまでは16時間～
ザ・ウェイブまでは4WDを借りて1～2時間ほど

観光拠点のペイジの街へは、ロサンゼルスとラスベガス経由、サンフランシスコとフェニックス経由などのアクセス方法がある(➡P.62)。アメリカ国内で2回以上の乗り継ぎが必要だ。日本からペイジまでは16時間以上。ペイジから抽選会場のカナブの街へは車で1時間30分。夏季はサマータイムになるため注意が必要だ。ザ・ウェイブへの道は途中から未舗装道路になるため、ペイジで4WDを借りるとよい。

旅のアドバイス　　　　　　　TRAVEL ADVICE

ザ・ウェイブを訪れるなら迷わずガイドを
天候を考慮して、装備は完璧に

山歩きに不慣れであれば公認ガイドを。ユタ州との時差に注意
トレイルがよく整備されていないのでガイドを頼んだほうが安心。公認ガイドは入山許可の人数には数えない。抽選の行なわれるビジターセンターがあるカナブはユタ州の街、時差に注意。
降雪、降雨、炎天など気象条件に注意し、装備は十分に
せっかく来たからと無理をせず、諦める勇気も必要。水、食料品、ガソリンは多めに用意。公園内にトイレはない。

THE WAVE

12 赤茶けた荒野に忽然と現れる 石膏に覆われた純白の砂丘

WHITE SANDS NATIONAL MONUMENT

ホワイトサンズ国立モニュメント

アメリカ

見渡す限りの白い砂と青い空。コントラストが目にまぶしい。白い砂を手にとってみると驚くほどやわらかい

風紋も美しい幻想的な白い世界
どこまでも続く石膏砂丘へ

アメリカの南西部に位置するニューメキシコ州の乾いた大地にある、琵琶湖よりひと回り大きい、面積約700km²の純白の砂丘。目の前に広がる光景は、まるで銀世界のようだが、この白い砂の正体はじつはギプスなどにも使われる石膏の結晶だ。そもそも水溶性の石膏がこのように地表に残っていることはきわめてまれで、これは砂丘が位置するトゥラロサ盆地の地形的特徴によるところが大きく、とくに海に流れ出る河川のない、閉じた盆地であるという点が挙げられる。一帯には南西の風がつねに吹きつけており、砂丘は絶えず姿形を変えながら、年間10mも移動することがあるという。雲の動きに合わせてドラマチックに表情を変え、見飽きるということがない。

旅の予算 ● 30万円～
（大人1人あたりの総予算）

航空券は往復約10万円～。ホテルの料金はさまざまだが、モーテルだと8000～2万円程度。ツアーに参加しない場合はレンタカー代がかかる。

旅行日程 ● 4泊6日～

現地ツアーに参加する場合、最寄りの都市の空港やホテルが起点となっていることが多いため、1日早く現地に入っているほうが時間にゆとりがもてる。

驚嘆度	1	2	3	4	5
難易度	1	2	3		
危険度	1	2	3		

絶景の達人 感動実体験

日の出、日の入りの幻想的な光の色に酔う
夕暮れの景色は本当に素晴らしいです。夕日が真っ白な砂を染め上げていき、360度ピンクの世界になります。まるで見ている人までその色に染まってしまうような、不思議な感覚にとらわれます。また、朝日も見逃せません。夜の間に強い風が吹き、足跡を一掃して一面に美しい風紋をつくります。朝日に照らされた白砂の風紋はキラキラと輝きすがすがしく心が洗われるような光景です。

白の世界で、自分のいる位置を見失わないために
あまりの美しさに気を取られて真っ白な景色のなかを歩いていると、方向感覚を失うことがあります。歩きだすときは遠くの山の景色とビジターセンターの位置を確認し、いつでもデューンズ・ドライブに戻れるよう気を配る必要があります。●アメリカ西部3州観光局 内藤 真美子

アクセス　　　　　　　　ACCESS
日本からアメリカの1都市を経由し、
アルバカーキかエルパソからホワイトサンズへ

日本からダラス、ロサンゼルスなどの都市で乗り換え、アルバカーキ国際空港、もしくはエルパソ国際空港へ向かう。どちらも総飛行時間は約13時間30分。ホワイトサンズまでは、アルバカーキ国際空港からは車で約5時間、エルパソ国際空港からは同じく約1時間40分で着く。

旅のシーズン　　　　　BEST SEASON
ベストシーズンは夏季と冬季を外した頃
どんな時期でも、昼夜の気温の変化には注意

1	2	3	4	5	6	7	8	9	10	11	12
冬		春			夏			秋			冬

6～8月には平均気温が35℃以上。夏季を外した3～5月、9～10月の日中は比較的過ごしやすい気温なのでおすすめ。また、一年通して砂漠気候のため、昼夜の寒暖差を意識した服装を。

旅のアドバイス　　　　TRAVEL ADVICE
水分は多めに用意し、補給もこまめに
定期ミサイル実験の時間は入園禁止になる

夏の環境は、砂漠と同じ。水の用意は必須
1人あたり、1日1ガロン（約3.8ℓ）の水を携行することが推奨されている。ビジターセンターを過ぎると水は買えないので注意。

隣接する施設のミサイル実験により、定期的に入園禁止になる
公園の隣にはミサイル実験場があり、安全などの理由から実験時には最大で3時間、入園が禁止となる。近くの道路も通行止めになるので、事前に電話で確認をしておこう。

ツアー情報
日本発着ツアーは種類が少なく、現地ツアーを利用する方法が主流となっている。現地ツアーではアルバカーキを起点とし、カールズバッド鍾乳洞国立公園、サンタフェ観光と合わせたものが多い。また、現地の旅行会社が催行する、シャトルバスを利用したエルパソ発の日帰りツアーもある。

TRAVEL PLAN

モデルプラン　MODEL PLAN

大自然の壮大さと歴史と文化を感じる
アメリカ南部の旅

DAY 1 ニューメキシコの玄関口、アルバカーキへ向かう
日本からダラス経由で、アルバカーキ国際空港へ。アルバカーキ到着後は街を散策し、ホテルで1泊。

DAY 2 沈む夕日を眺めながら広大な白い砂丘を歩く
アルバカーキでレンタカーを借り、ホワイトサンズ国立モニュメントへ向かう。園内のドライブルート「デューンズドライブ」沿いから石膏砂丘の眺めを堪能したあと、夕暮れの砂丘を歩くプログラム「サンセット・ストロール」に参加。この日は最寄りの街・アラモゴードに宿泊する。

「サンセット・ストロールは砂丘を歩く、レンジャー同行のプログラム。時間が日によリ異なるので、入園時にビジターセンターで確認を

DAY 3 ホワイトサンズで朝日を拝み、巨大洞窟を見学
少し早起きし、ホワイトサンズの朝日を拝んでから観光をスタート。午前中にアラモゴードを出発し、午後はカールズバッド鍾乳洞国立公園へ。広大な鍾乳洞内を探検し、夕方はコウモリの大群が空へ飛び立つ様子に見入る。宿泊先はカールズバッドの街にあるモーテルへ。

DAY 4 歴史と文化の融合の街サンタフェを散策
午前中にカールズバッドを出発し、昼過ぎにはネイティブアメリカンと複数の文化が融合した街サンタフェに到着。ネイティブアメリカンのアクセサリーの買物などを楽しみながら、異国情緒が漂う街並を散策しよう。帰国までの間はサンタフェのホテルに宿泊。

DAY 5 世界遺産タオス・プエブロを観光
サンタフェから北に車で約1時間半、1000年以上前からネイティブアメリカンが定住している集落、タオス・プエブロとリオグランデ川の渓谷橋を1日かけて巡る。

DAY 6-7 アルバカーキからダラスを経由し、日本へ帰国
午前中にサンタフェからシャトルバスに乗り、約1時間10分でアルバカーキ国際空港へ。昼過ぎに出発する便に乗り、ダラスを経由して日本へ。日付変更線を越えるので、日本到着は翌日の昼過ぎ。

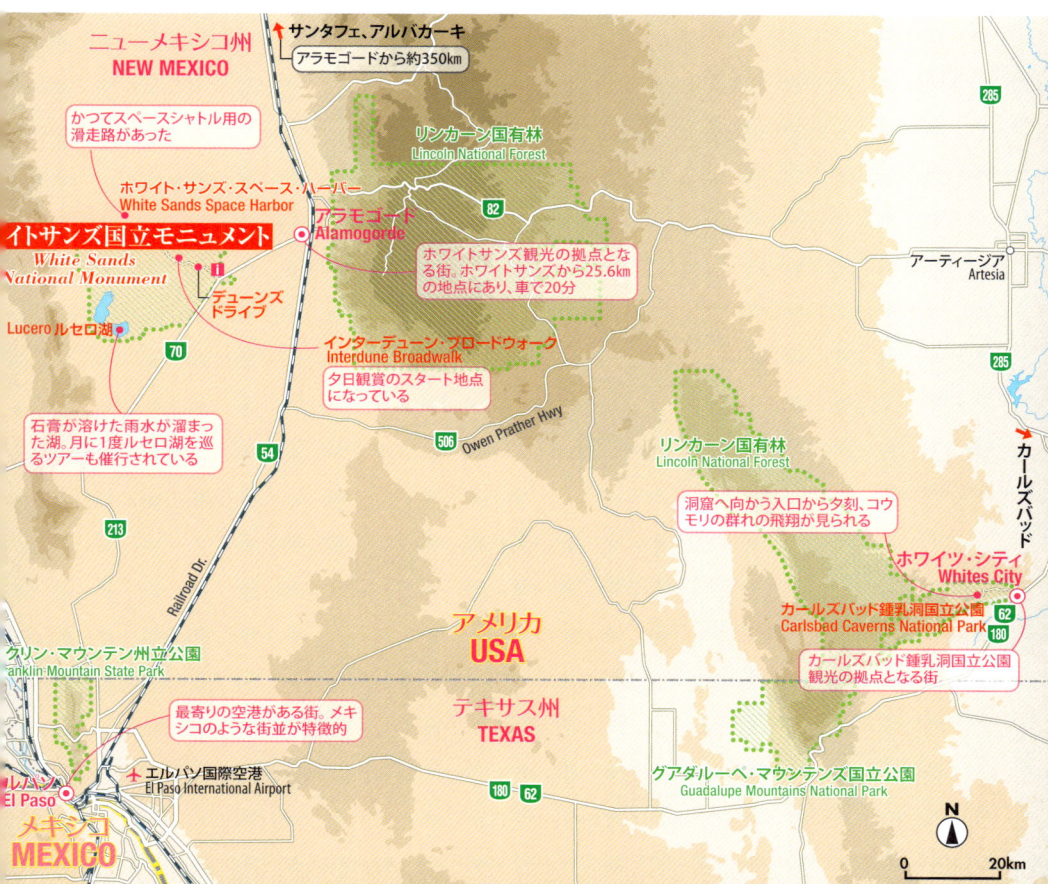

地図

- ニューメキシコ州 NEW MEXICO
- サンタフェ、アルバカーキ（アラモゴードから約350km）
- かつてスペースシャトル用の滑走路があった
- ホワイト・サンズ・スペース・ハーバー White Sands Space Harbor
- リンカーン国有林 Lincoln National Forest
- アラモゴード Alamogorde
- ホワイトサンズ国立モニュメント White Sands National Monument
- Luceroルセロ湖
- デューンズドライブ
- ホワイトサンズ観光の拠点となる街。ホワイトサンズから25.6kmの地点にあり、車で20分
- アーティージア Artesia
- インターデューン・ブロードウォーク Interdune Broadwalk
- 夕日観賞のスタート地点になっている
- 石膏が溶けた雨水が溜まった湖。月に1度ルセロ湖を巡るツアーも催行されている
- リンカーン国有林 Lincoln National Forest
- 洞窟へ向かう入口から夕刻、コウモリの群れの飛翔が見られる
- カールズバッド
- ホワイツ・シティ Whites City
- カールズバッド鍾乳洞国立公園 Carlsbad Caverns National Park
- カールズバッド鍾乳洞国立公園観光の拠点となる街
- フランクリン・マウンテン州立公園 Franklin Mountain State Park
- 最寄りの空港がある街。メキシコのような街並が特徴的
- エルパソ国際空港 El Paso International Airport
- El Paso
- メキシコ MEXICO
- アメリカ USA
- テキサス州 TEXAS
- グアダルーペ・マウンテンズ国立公園 Guadalupe Mountains National Park

0　20km

13 地球がいたずらした隆起や浸食
奇岩がつくる絶景に息をのむ

CANYONLANDS NATIONAL PARK

キャニオンランズ

アメリカ

原風景を保存するため、舗装道路は必要最低限にとどめられている。ニードルズもメイズも、車高の高い四駆を利用したい

かつては海と同じレベルにあった
地球の不思議が集まった国立公園

ユタ州の東部にある国立公園。約7000万年前の隆起で1500mも持ち上がった台地が、コロラド川とグリーン川の激しい流れにより浸食され、現在のような渓谷ができた。その広さは1366㎢、琵琶湖の約2倍だ。公園のなかほどでコロラド川とグリーン川が合流し、コロラド川となって、グランドキャニオンやフーバーダムを流れ、やがてカリフォルニア湾へと注ぐ。2つの川によって隔たれた地域は、アイランド・イン・ザ・スカイ、ニードルズ、メイズの3つに分かれるが、相互の地域を行き来はできない。

人気の絶景はアイランド・イン・ザ・スカイ。2つの川の間にあり、車で進入でき、エリアが見渡せる展望台もある。ニードルズはコロラド川の東側、メイズはグリーン川の西側にある。

旅の予算 ● 30万円〜
（大人1人あたりの総予算）

航空券はシアトルなどの経由便で10万円〜。ホテルは1泊1万〜3万円。遊覧飛行は約2万円。レンタカーはラスベガスで借りるとよい。料金は1日1万円〜が目安。

旅行日程 ● 4泊6日〜

ブラックキャニオン・オブ・ザ・ガニソン国立公園を観光する場合は、モアブにもう1泊必要。帰路の途中でラスベガスかシアトルなどの経由地で1泊するのもおすすめ。

	1	2	3	4	5
驚嘆度					5
難易度			3		
危険度		2			

絶景の達人 感動実体験

それぞれの地域に、はっきりとした特徴がある

ここでは最低限の道路と施設以外は、自然が手つかずの状態で保存されています。遊覧飛行などで空から公園を眺めてみると、川によって分けられた3つの地域の地形的な特徴がよくわかります。「天空の島」や「針」、「迷路」のような岩が林立する様子は、あまりに不思議で圧倒されます。それは「まさに大自然の驚異」と言いたくなるような絶景でした。

短時間で観光するならセスナの遊覧飛行がベスト

その広大な面積から、短い滞在では本当の魅力に触れることが難しいです。時間がないという人にはモアブの空港からのセスナによる遊覧飛行がおすすめですが、川下り、ジープツアー、展望台など、多角的に観光できれば理想的です。　●アメリカ西部3州観光局　内藤 真美子

1	
2	4
3	

1 U字型に蛇行するグリーン川。湾曲部はオックスボウと呼ばれ、蛇行がきつくなるほど外側の流れが速く、内側が遅くなる
2 両岸の断崖絶壁がコロラド川の水面に映る。川下りのボートも出ている
3 ニードルズ地域の名前の由来となった針のようにそびえる赤白の砂岩からなる尖塔群
4 アイランド・イン・ザ・スカイにあるメサアーチ。朝日がアーチの隙間から差し込む日の出が美しい

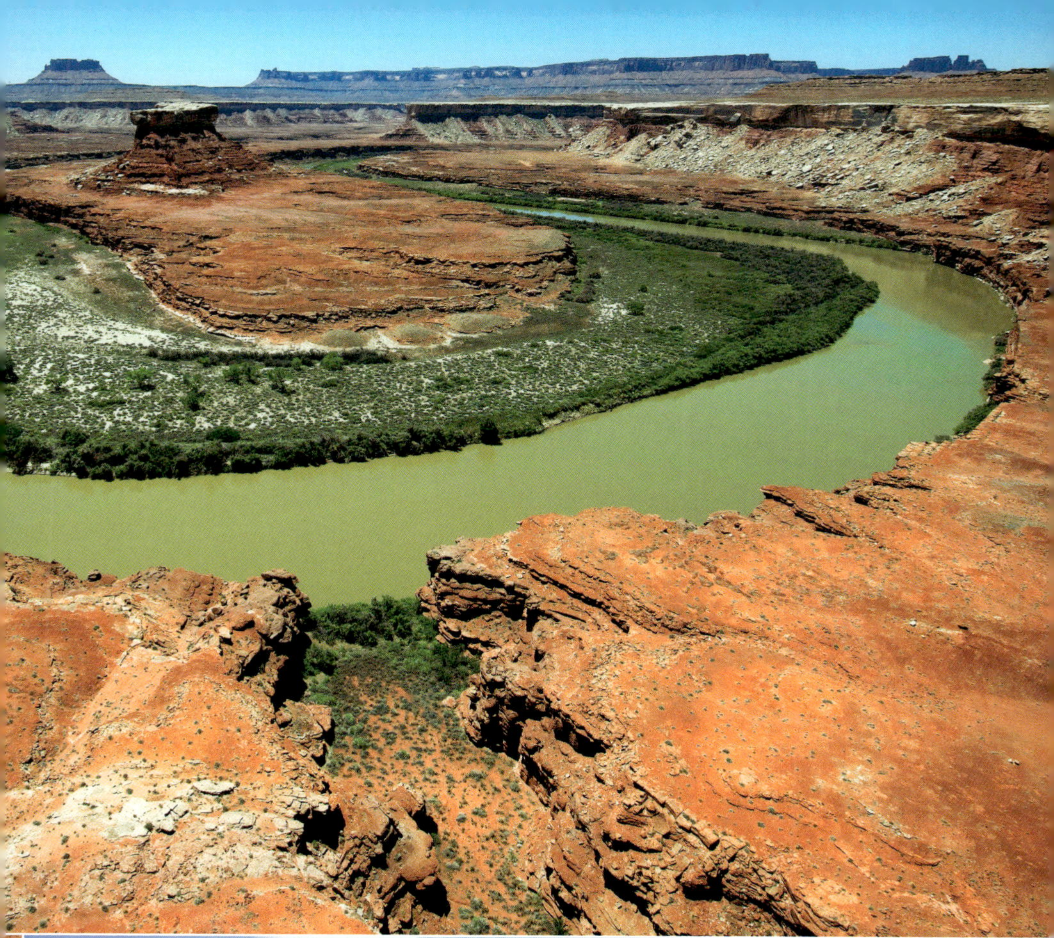

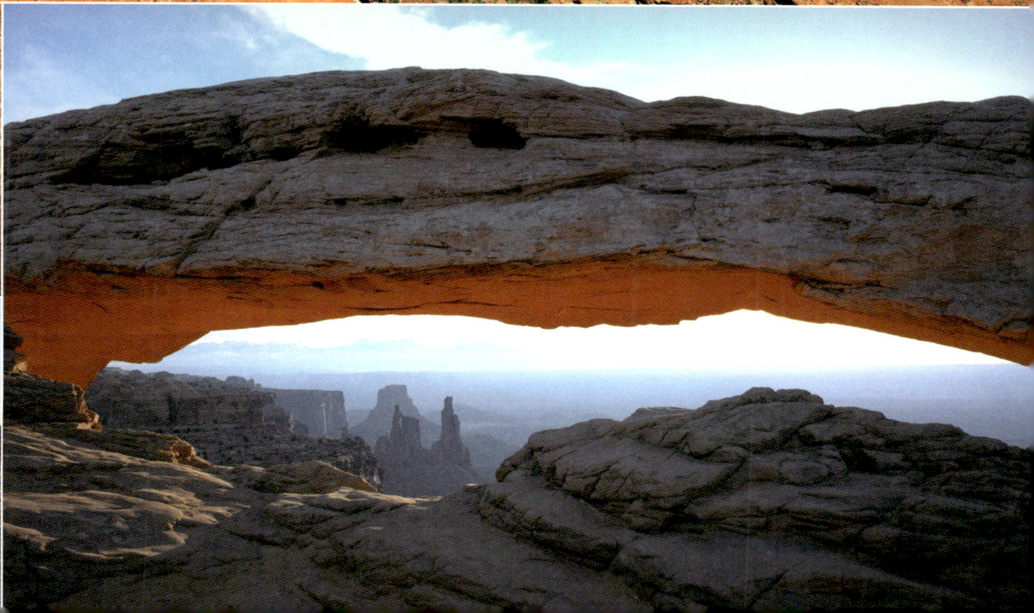

TRAVEL PLAN

アクセス　　ACCESS

日本からの直行便はない
乗り継ぎがスムーズなら約17時間

日本を午後出発し、シアトル、ポートランド、ロサンゼルスなどを経由、ソルト・レイク・シティで乗り継いで、拠点となるモアブのキャニオンランズ・フィールド空港まで、乗り継ぎがスムーズなら日本から所要17時間程度。時差の関係で同日の午後にはモアブに着く。モアブへは30人乗りのプロペラ機を利用する。ほかにモアブから車でアクセスする方法もある。ソルト・レイク・シティから車で約4時間、ラスベガスからは約8時間。

日本 ‥‥ アメリカ主要都市

シアトル、ポートランドなどで乗り継いで**約13～16時間**
アメリカ
シアトル、ロサンゼルスなどで乗り継いで**約13～16時間**
ソルト・レイク・シティ
約4時間　約1時間
モアブ
約8時間　キャニオンランズ
ラスベガス
ロサンゼルス
太平洋

旅のシーズン　　BEST SEASON

マウンテンバイクには真夏や真冬は不向き
一年を通して乾燥している

1	2	3	4	5	6	7	8	9	10	11	12
冬		春			夏			秋			冬

春と秋は、朝晩は冷え込むが、日中は暖かく過ごしやすい。冬は降雪は多くはないが、降ると道路が閉鎖されることもある。

旅のアドバイス　　TRAVEL ADVICE

国立公園内に入るときは飲料水を十分に用意し
ガソリンも満タンで出かけよう

ビジターセンターでは公園内での最低限の物だけを供給
ビジターセンターでは地図や案内書、水など必要最低限の物しか販売していないので、モアブで十分補給しておきたい。

4WDは自分の技術に合わせて運転したい
マウンテンバイクや4WDでの走行はキャニオンランズにぴったりだが、地形が複雑で高度な運転技術を要するところもある。はじめてならば、モアブからのツアーに参加するのがおすすめ。

ツアー情報
キャニオンランズだけではなく、グランドキャニオンなどのグランドサークルの観光地と一緒にまわることが多い。モアブには、モニュメントバレーやアーチーズ国立公園とのセットでのツアーが組まれているほか、ジープやモーターボートでのラフティングのツアーも申し込み可能。

モデルプラン　　MODEL PLAN

コロラド川とグリーン川がつくり出す雄大な景観
オフロードドライブにもチャレンジしたい

DAY 1　ラスベガスからはレンタカーで8時間
日本からラスベガスまで、シアトルで乗り継いで約13時間。モアブまでは、レンタカーに乗り換え約5時間。

DAY 2　メサアーチから眺める朝日は絶景 
早朝、朝日に染まるメサアーチを見に行く。その後は、昼食をとりながらグランドビューポイントに向かおう。午後はデッドホースポイント州立公園で夕日を眺めてホテルに戻る。時間に余裕があれば、アプヒーヴァル・ドームに訪れるのもよいだろう。

DAY 3　遊覧飛行でキャニオンランズを見渡そう 
午前中はニードルズにある、エレファント・ヒルを観光する。オフロードでの高度な運転技術が必要な場所だが、エレファント・ヒルのトレイルヘッドでも十分に景色を堪能できる。午後はモアブに一旦戻り、セスナで遊覧飛行。巨大迷路のような景色が展開するメイズエリアは、車で訪れることが難しい場所のため、この機会にぜひ見ておきたい。

DAY 4　ユタ州のシンボル、デリケートアーチは必見
4日目はモアブから車で10分、アーチーズ国立公園を観光しよう。見どころは多いが、デリケートアーチには必ず立ち寄りたい。駐車場が満車になる前に、余裕をもって昼過ぎに到着。デリケートアーチには片道1時間ほど、勾配がある道を歩くことになる。歩きやすい靴や暗くなったときのために懐中電灯も準備しておきたい。

ユタ州のシンボル的存在、デリケートアーチ。全長16mのアーチが、夕日を浴びて赤く染まる姿は必見だ

DAY 5-6　ラスベガスなどの都市で1泊して帰国
ラスベガスまでは車で8時間。その日には飛行機に乗らず1泊して、翌日ラスベガスが経由地のシアトルなどを観光しながら帰るのがおすすめ。観光スポットが多いロサンゼルスを経由してもよい。

プラス＋1日のオプションプラン

DAY 1　古代の地層と高さ700mの崖を見下ろろす
ブラックキャニオン・オブ・ザ・ガニソン国立公園
Black Canyon Of the Gunnison National Park

モアブから車で約3時間30分

ガニソン川の浸食によりできた切り立つ深い渓谷。岩壁の岩の色が黒いことからこの名がついた。古代の地層を観賞できる貴重な場所で、眼前に迫る険しい渓谷に圧倒される。

キャニオンランズ国立公園周辺地図

N 8km

- キャニオンランズ・フィールド空港
- デリケートアーチ / Delicate Arch
- アーチーズ国立公園 / Arches National Park
- ソルト・レイク・シティから出ている長距離バスでも行ける
- アメリカ / USA
- ユタ州 / UTAH
- モアブ / Moab
- 観光の拠点。食料はすべてここで調達しよう
- ブラックキャニオン・オブ・ザ・ガニソン国立公園 / Black Canyon of the Gunnison National Park
- 柵がない場所もあるので、子供連れは注意が必要
- 火口クレーターのような、ほかの風景とは違った風景が観賞できる
- オフロードドライブは、このエリアがいちばん運転しやすい
- デッドホースポイント州立公園 / Dead Horse Point State Park
- アイランド・イン・ザ・スカイ / ISLAND IN THE SKY
- アブヒーヴァル・ドーム / Upheaval Dome
- 四駆用のダートコース、ホワイト・リム・ロード
- ガチョウの首(Goose Neck)と呼ばれている
- コロラド川 / Colorado River
- 天然の岩のアーチ。世界中の写真家の間で話題のスポット
- メサアーチ / Mesa Arch
- グリーン・リバー展望台 / Green River Overlook
- 夕日を眺める場合はぜひ訪れたい
- グレン・キャニオン・ナショナル・レクリエーション・エリア / Glen Canyon National Recreation Area
- グランドビューポイント / Grand View Point
- 午前中は逆光なので午後がオススメ
- ロックハート・ロード / Lock Hart Rd
- クレオパトラズ・チェア / Cleopatra's Chair 1905m
- エッカー・ビュート / Ekker Butte 1902m
- ニードルズ・オーバールック / Needles Overlook
- キャニオンランズ / Canyonlands National Park
- メイズ / THE MAZE
- 強盗ブッチ・キャシディが隠れていたといわれている
- ニードルズ・ビジターセンター / Needles Visitor Center
- イブ・ビュート / Bagpipe Butte 2036m
- エレファント・ヒル / Elephant Hill
- 世界のオフロードドライバーの憧れの場所
- コロラド川 / Colorado River
- 3717m
- 1896m
- 1128m
- ニードルズ / THE NEEDLES
- 赤と白の縞模様の岩の尖塔がそびえ立つ景観がその名の由来
- ビーフ・ベイスン・ロード / Beef Basin Rd
- モニュメントバレー、グランドキャニオン
- カテドラル・ビュート / Cathedral Butte 2420m

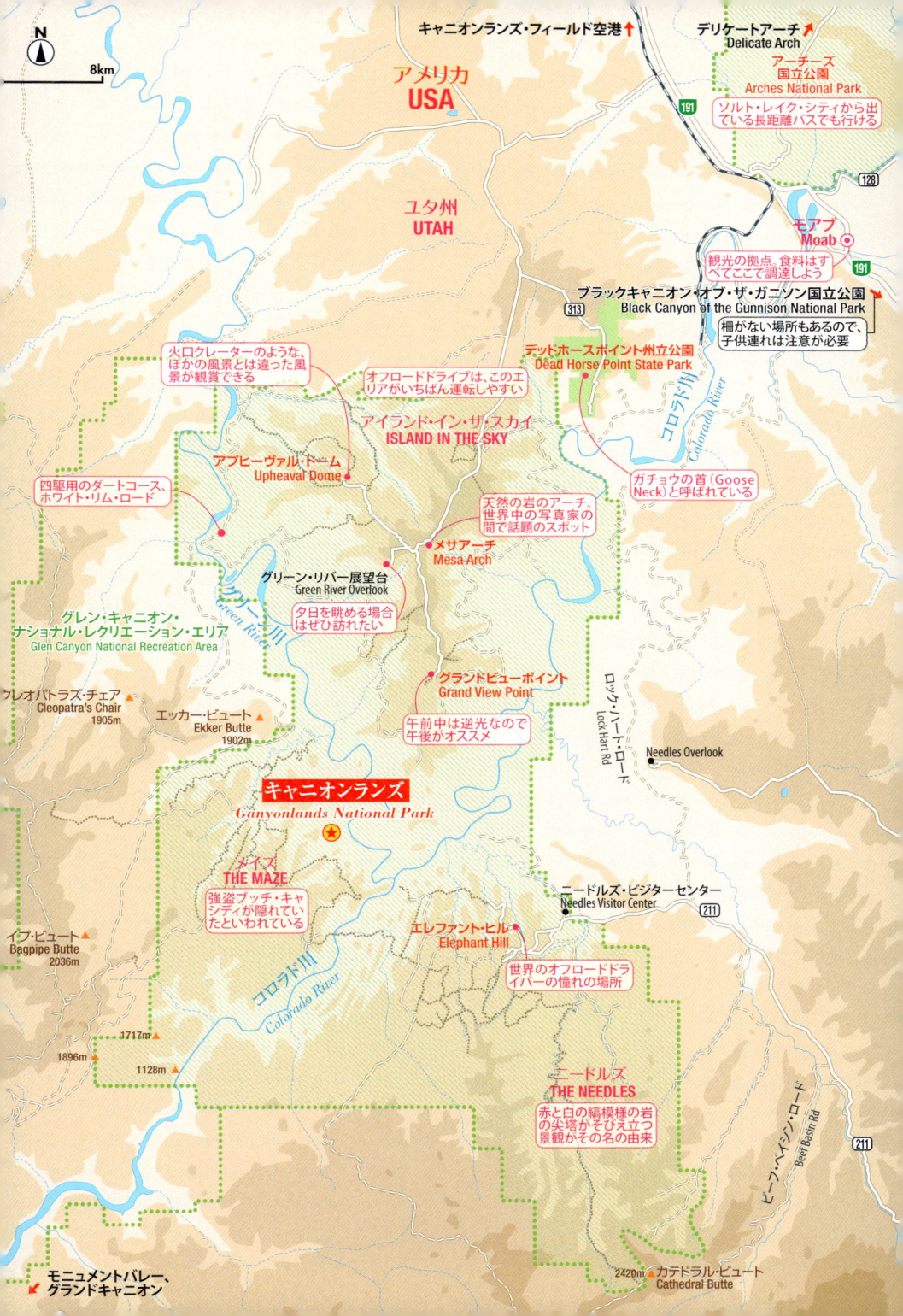

14 うごめく火山、渓谷、湖、野生動物、アメリカの大自然がここに集結

YELLOWSTONE NATIONAL PARK

イエローストーン

アメリカ

モーニング・グローリー・プール。中心部は熱湯のためバクテリアも棲めない。周囲はバクテリアにより変色。コインなどを投げ入れないように

YELLOWSTONE NATIONAL PARK 77

世界でも最多の間欠泉や温泉
地熱が物語る火山の規模の大きさ

　ワイオミング州の北西角にあり、わずかにアイダホ州とモンタナ州にはみ出ている。広さは8983km²、四国の半分ほど。1872年に世界初の国立公園として指定された。国立公園の東側には3000m級の山々がそびえる。園内は8の字を描くように道路が整備されており、効率よく見てまわれる。噴火口はないが公園自体が火山で今でも活動している。たくさんの間欠泉や地熱を発する箇所があるのはそのためで、なかでも有名な間欠泉がオールドフェイスフル・ガイザー。40mほどの高さに熱湯を噴き上げる。温泉としてはモーニング・グローリー・プールが知られている。渓谷、滝、湖など、自然の営みに必要な環境条件が整っているため、グリズリーをはじめ稀少な野生動物や野生植物の生息地となっている。

旅の予算 ● 35万円〜
（大人1人あたりの総予算）

航空券だけだと15万円程度だが、別途レンタカー代がかかるほか、公園内のロッジが高いので、多めに見積もったほうがいい。現地からのツアーだと5日間で20万円前後と高額。

旅行日程 ● 5泊7日〜

公園内をまわるには最低でも5日は必要で、1週間滞在できれば、心ゆくまで満喫できるだろう。広大な敷地のため、ドライブルートは前もって綿密な計画を立てておきたい。

	1	2	3	4	5
驚嘆度					5
難易度	1	2			
危険度	1	2			

絶景の達人 感動実体験

大地を通して感じる、地球の鼓動

テレビや雑誌で見てからずっと頭の中に残っていたのは、間欠泉が勢いよく地上から噴き上げる光景でした。それもそのはず、地下数kmの深さまでマグマ溜まりが迫り、地球上にあるすべての温泉の源泉のうち、なんと約半分はここにあるというのです。実際に公園を巡り、地球は今も生きている！ということを実感させられました。

野生動物による渋滞も考慮した観光計画を

道路にはたびたび野生動物が出没し、渋滞が起きてしまいます。想定より移動に時間がかかることもあるので、余裕をもったプランを立てるのがよいと思います。想像を絶するほど大きな公園なので、動物との遭遇を楽しみながら、時間をかけてゆっくりと大自然の豊かさを感じてみたいものです。　●アメリカ西部3州観光局　内藤 真美子

1	2	
3		6
4	5	7

1 ロウワー・フォールズ。イエローストーン国立公園内にあるキャニオンのノースリムからの眺めが最高だ
2 ノリス・ガイザー・ベイスンは温泉活動が盛ん。間欠泉や色鮮やかな温泉を縫って遊歩道がある
3 グリズリー（ハイイログマ）の親子。ほかにエルク、オオカミなど、たくさんの野生動物が生息している
4 オールドフェイスフル・ガイザーは約80分ごとに4万ℓの熱湯を噴き上げる
5 グランド・プリズマティック・スプリングはイエローストーン最大の温泉
6 温泉によってできた石灰岩のテラスが見られるマンモス・ホットスプリングス
7 大小の湖が点在する

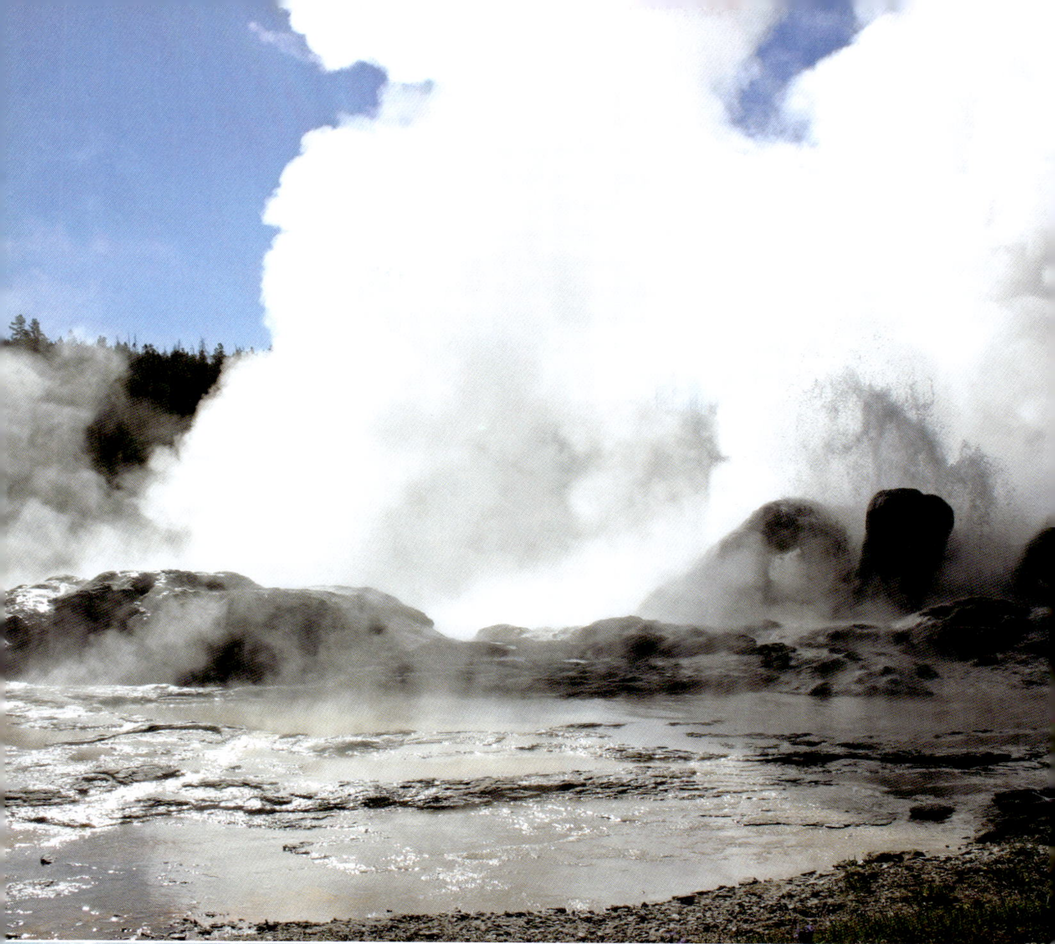
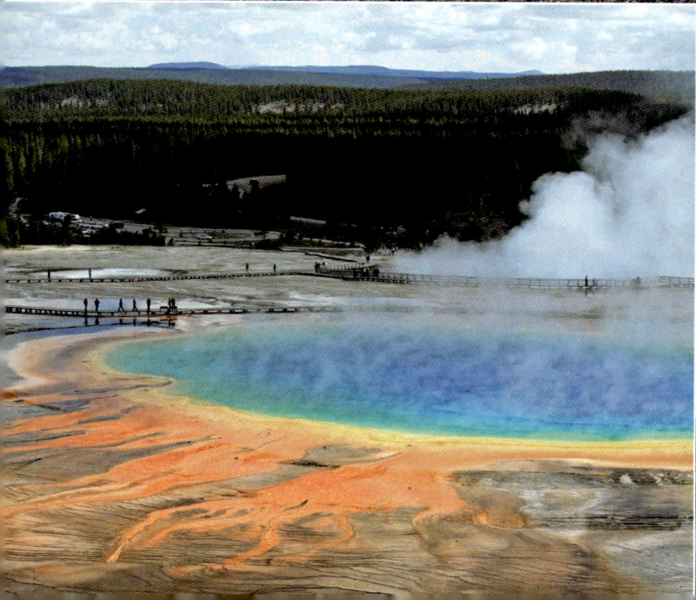
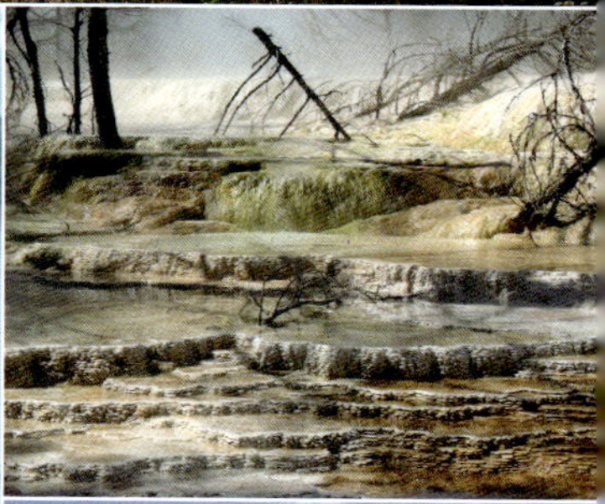
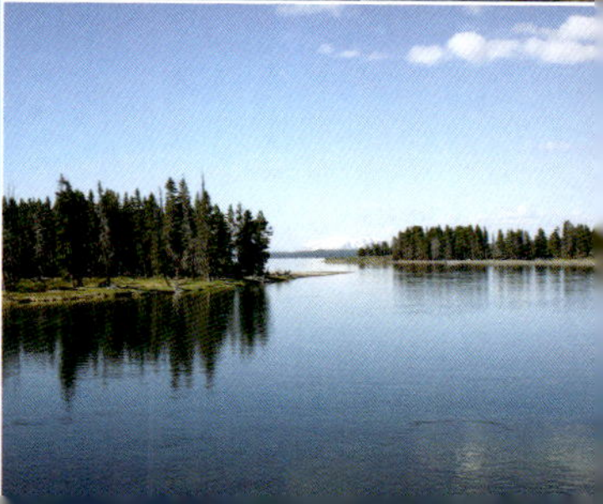

TRAVEL PLAN

アクセス　　　　　　　ACCESS

日本からデンバー経由でジャクソンへ
その後レンタカーで公園へ

日本からデンバーまで約11時間、国内線に乗り換えジャクソンまで約1時間30分。乗り換え時間込みで最短約15時間。公園までは空港からレンタカーで2時間ほど。シアトル経由でソルト・レイク・シティからウエストイエローストーンへ行くことも可能。

- 日本
- アメリカ主要都市
- ウエストイエローストーン
- 約1時間30分
- イエローストーン
- ジャクソン
- ソルト・レイク・シティ
- 約1時間30分
- デンバー
- シアトル、ポートランドなどで乗り継ぎで約13〜16時間
- ラスベガス
- アメリカ
- ロサンゼルス

旅のシーズン　　　　BEST SEASON

いちばん低いところで標高約1500m
夏でも最低気温は10℃を下回る

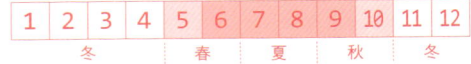

1	2	3	4	5	6	7	8	9	10	11	12
冬			春		夏			秋			冬

ベストシーズンは6〜9月。4月下旬頃からエリア別に徐々にオープン。山岳地帯なので、夏でも最高気温は30℃を下回る。朝晩の寒暖の差が大きいので、セーターやパーカーを用意したい。

旅のアドバイス　　　TRAVEL ADVICE

ボードウォークから外れない
温泉は熱湯。絶対に触れない

自然環境保護が見事な国立公園だが、危険とも背中合わせ
地熱による間欠泉や温泉が有名だが、湧き出る湯を触ればやけどをする熱さ。また、バクテリアなどの自然の営みを破壊することになるので、ボードウォークを外れて歩くことは禁止。

姿がかわいらしくても野生動物であることを忘れずに
動物たちは危険を感じると身を守るため、逃げるか襲ってくる。熊なら90m、その他の動物は最低25m離れて観察しよう。

ツアー情報
現地までの航空券などは個人で手配し、そこから現地発着のツアーで行くのが一般的。ツアー料金には貸切専用車と運転手とガイド、宿泊費や食事代が含まれている。グランドティートン国立公園も一緒にまわるのが一般的なプランだ。ロサンゼルスからのバスツアーもある。

モデルプラン　　　　MODEL PLAN

世界最古の国立公園を満喫!
公園内のロッジ泊、大自然を心ゆくまで堪能

DAY 1　デンバーを経由してジャクソン、そして国立公園へ
日本からアメリカのデンバーへ。国内線に乗り換えてジャクソン国際空港に到着したら、空港でレンタカーを借りてイエローストーン国立公園へ向かう。南ゲートから入り、2時間30分ほど北上し、マンモス・ホットスプリングスへ。1日目はここのロッジに泊まる。

DAY 2　マンモス・ホットスプリングスから野生動物を見に
午前中は、石灰岩のテラスが見られるマンモス・ホットスプリングスを見学。そのあと、野生動物と出会えるタワールーズベルト、ラマーバレー方面へと向かう。エルクやバイソンなどの草食動物が暮らしており、のどかな景色が広がる。その後、キャニオン・ヴィレッジまで移動。キャニオン・ロッジを中心にレストランやカフェ、ギフトショップなどが集まる。

DAY 3　公園内の主要スポット、ロウワーフォールズへ
朝、早起きして主要スポット、ロウワーフォールズへ向かう。サウスリムにあるアーティスト・ポイントは、ロウワーフォールズとキャニオンの全景が見渡せる絶好のビュースポット。そのあと、オールドフェイスフルに向かい、世界で一番大きく豪華と評判のロッジ、「オールドフェイスフル・イン」にぜひ宿泊したい。

大人気の荘厳なログハウス・ホテル「オールドフェイスフル・イン」。目の前が間欠泉という好立地。予約は必ず早めに取ろう

DAY 4　多くの間欠泉や温泉がある、オールドフェイスフル
まずはこの公園のシンボルともいえる間欠泉、オールドフェイスフル・ガイザーを見に行こう。高さも水量もほぼ変わらず、一定間隔で規則正しく噴き上げる間欠泉は、迫力満点。ほかにも多数の間欠泉や温泉があり、黄色と青の色合いが美しいモーニング・グローリー・プールが有名だ。ゆっくり見てまわったら、グラントヴィレッジへ向かおう。イエローストーン湖が見渡せるロッジに泊まり、朝日を見るため早めの就寝を。

DAY 5　湖から昇る朝日を堪能し、グランドティートンへ 
早朝、イエローストーン湖から昇る朝日を見たら隣接するグランドティートン国立公園へ。湖に映る美しい山々を見ながら湖畔を散策したら、この日はジャクソン・レイク・ロッジに泊まる。

DAY 6-7　映画の名シーンのスポットを訪れたら、空港へ
朝は、映画『シェーン』で一躍有名になったアンテロープフラットロードを訪れよう。午前中のシャッターチャンスを見逃さずに。そのまま南下し、ジャクソン国際空港へ。時間に余裕があれば、経由地ロサンゼルスやサンフランシスコに立ち寄ってみるのもいい。日本着は翌日。

イエローストーン国立公園マップ

アメリカ USA

モンタナ州 MONTANA
- ギャラティン国立森林公園 Gallatin National Forest
- グラニット山 Granite Peak
- 北ゲート North Entrance
- Gardiner
- マンモス・ホットスプリングス Mammoth Hot Springs
  - 石灰岩のレースのような形状になっている光景が広がる
- Cooke City
- Yellowstone River
- Obsidian Creek
- Lava Creek
- Obsidian Cliff
- Roaring Mtn.
- タワールーズベルト Tower Roosevelt
- Lamar River
- NE Entrance Rd.
- Abiathar peak 3331m
- The Thunderer 3217m
- Mt.Norris 3028m
- Mt.Washburn 3122m
- Dunraven pass
- Grebe Lake
- ノリス・ガイザー・ベイスン Norris Geyser Basin
- キャニオン・ヴィレッジ Canyon Village
- アーティスト・ポイント Artist Point
  - 壮大な渓谷。ロウワーフォールズは北側からよく見える
- ラマーバレー Lamar Valley
- Saddle Mtn. 3252m
- Pollux Peak 3373m
- マディソン Madison
- Madison River
- Grand Loop Rd.
- Castor Peak 3308m

イエローストーン Yellowstone National Park
- Mud Volcano
- フィッシング・ブリッジ Fishing Bridge
- Stone Point
- 数多くの間欠泉や温泉がある。世界最大のロッジがあるのもここ
- グランド・プリズマティック・スプリング
- モーニング・グローリー・プール Morning Glory Pool
- オールドフェイスフル・ガイザー Old Faithful Geyser
- Natural Bridge
- ブリッジベイ Bridge Bay
- Avalanche Peak 3221m
- Black Sand Basin
- オールドフェイスフル・イン
- オールドフェイスフル Old Faithful
- ウエスト・サム West Thumb
- イエローストーン湖 Yellowstone Lake
  - 354km²あり、北米大陸の山岳湖では最大。メキシコ湾につながっている
- 冬季閉鎖
- Sylvan Pass
- E Entrance Rd.
- グラントヴィレッジ Grant Village
- Shoshone Lake
- Riddle Lake
- Mt. Schutz 3395m
- Eagle Peak 3462m
- Lewis Lake
- Heart Lake
- Table Mtn. 3372m
- 冬季閉鎖
- S Entrance Rd.
- Snake River
- Turret Mtn. 5273m
- Yellowstone River

アイダホ州 IDAHO

ワイオミング州 WYOMING
- 南ゲート South Entrance
- Grassy Lake Reservoir
- Snake River
- ジャクソン湖 Jackson Lake
  - アメリカの国立公園のなかで最も美しいとされている
- ジャクソン・レイク・ロッジ Jackson Lake Lodge
- ティートン国立森林公園 Bridger Teton National Forest
- モラン Moran
- グランド・ティートン国立公園 Grand Teton National Park
- ジャクソン国際空港
- アンテロープフラットロード
- Drigs

N　0　20km

15 世界の時が、止まったような美の静寂
その一瞬の光景を瞼に焼きつける

LAKE LOUISE

カナダ

レイク・ルイーズ

湖水が独特なエメラルドグリーンに見えるのは、氷河が運ぶ水に氷河によって削り取られた岩の粉が含まれているためという

優雅なホテルのたたずまいが似合う
雪をかぶったロッキー、それに湖

　カナディアン・ロッキーのバンフ国立公園内にある湖で、周辺の村の名前でもある。水面は標高1536m、最長部分で2km、最短の幅は500mで、面積は0.8km²、箱根の芦ノ湖よりひと回り大きい。エメラルドグリーンに輝く湖水には、西側奥にそびえるロッキーのヴィクトリア山やヴィクトリア氷河を鏡のように映し、このうえもなく美しい。東側の湖畔にこの景色を愛でるように建つホテル、シャトー・レイク・ルイーズの姿もまた美しい。一幅の絵のような景色は"カナディアン・ロッキーの宝石"と呼ばれ、眺めるだけでも満足だが、トレッキングやサイクリング、カヤックなどアウトドア・スポーツも盛ん。ルイーズの名はカナダ総督夫人となったヴィクトリア女王の4女ルイーズ王女の名前にちなんでつけられたという。

旅の予算 ● 40万円〜
（大人1人あたりの総予算）

航空券は直行便13万円〜。レイク・ルイーズのリゾートホテルはローシーズン2万円前後、ハイシーズンは2倍近くに値上がりする。現地ツアーは国立公園1日観光で1万5000円ほど。

旅行日程 ● 5泊7日〜

レイク・ルイーズに行くなら、カナディアン・ロッキー観光の拠点となるバンフも旅行したい。それぞれ2、3泊ずつ滞在し、ハイキングやアクティビティをゆったりと楽しもう。

	1	2	3	4	5
驚嘆度					●
難易度	●				
危険度	●				

アクセス　　　　ACCESS
日本からはまずカルガリーの空港へ行き、そこからバンフを経由してレイク・ルイーズへ

日本からカルガリー国際空港までは直行便で約10時間。空港で車に乗り換え、カナディアン・ロッキー観光の拠点バンフへ行く。所要約2時間。バンフからは約1時間でレイク・ルイーズに着く。空港からレイク・ルイーズまではブリュースターなどのバスでもアクセスでき、その場合はバンフ経由で約3時間30分。

日本 ───── 約10時間
カナダ
ジャスパー●
レイク・ルイーズ ★ ─ バンフ ─ カルガリー
　　　　　　　　　　約2時間
バンクーバー
シアトル
アメリカ

旅のシーズン　　　　BEST SEASON
雪がすっかり溶けた春〜夏の季節が美しい
晴天率が高いことでも知られている

1	2	3	4	5	6	7	8	9	10	11	12
冬		春			夏			秋			冬

標高1000m以上のロッキー山中にあり、年間を通じて気温は低い。一年のうち、半分が冬というイメージ。いちばんいい季節は5月中旬〜9月中旬頃。それ以降は、紅葉の秋が足早に過ぎる。

旅のアドバイス　　　　TRAVEL ADVICE
自然環境を守り、みずからを守るために
国立公園内のルールを守ろう

大型動物に遭遇したときの対処や公園内環境保護に努めよう
国立公園の滞在には入園料が必要。ゴミ捨て、植物の採取、動物へのエサやりなどは禁止されている。運転時に大型動物に遭遇したら、鹿は25m、熊は90m以上離れ、車内から出ないこと。
アクティビティのツアーに参加するとき免責書に署名を
免責書（Waiver Form）はアクティビティツアー中に生じた事故は訴訟しないという内容の文書で、事前に署名が求められる。

ツアー情報
日本発のカナディアン・ロッキーツアーは5〜10日間。移動に時間がかかるので、余裕をもった日程のものを選びたい。現地では日本語の通じるツアー会社がさまざまな種類のツアーを催行している。ハイキングコースや国立公園は交通の便が悪いが、ツアーを利用すれば効率よく観光できる。

絶景の達人 感動実体験

まるで絵画のように美しい、芸術的な風景
大自然のつくり出した芸術を目の前に感じるのは、自分がいかにちっぽけな存在であるかということ。それは同時に、日々の疲れから解き放たれて、本来の自分を取り戻せる瞬間でもあり、心がすうっと癒されていくのがわかります。湖のほとりで深呼吸するだけでも、心と体にエネルギーが満ちあふれてきます。

一日のなかで、表情を変化させる湖
朝夕は、穏やかな湖面に周囲の景色が鏡のように反射し、ため息がもれるほどの美しさになります。星空の夜には天の川が空から降り注ぐようで、その明るさだけで目の前のレイク・ルイーズとヴィクトリア氷河の輪郭がくっきりと浮かび上がります。日中とはまた違う、なんとも素晴らしい絶景です。　　●アルバータ州観光公社 小西 美砂江

TRAVEL PLAN

モデルプラン　MODEL PLAN

ときによって色調を変化させるロッキーの宝石
山の上から、そして湖面近くで美しさを感じたい

DAY 1 カルガリーを経由してレイク・ルイーズへ
日本からカルガリー国際空港へ。そのままバスでレイク・ルイーズに行き、湖畔のホテルに泊まる。

DAY 2 ハイキングとカヌーでレイク・ルイーズを満喫
朝からハイキングに出発。レイク・アグネスという人気のトレイルを歩く。ミラー湖、アグネス湖という2つの湖を経て、ザ・ビーハイブという岩山を登っていく。その頂上から見下ろすレイク・ルイーズの全景は、息をのむほどに美しい。ハイキングを終えて湖畔に戻ったら、レイク・ルイーズへカヌーで漕ぎ出そう。

湖畔のホテル、フェアモント・シャトー・レイク・ルイーズのボートハウスでカヌーが借りられる

DAY 3 ツアーでヨーホー国立公園とモレーン湖をまわる
レイク・ルイーズに近いヨーホー国立公園とモレーン湖を観光するツアーに参加する。園内ではカナダ随一の落差を有するタカカウ滝、壮麗なエメラルド湖などが観賞できる。その後公園を出てモレーン湖へ。湖面には雄々しいテン・ピークスの峰が映し出されている。1日かけて大自然を味わい、夕方にレイク・ルイーズに帰る。

DAY 4 コロンビア大氷原を観光して、バンフに向かう
レイク・ルイーズから、ペイトー湖などの氷河湖、氷河を見てコロンビア大氷原へ向かう。途中で雪上車に乗り換えて、氷原から流れ出た6つの氷河のひとつアサバスカ氷河の上まで行く。車を降りて氷上歩きを体験しよう。夜はバンフに宿泊。

DAY 5 バンフでは、豊富なアクティビティを楽しんで 
バンフ発のツアーではいろいろなアクティビティが楽しめる。ハイキング、乗馬、ラフティング、サイクリングに、ミネワンカ湖での釣りなどじつに種類豊富。夜は星空を眺めるツアーへの参加もおすすめ。

DAY 6-7 バスでカルガリー国際空港まで行き、帰国
午前中にバンフを出発し、バスでカルガリーの空港へ向かう。所要3時間30分。カルガリーからは直行便で帰国。昼過ぎに出発して機中泊を挟み、10〜11時間のフライトで、翌日の午後に日本に到着する。

16 | 湖を埋め尽くす凍った気泡
ロッキーに出現した氷とガスのミラクル

LAKE ABRAHAM

アブラハム湖

カナダ 🇨🇦
MAP P.85

青く凍った湖に映える白い泡の模様
氷の中に閉じ込められた宝石

　カナディアン・ロッキーの麓、ジャスパー国立公園とバンフ国立公園の境目から西に向かうハイウェイ11号沿いに細長い湖がある。湖底の植物から毎日10～30ℓのメタンガスが発生する。厳冬期になると湖の凍結とともに、このガスの気泡が水面に浮かぶ前に凍ってしまい、アイスバブルをつくるのだ。寒冷地ゆえの現象が生み出す不思議な光景だ。

ワークショップに参加して
プロの指導を受けながら湖を撮影する

　アブラハム湖の観光におすすめなのが、オーラム・ロッジが主催する冬季のフォトグラフィ・ワークショップだ。アブラハム湖などロッキーの秘境を巡りながら、経験豊富なインストラクターに撮影を教えてもらうことができる。7名以下の少人数グループで行なわれるので、指導を受ける時間は十分にある。ワークショップは3泊4日で、料金には宿泊費・食費・指導料・税金が含まれている。料金や日程は年ごとに変わる可能性があり、事前にオーラム・ロッジのHPで確認。

アブラハム湖はダムを造った際にできた人工湖。アイスバブルが水面下につくり出す美しい光景が評判になった

アクセス	ACCESS

日本から直行便でカルガリー空港へ
現地ではレンタカーを使い、アブラハム湖へ

日本からは直行便が就航していて、約10時間でカルガリー空港に到着する。その後、レンタカーもしくはバスで観光の拠点となる街バンフへ。所要時間は2時間ほど。バスは数社が運行しているが、バンフエアポーターのものが便数が多い。バンフからアブラハム湖へはレンタカーで行く。こちらも約2時間の道程だ。道順は、レイク・ルイーズ・ジャンクションからハイウェイ93号に入り、ハイウェイ11号を右折して道なりに進む。

旅のアドバイス	TRAVEL ADVICE

凍結した路面での運転に注意
恐怖を呼ぶ氷の崩壊

アブラハム湖へは公共の交通手段はない
観光地ではないので交通手段はレンタカーのみ。ロッキーの凍結路や降雪には細心の注意を払って運転したい。また、ロッキー内はガソリンスタンドが少ないので、出発前に満タンに。
湖から聞こえる音や氷の割れる音が不気味
積雪がないこと、透き通った氷の下に見える湖底は青黒いこと、ひび割れ、氷の音など、恐怖心を増す要素がある。

17 世界三大瀑布のひとつ 水量は北米最大の大迫力

NIAGARA FALLS　　カナダ／アメリカ

ナイアガラの滝

水門によりコントロールされ、4〜10月は毎秒2832㎥、11〜3月はその半分を放出。最も水量の増える春〜初夏にかけては毎秒5720㎥にも達する

季節や時間、見る場所ごとに
がらりと変わる表情が鮮烈

　エリー湖からオンタリオ湖へと流れるナイアガラ川にあり、カナダのオンタリオ州とアメリカのニューヨーク州を隔てる。ゴート島、ルナ島によって3つの滝に分かれ、それぞれ幅670m、落差53mのカナダ滝、幅260m、落差21〜34mのアメリカ滝、幅15m、落差55mのブライダルベール滝と呼ばれる。形成は約1万2000年前。最後の氷河期が終わり氷が解けたためにエリー湖が隆起し、流出した水がやわらかな頁岩を浸食した。浸食は現在も続くが、1950年代にカナダ滝全体を均一に落水させる工事を行ない、水門を設けて水力発電することで年間3cmほどに抑えている。

　滝を一望するカナダ側と、水しぶきを浴びるほど間近なアメリカ側、それぞれに異なる景色が楽しめる。

旅の予算 ● 35万円〜
（大人1人あたりの総予算）
航空券は直行便往復11万円〜。ホテルは中高級ランクで1万円前後。現地でツアーを申し込む場合、ナイアガラ滝と周辺1日ツアーが1万3000円〜。食費はランチ1000円前後。

旅行日程 ● 5泊7日〜
ナイアガラは2泊滞在すれば、滝やその周辺のワイナリーなどを満喫できるはず。経由地となるトロントでも、オンタリオ湖やエスニックタウンといった見どころが楽しめる。

驚嘆度	1	2	3	4
難易度	1			
危険度	1			

絶景の達人 感動実体験

水量と轟音でスリリングな絶景と遊ぶ！
観光地化された名所とはいえ、ここに落ちたらもうオシマイという恐怖感は誰でも持つでしょう。滝の前にせり出したテーブル・ロックからカナダ滝を目にしたときは、その幅と轟音のすごさに圧倒されると同時に足がすくむ思いがしました。きっと地球の絶景というのはいろんな意味で恐ろしいところなんです。クルーズで滝壺に近づいたときそのスリルは絶頂。びしょ濡れになりながら、川から一気に流れ落ちる滝に飲み込まれそうな気持ちでした。夜になっても轟音は相変わらずですが、滝はライトアップされているので、もうひとつの滝の表情が眺められ、ちょっとロマンティック。翌朝には橋を渡って、アメリカ側から眺望。一望したり、近づいたり、思いっきり世界の滝を楽しみました。　●フォトエッセイスト 白川 由紀

アクセス　　ACCESS
日本からは12時間でトロントに着く
空港からナイアガラまでは鉄道かバスで2時間

日本からトロントへは直行便が運航。空港からナイアガラの滝へは、シャトルバスか鉄道で行く。シャトルバスは空港と滝周辺のホテルを結んでいて、所要約2時間。鉄道で行く場合、空港からナイアガラ・フォールズ駅までは2時間ほどだが、駅から滝周辺まではタクシーで15分。

旅のシーズン　　BEST SEASON
紅葉する秋、凍てつく冬も美しいが
水量が増え、心地よい5〜10月がおすすめ

1	2	3	4	5	6	7	8	9	10	11	12
冬		春			夏			秋			冬

5〜10月は滝の水量が増えて迫力を増す。平均気温も最低7〜15℃、最高15〜27℃と快適で、この時期はボートツアーや花火などのイベントも盛ん。メイプルの紅葉は10月下旬が見ごろ。

旅のアドバイス　　TRAVEL ADVICE
レインボー・ブリッジは国境を越える橋
パスポート、ESTA、橋の使用料が必要

カナダからアメリカに入る際にはESTAを忘れずに申請
パスポートと50¢の橋使用料に加え、アメリカ入国の際には事前に電子渡航認証システムESTAの申請が必要となる。
近くから滝を見るときには、びしょ濡れになる覚悟と仕度を
滝の近くに行く際は滑りにくい靴とタオルや簡単な着替えを用意したい。貸し出しの合羽がある場所でも服やカメラが濡れる。また、夏でも急に寒くなることがあるので羽織るものも必要。

ツアー情報
日本発だと、ナイアガラの滝と空港のあるトロントを観光する5〜7日間のパッケージツアーがある。もっと長いツアーには、一緒にケベックやニューヨークをまわるものも。現地で催行されているのは、滝と周辺のワイナリー観光ツアー、滝の夜景ディナーとトロント1日観光ツアーなど。

TRAVEL PLAN

モデルプラン　MODEL PLAN

**世界三大瀑布の雄大さは滝壺まで行って体感
夜はライトアップされた幻想的な姿を楽しむ**

DAY 1　カナダの東の玄関口トロントに到着
日本から直行便でトロントまで約12時間。トロントからバスでナイアガラへ。約2時間で到着する。

DAY 2　ナイアガラの滝の迫力と、名産アイスワインを堪能
まずは滝にせり出した展望台、テーブル・ロックから滝を一望。さらにホーンブロワー・ナイアガラ・クルーズで滝壺まで行って滝の轟音を間近で聞く。午後は滝近くの街ナイアガラ・オン・ザ・レイクを散策する。この街の周辺のワイナリーを訪ね、名産のアイスワインを味わうのがおすすめ。甘くて濃厚な味わいだ。

滝を空から観光するナイアガラ・ヘリコプターズもおすすめ。大きな窓から滝の全貌が望める。日本語ガイドも用意されている

DAY 3　ナイアガラ川沿いを観光したあとは夜景ディナー
日中はナイアガラ川沿いをゆったりと巡る。ナイアガラ・パークス蝶園やホワイト・ウォーター・ウォークといった自然を満喫できるスポットが点在している。川沿いを巡る際は、ウィーゴーという路線バスを利用するのがよい。夜は美しくライトアップされた滝を眺めながら、ディナーで優雅なひとときを。メニューはロブスターが有名。

DAY 4　ナイアガラからバスでトロントへ
朝はレインボー・ブリッジを渡って、アメリカ側にあるゴート島へ。州立公園となっているゴート島は緑が多く、のんびり過ごすのにぴったり。島内のテラピン・ポイントという展望台では、カナダ滝が轟音とともに流れ落ちる様子を近くで眺めることができる。その後、空港のあるトロントへバスで戻る。所要時間は約2時間。

DAY 5　旅の最後に、カナダ最大の街トロントを見てまわる 
トロントの見どころは、五大湖のひとつオンタリオ湖や高さ553.33mのCNタワー、トロント・アイランドなど。個人で観光してもよいし、現地ツアーも催行されている。

DAY 6～7　トロントから直行便で帰国
パッケージツアーなどの送迎がなければ、空港へは空港バスかタクシーを利用する。所要40分～1時間。トロントから直行便で日本へ。午後に出発して機内で1泊、日本には翌日の夕方に到着する。

18 変幻自在に色と形を変え
夜空を飾る光のマジック

FAIRBANKS

フェアバンクスのオーロラ

アメリカ（アラスカ州）

ごくまれに見られるオーロラ爆発と呼ばれる現象。小さな点から現れ、急激に空一面に広がっていく。多彩な色でダイナミックに展開したかと思うと、5〜10分と短い時間で消えてしまう

乾燥し澄んだ空気は観測に最適
オーロラとの遭遇率は世界屈指

　この街はアラスカ第2の都市であり、アラスカ鉄道や複数のハイウェイが交わることから交通の要衝でもある。だが、広く知られるのはオーロラの名所ゆえ。いつ現れるか予測できない神秘性や、いつ消えるかもしれないはかなさもオーロラの魅力だが、ここでの遭遇率はきわめて高い。年によって異なるものの、冬に3日も滞在すれば9割もの確率で出会えるという。条件はオーロラ・ベルトと呼ばれる多発地帯にあること、周囲が暗いこと、雲などの遮蔽物がないこと。この街は晴天率に恵まれている。海からの湿った風が、街を囲むようにそびえるブルックス山脈、アラスカ山脈、マッキンリー山で雪となって降り積もり乾燥する。ために、幻のようにゆらめく光がクリアに人の目に届く。

旅の予算 ● 35万円～
（大人1人あたりの総予算）
航空券は日本～シアトルが10万円～、シアトル～フェアバンクスが3万円～（いずれも往復）。ホテルは高級で1万5000円程度が目安だが、ハイシーズンの夏にはかなり高くなる。

旅行日程 ● 5泊7日～
オーロラは毎晩確実に現れるわけではないので、2～3日はトライするつもりで時間を空けておきたい。昼間と、残った2～3日は、多彩な自然のアクティビティ体験にあてるとよい。

驚嘆度	1	2	3	4	**5**
難易度	1	**2**			
危険度	**1**				

絶景の達人 感動実体験

長年の観察でとらえたオーロラ爆発の瞬間
あまりの美しさと明るさに、神々しさとともに畏怖すら覚えました。オーロラのカーテンがじわじわと活発に明るくなりながら頭上を越えたと思った瞬間、突然オーロラの形が崩壊して空が光り輝き、激しく動き始めました。このショーは数分で終わりましたが、周囲には誰もおらず、私はこの瞬間この絶景を独り占めしていたのでした。
午後11時から午前2時が遭遇率が高い
経験的に23～2時が最も活発なオーロラに出会う確率が高いです。もちろんそれ以外の時間に現れることも多いです。オーロラ爆発を撮影したのはアラスカ大学フェアバンクス校の大型動物研究ステーションの駐車場付近でしたが、市街地から比較的近く、北側に開けた空間があるのでオーロラ観察におすすめです。
●大学研究員 中井 太郎

アクセス　　　　ACCESS
アメリカ西海岸のシアトル経由が一般的
日本からの所要時間は16時間以上

パッケージツアーのチャーター便を除き、日本からの直行便はない。乗り継ぎ時間の効率が最も良い便で、日本からシアトルを経由してフェアバンクスまで所要16時間ほど。空港からダウンタウンまではタクシーで30分ほどで、市バスも運行している。なお、シアトルからはアラスカ最大の都市、アンカレッジを経由する方法もあるので、旅程に合わせて検討したい。

旅のシーズン　　　　BEST SEASON
10月～4月中旬が冬。12～2月は極寒
5～8月は夜が明るく、オーロラ観測には不向き

1	2	3	4	5	6	7	8	9	10	11	12
冬					夏						冬

オーロラは年中発生するが白夜など太陽が沈まない時期には観測不可能。8月下旬～9月は夏の見どころとオーロラの両方が楽しめるが、オーロラだけなら夜が長く乾燥した冬がベスト。

旅のアドバイス　　　　TRAVEL ADVICE
日較差の大きな気温に要注意
オーロラ観賞中心の生活リズムにも慣れたい

人もカメラも寒さ対策。撮影には三脚と予備バッテリーを準備
夜は9月でも氷点下。12～2月は−30℃にもなる。冬山用の下着やカイロにいたるまで万全の対策が必要だ。またカメラも寒さに弱い。とくにバッテリーは消耗が激しいので予備を用意。
オーロラの発見は粘りが勝負。昼夜逆転の生活を覚悟を
オーロラは宵の口に出たり、夜明け前に出たりと現れるタイミングがまちまち。夜型の生活になることを覚悟しておきたい。

ツアー情報
毎年、夏季と冬季に運航されるチャーター直行便を利用したパッケージツアーが催行。夏はフェアバンクス周辺でのオーロラ観賞を含めたアラスカ周遊プラン、冬はフェアバンクス周辺でのオーロラ観賞が中心のプランが多い。現地でもオーロラ観賞のほか、各種アクティビティの申し込みが可能だ。

TRAVEL PLAN

モデルプラン　　　MODEL PLAN

**夜はオーロラ、昼はツアーの組み合わせが基本
雄大なデナリ国立公園へも足を延ばしたい**

DAY 1　シアトルを経由してフェアバンクスへ
フェアバンクスへの到着は早くて夕方。ホテルでひと休みしたら、早速この日からオーロラ観賞も可能だ。

DAY 2　日中は市内観光やアクティビティに挑戦
未明までオーロラを探すことが多いので、日中の行動はお昼頃からを予定しておきたい。フェアバンクスはそれほど大きな街ではなく、市内に見どころも多くはないので、現地発着のツアーでアラスカの自然を満喫するのがおすすめだ。夜は再びオーロラ観賞だが、この日は郊外の観測スポットを訪れるツアーを利用してみたい。

雄大な大地を空から眺めるフライトシーイングは人気のアクティビティ。1時間程度の手軽なものから半日のツアーまで多彩

DAY 3　露天風呂とオーロラが同時に楽しめるチナ温泉
前日同様、日中は市内観光やアクティビティにあてたい。夕方からは、フェアバンクスから100kmほど東にあるチナ温泉へ行き、湯浴みをしたあとにオーロラ探し。チナ温泉は本来宿泊がおすすめだが、日帰りのツアーも利用できる。このモデルプランの場合は翌日早朝にデナリ国立公園に向かうため、日帰りツアーを想定。

DAY 4　アラスカ鉄道に乗ってデナリ国立公園へ向かう
8時15分にフェアバンクスを出発する鉄道に乗車。4時間ほどでデナリ国立公園に着く。公園内はシャトルバスに乗って巡るが、このバスが非常に混み合うので、できれば予約をしておきたい。なお、このシャトルバスは夏季しか運行していないので、観光客がデナリ国立公園に立ち入ることができるのは実質この期間のみとなる。この日は公園入口付近のロッジなどに宿泊。

DAY 5　公園を早朝散策。夜は最後のオーロラ観賞チャンス
早朝は観光客が少なく、空気も澄んでいるので、ぜひ早めのシャトルバスに乗って公園内の散策をスタートしたい。昼過ぎのバスか、15時30分過ぎの鉄道でフェアバンクスに戻る。帰りの荷づくりをしつつ、最後にオーロラが眺められるのを期待して待ちたい。

DAY 6–7　早朝、フェアバンクスを出発して日本へは翌日帰国
シアトルでの乗り継ぎの関係で、フェアバンクスは早朝に発つ必要がある。日付変更線を越え、日本への到着は翌日の夕方。なお、下記のオプションプランを旅程に加える場合は、アンカレッジからシアトルへ向かう。

プラス +2日 のオプションプラン

**DAY 1–2　氷河が流れ込むフィヨルドには野生動物も
プリンス・ウィリアム湾　Prince William Sound**
フェアバンクスから飛行機とバスで3時間

アラスカ最大の都市、アンカレッジから日帰りで訪れることができる氷河クルーズの名所。個人で手配することもできるが、現地発着のツアーならアンカレッジまでの送迎(有料)も付けることができる。催行期間は夏季のみ。

オーロラ　夜空に降る光の一大ページェント

毛利さんはバッハと雅楽を同時に聴いた

天空の光の饗宴、オーロラは、太陽から放出される電気を帯びたプラズマが、地球の磁場の磁力線に沿って北極・南極の両極へ流れ、磁場の間隙から飛び込んで地表に接近し、そこで大気中にある酸素や窒素にぶつかって発生する発光現象のこと。

オーロラが出現する高さは地表から100〜500kmの電離層。同程度の高度を飛んでいたスペースシャトルの宇宙飛行士・毛利衛さんは「宇宙空間でオーロラをくぐり抜けたとき、バッハと雅楽が同時に聞こえた」と印象的なコメントを残している。オーロラが発生する頻度が高い地磁気の緯度60〜70度のエリアは「オーロラ帯(ベルト)」と呼ばれていて、これによればたとえば南極の昭和基地はこのベルトの真ん中に位置していることになる。

オーロラ全般に関して解明されていないことは多岐にわたる

いつ・どこへ行けばオーロラは見られるか？

オーロラは季節的には9〜10月、3〜4月に統計的に多く見られる。雲のずっと上で起こるので晴天率の高いエリアを選びたい。代表的なエリアとしてカナダのイエローナイフやホワイトホース、フォート・マクマレー、ノルウェーのスバールヴァル、スウェーデンのキルナ、フィンランドのロヴァニエミ、アイスランドなどが挙げられる。

19 刻一刻と変わる表情は圧巻
大陸のほぼ中央に現れた赤い巨石

ULURU (AYERS ROCK)

ウルル（エアーズ・ロック）

オーストラリア

「ウルル」とは、1万年以上もの昔からこの地に住むといわれるアボリジニの言葉で偉大な石を意味する

ULURU（AYERS ROCK）

先住民族のアボリジニでなくとも思わず尊崇の念を抱く神秘の聖域

長年この地に暮らす先住民族によってウルルと呼ばれてきたエアーズ・ロックは、彼らの聖地であり、また、オーストラリアの象徴でもある一枚岩。周囲9.4km、高さ348mという巨大さで、地平線をも見渡す広野に鎮座する。ウルルを含め、あたりの大地は鉄分の多い砂岩から成り、ために酸化鉄の赤を帯びる。朝日や夕日の光を受ける時刻はいっそう赤が濃く、快晴の昼には紺碧の空との対比が鮮やかだ。

現在の形になったのは約7000万年前。6億年ほど前にあった8000m級の山脈を流れる川が砂を堆積させて扇状地をつくり、4億年前の隆起と長年の浸食が独特の景観を生んだ。全景を遠望するのもよいが、周りを歩けばアボリジニの壁画や岩肌の地層など、土地の記憶が体感できる。

旅の予算 ● 35万円～
（大人1人あたりの総予算）

航空券はケアンズ経由で18万円～。宿泊費はホテルのランクにもよるが4ツ星で1泊2万～3万円前後。現地ツアーは1万～2万円のものが多い。国立公園入場料は3日間有効。

旅行日程 ● 4泊6日～

朝・夕とさまざまな表情を見せるウルルとカタ・ジュタ、それぞれ十分満喫するのであれば、現地で3泊はしたい。キングス・キャニオンなどの観光も含めると、+1～2泊は必要。

	1	2	3	4	5
驚嘆度					●
難易度	●				
危険度	●				

絶景の達人 感動実体験

日没時、地平線に広がる「ビーナスの帯」

私のとっておきの絶景は、なんといってもウルル一帯を染め上げる「ビーナスの帯」です。ビーナスの帯とは、日没の30分後から現れる、太陽の傾きによって地平線上にオレンジやピンク、紫色の丸みを帯びたレイヤー状の部分。そのすぐ下では丸みを帯びた地球の黒い影が、ゆっくりと空へと昇っていく様子が見られます。普段の生活ではなかなか感じることができない「地球」について考えられる貴重な瞬間です。空気が澄みわたり、背の高い建物がないウルルならではの幻想風景です。

この絶景が見られる条件は、雨が降っていないこと、西側の地平線に雲がかかっていないことや風が弱く空気中に砂漠地帯の砂が舞っていないこと。比較的降雨量が少ない6～8月が狙い目です。

●AATキングス 近藤 貴博

1	5
2	
3	6
4	

1 高さ546mのマウント・オルガを中心とした大小36の岩が連なるカタ・ジュタ
2 カタ・ジュタの麓には風の谷とウォルパ渓谷と呼ばれる2つの散策コースがある
3 ウルルの麓には先住民の壁画や落差90mの滝、半永久的に涸れない水場など、多くの見どころがある
4 散策路の両側にそびえる巨石に圧倒される
5 巨大な一枚岩だが、地表に見えている部分はたったの5%程度だという
6 現在、ウルルはアボリジニの評議会が所有し、国立公園として使用するため、オーストラリア政府に貸し出されている

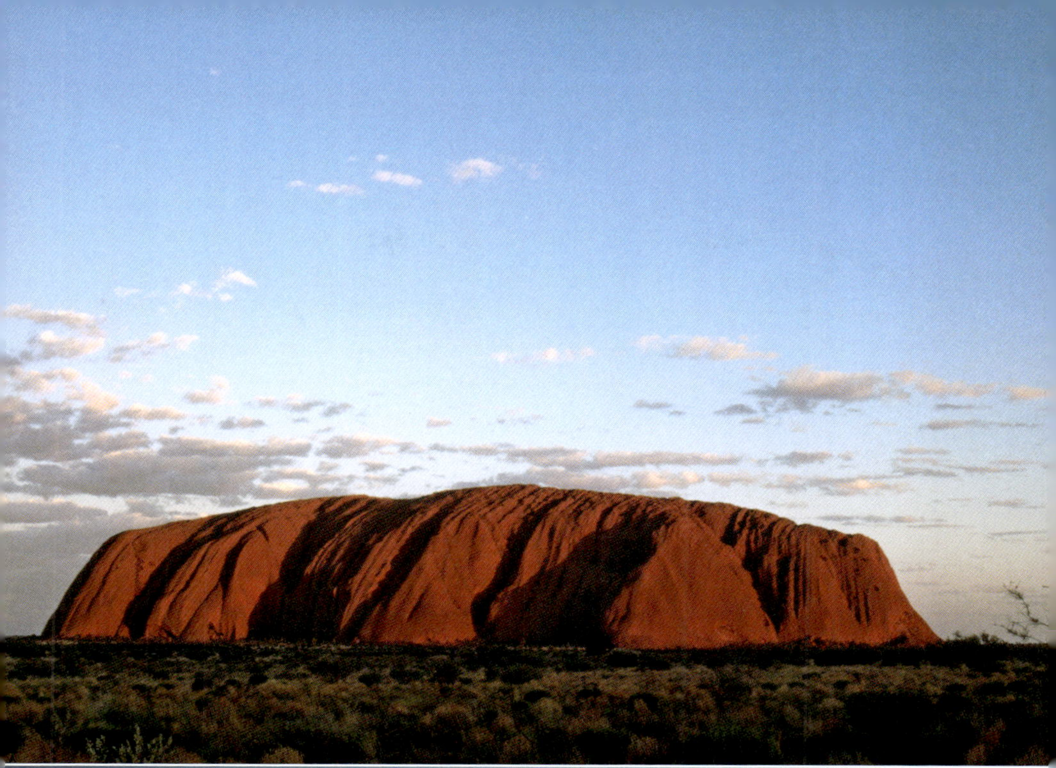
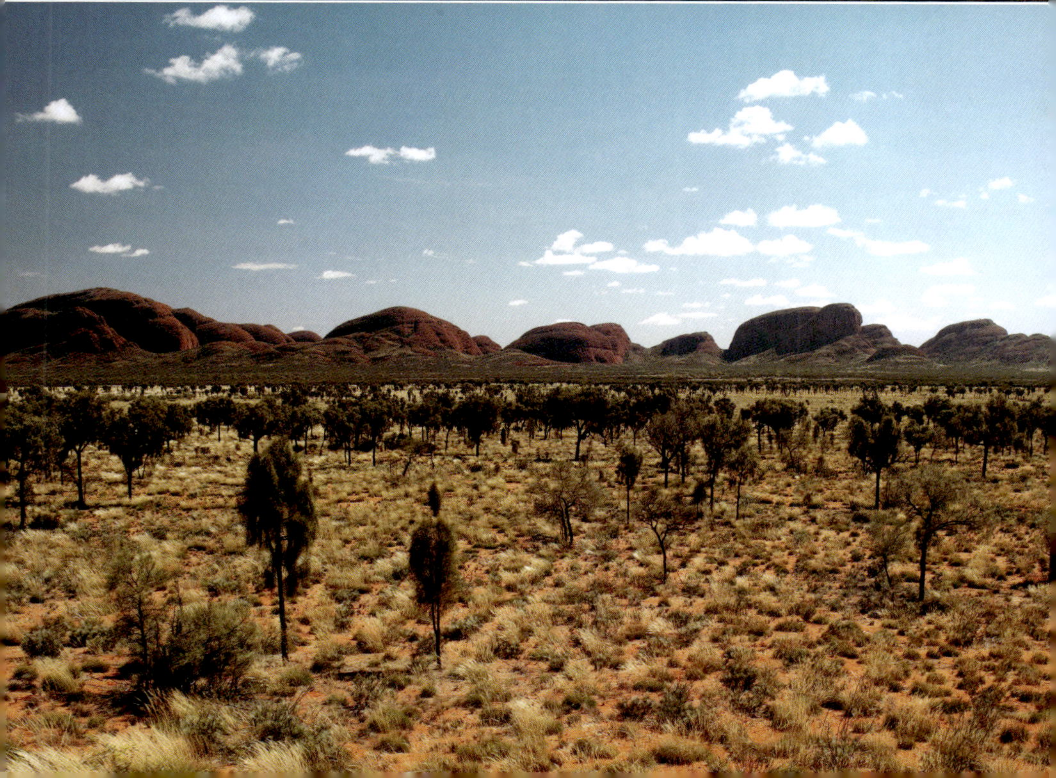

TRAVEL PLAN

アクセス　　　　　ACCESS

日本〜ケアンズは直行便で所要7時間30分
ウルへはさらに3時間のフライト

日本からシドニーまで9時間40分、ウルルへは＋3時間40分のフライト。ケアンズ経由のほうが短時間だが、シドニー発は便数が多い。空港からウルルまでは車で約20分。アデレードやダーウィンからは、長距離列車「ザ・ガン」も利用できる。

- 日本
- 約7時間30分
- 約9時間40分
- ダーウィン
- ケアンズ
- 約3時間
- エアーズ・ロック空港
- ウルル
- 約3時間40分
- オーストラリア
- シドニー
- アデレード
- キャンベラ

旅のシーズン　　　　　BEST SEASON

昼夜の寒暖差が少なく、日中も暑すぎない
4〜6月と、9〜11月が活動しやすい

1	2	3	4	5	6	7	8	9	10	11	12
夏		秋			冬			春			夏

乾燥したエリアで年間を通じて雨は少ないが、昼夜の寒暖の差が大きい。とくに暑い12〜2月には40℃を超えることもある。5〜8月の夜間は寒く、とくに7月は零下になることもある。

旅のアドバイス　　　　　TRAVEL ADVICE

長年、敬われてきた聖域を拝見するという
謙虚な気持ちと態度で訪れたい

このエリアはアボリジニの聖地。敬意をもって行動する
立ち入りや撮影の制限を厳守。ウルルに登る人も多いがアボリジニの祝祭などでの閉鎖もある。畏敬の念とともに旅したい。

一日の気温差、天気の急変に注意。調節しやすい服装を用意
日中は水分摂取や紫外線対策、夜は急な寒さに備えた服装を準備。悪天候が予想されるとウルルは登頂禁止になる。※オーストラリアのビザの申請は➡P.104(旅のアドバイス)参照。

ツアー情報

日本発のパッケージツアーは、ケアンズやシドニーとセットになった6〜8日間のものが主流。現地ではレンタカーなどで個人で動くこともできるが、ツアーに参加したほうが安心だ。サンライズツアー、ヘリコプターツアー、BBQディナーなどさまざまなツアーがあり、現地でも申し込み可能。

モデルプラン　　　　　MODEL PLAN

広大な大地の真ん中に堂々とそびえる一枚岩
さまざまな時間、場所、角度からウルルを眺める

DAY 1　ケアンズを経由してエアーズ・ロック空港へ
日本を夜に出発し、機内泊。ケアンズで飛行機を乗り換え、エアーズ・ロック空港には翌日の午前中に到着。

DAY 2　赤く染まるウルルと星空を眺めながら味わうディナー
空港から約5km、「エアーズ・ロック・リゾート」のホテルにチェックイン。夕方はサンセットディナーのツアー「サウンド・オブ・サイレンス」に参加。夕日を受け真っ赤に染まるウルルの姿は、忘れられないほど美しい。食後はキャンドルの明かりを消して、満天の星空を見上げる。

豪華なテントロッジ「ロンギチュード131」は360度のパノラマビューが楽しめる。行くまでわからない、詳しい場所はエアーズ・ロック・リゾートの外にある

DAY 3　聖なる地、ウルル登頂! アボリジニの文化にも触れる
日の出前にホテルを出発し、サンライズ・ビューイング・エリアへ。刻一刻と変化するウルルの姿を目に焼きつけ、麓へと移動し、ウルルを一周するベースウォークを散策。午後はエアーズ・ロック・リゾートの無料アクティビティで、民族楽器やダンスなどのアボリジニ文化を体験。アート体験ができるツアーもある。

DAY 4　もうひとつの世界遺産、カタ・ジュタの散策路を歩く
ウルルから約40km、36個もの巨大な岩々が並ぶカタ・ジュタ。ここでは岩の岩の間を通り抜ける"風の谷"散策が楽しめる。2つの展望台をめざして進む散策コースでは、珍しい砂漠植物や小動物たちと出会えることも。ウルルとはまた違う美しさを見せるサンセットも必見。

DAY 5　キャメルツアーに参加し、ウルルに別れを告げる
ラクダに乗ってウルルの朝日を眺めるツアーに参加。異世界にいるような幻想的な気分に浸れる。リゾート内で食事やショッピングを楽しんだら、ケアンズへ向けて出発。

DAY 6〜7　魅力いっぱいのケアンズでも観光を楽しみたい
ケアンズには、熱帯雨林キュランダや多様な生き物とふれあえる動物園、美しい島々など見どころがたくさんあるので、可能であれば1〜2泊ほど時間をとりたい。日本行の飛行機は、ケアンズ夜発、翌朝着。

プラス＋1日のオプションプラン

DAY 1　一度は見たい、ダイナミックな自然の造形美

キングス・キャニオン　Kings Canyon

ウルルから北に約300km、車で4時間

ウルル-カタ・ジュタ国立公園とアリス・スプリングスのほぼ中央、ワタルカ国立公園内に位置。ユーカリなど緑が茂る谷やオルガとは別種の奇岩がある。切り立ったキングス・キャニオンの頂上からの眺めは最高。

TRAVEL PLAN

アボリジニと聖地　種族も言語もさまざまに異なる人々の場所

はやぶさのカプセルが舞い降りた砂漠の聖地

　2010年6月13日、小惑星探査機「はやぶさ」が7年の歳月と60億kmの旅を終えて南オーストラリアのウーメラの砂漠（ウーメラ立入制限区域＝面積は九州の約4倍）に帰還したが、この砂漠の一部はアボリジニの聖地だった。そのため現地に飛んだヘリコプターには、アボリジニの長老も聖地のダメージを確認するため、さらに道案内として同乗している。聖地がいかに神聖視されているかを示すエピソードといえるだろう。

　しかし、アボリジニといっても北アメリカの先住民同様、多くの種族が共存し、その言語も大きく異なる。聖地もさまざまで、よく知られているものとして、ナンバン国立公園の奇岩で有名なピナクルズ、ブルー・マウンテンズのスリー・シスターズ、マウント・ウォーニングなどが挙げられる。現在、アボリジニの聖地の多くはパワースポットとして人気だが、あくまでも彼らの聖地であることを忘れてはならない。

彼らは自然とともに共生している

「たくさんの頭」で見る感動の日没の光景

　ウルル-カタ・ジュタ国立公園のもうひとつのハイライト、カタ・ジュタは、オルガズという36個の巨岩群からなるアボリジニの聖地。ウルルからは西に約30kmの距離にあり、ウルルとは地下でつながっているという。カタ・ジュタとはアボリジニの言葉で「たくさんの頭」を意味するが、最も高い岩山はマウント・オルガと呼ばれるもので、標高は546mに達するという。ウルルと同様、日の出時と日没時の光景は言葉にならないほどだ。

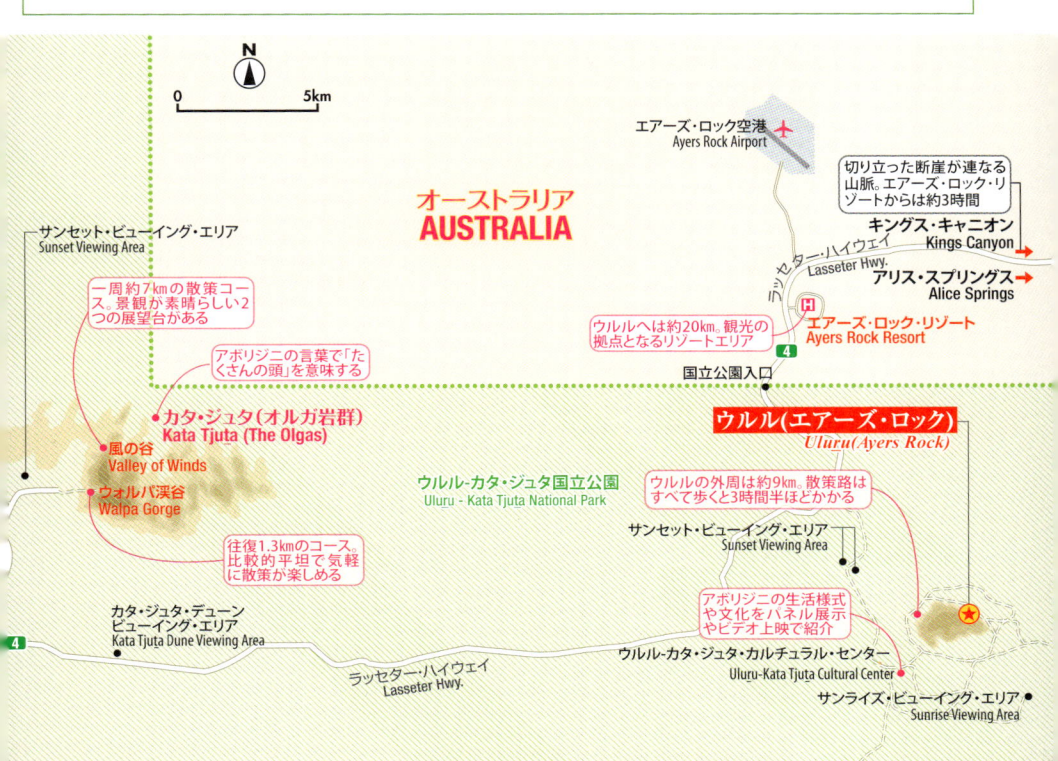

N　0　5km

オーストラリア
AUSTRALIA

- サンセット・ビューイング・エリア / Sunset Viewing Area
- 一周約7kmの散策コース。景観が素晴らしい2つの展望台がある
- アボリジニの言葉で「たくさんの頭」を意味する
- カタ・ジュタ（オルガ岩群）/ Kata Tjuta (The Olgas)
- 風の谷 / Valley of Winds
- ウォルパ渓谷 / Walpa Gorge
- 往復1.3kmのコース。比較的平坦で気軽に散策が楽しめる
- カタ・ジュタ・デューン・ビューイング・エリア / Kata Tjuta Dune Viewing Area
- ウルル-カタ・ジュタ国立公園 / Uluru - Kata Tjuta National Park
- ラッセター・ハイウェイ / Lasseter Hwy.
- エアーズ・ロック空港 / Ayers Rock Airport
- 切り立った断崖が連なる山脈。エアーズ・ロック・リゾートからは約3時間
- キングス・キャニオン / Kings Canyon
- アリス・スプリングス / Alice Springs
- ウルルへは約20km。観光の拠点となるリゾートエリア
- エアーズ・ロック・リゾート / Ayers Rock Resort
- 国立公園入口
- ウルル（エアーズ・ロック）/ Uluru (Ayers Rock)
- ウルルの外周は約9km。散策路はすべて歩くと3時間半ほどかかる
- サンセット・ビューイング・エリア / Sunset Viewing Area
- アボリジニの生活様式や文化をパネル展示やビデオ上映で紹介
- ウルル・カタ・ジュタ・カルチュラル・センター / Uluru-Kata Tjuta Cultural Center
- サンライズ・ビューイング・エリア / Sunrise Viewing Area

20 海と砂浜がクリアに溶け合う
グレート・バリア・リーフの宝石
WHITEHAVEN BEACH
ホワイトヘヴン・ビーチ

オーストラリア

島のすぐ近くに水深の深い場所があること、海流が島と島との狭いエリアを通ることで、この美しい渦巻き模様が生まれるという

白と青がダイナミックに渦巻く
鮮やかなコントラストに釘付け

　グレート・バリア・リーフは全長2000kmを超える世界最大のサンゴ礁地帯で、リゾートの島々が点在している。世界遺産にも登録される佳景の宝庫だが、格別なのがこのビーチ。ウィットサンデー諸島、ハミルトン島の北東にあり、全長は約6km。半日〜1日ツアーでのみ上陸可能な無人島で、真っ白な砂と透き通る海が絶景を織りなす。白砂の正体はガラスの原料でもあるシリカサンド。常夏の強烈な陽光を受けて輝き、踏めばキュッキュッと音が鳴る。
　トレッキングして行く展望台からの眺めや、潮流が白砂と青い海を渦巻かせてマーブル柄を描くヒル・インレットも、ぜひ見ておきたい景色のひとつ。地上、海上からはもちろん、遊覧飛行などで空から見渡すのもまた、美しい。

旅の予算 ● 30万円〜
（大人1人あたりの総予算）

日本、ケアンズ間の航空券は約5万円〜。ケアンズ、ハミルトン島間の航空券は約10万円〜。水上飛行機の遊覧ツアーは約4万円〜（内容により異なる）。宿泊料金（3泊）が約4万円〜。

旅行日程 ● 3泊5日〜

最短、往路機内1泊、ハミルトン島2泊、ケアンズ1泊で目的のホワイトヘヴン・ビーチは十分に楽しめる。滞在期間を延ばしてシドニーやブリスベン、ほかの島を巡るのもおすすめ。

驚嘆度	1	2	3	4	5
難易度	1				
危険度	1				

絶景の達人 感動実体験

現地では意外と知られていない隠れ家的ビーチ

オーストラリア人にもあまり知られていませんが、世界屈指のビーチといってよいでしょう。在住23年目にして初めて知り、やっとこの感動にたどり着いたという気がします。6kmにわたって広がる純白の砂浜を前にすると、心が洗われピュアになっていくのがわかります。なんだか衣をつけられた天ぷらのエビになったような気分で、体をゴロゴロしたくなりますよ。

高所から眺めるホワイトヘヴンも、また絶景

クルーズ・ウィットサンデーズ社の1日クルーズでは、30分ほどのハイキングで山の上からその景色を堪能することができますが、じつは上空からビーチを眺めるのもおすすめです。余裕があれば、遊覧飛行で上空からの絶景もぜひ楽しんでみてください。●ホテルマン 林田 第三郎

アクセス　　　ACCESS

日本からケアンズへは直行便で約7時間40分、さらに国内線でハミルトン島まで約1時間30分

ホワイトヘヴン・ビーチへはハミルトン島で宿泊し、半日〜1日のツアーで訪れる。ハミルトン島には日本からの直行便もあるケアンズを経由するのが便利。日本からケアンズへは約7時間40分、乗り継いでからは約1時間30分のフライト。

旅のシーズン　　　BEST SEASON

年間を通じて暖かい常夏の島だが
晴天率、透明度、水温が高いのは10〜11月

1	2	3	4	5	6	7	8	9	10	11	12
雨季				乾季							雨季

常夏で5〜11月が乾季、12〜4月が雨季。とくにおすすめなのは、水温、透明度ともに高く、風も穏やかな10、11月。年間を通じて日差しが強烈なので、サングラスや日焼け止めの対策は万全に。

旅のアドバイス　　　TRAVEL ADVICE

国立公園に指定されているエリアでもあり、
環境への配慮を忘れずに楽しみたい

砂や貝殻、サンゴなどの持ち出しは禁止
食品や動植物の国内持ち込みを厳しく制限するなど、環境保全に気を配るオーストラリア。ビーチでも「思い出に…」と砂や貝殻を持ち帰りたくなるが、持ち込み同様固く禁止されている。
ビザの事前申請は忘れずに
旅行代理店にも依頼できるが、オーストラリア政府の電子入国許可（ETA）申請サイトから自分で手続きすることも可。

ツアー情報

ホワイトヘヴン・ビーチのツアーはハミルトン島が出発地。遊覧飛行（1時間）のツアーであれば、ハート・リーフも上空から眺められる。ビーチへのツアーは水上飛行機（片道30分）か高速船（片道30分）を利用。日本からはシドニーや、ケアンズ経由のハミルトン島行のツアー（5日間〜）がある。

TRAVEL PLAN

モデルプラン / MODEL PLAN

**グレート・バリア・リーフへの玄関口、ハミルトン島から
ターコイズブルーにきらめく神秘的な海へ**

DAY 1 主要空港からゆったりナイトフライト
日本から夜の便で出発。機内泊。翌日は早朝から行動するので機内で十分な睡眠をとっておきたい。

DAY 2 午前中からハミルトン島を巡ることができる
早朝、ケアンズ到着後は、国内線でハミルトン島へ（1時間30分）。午前中にホテルへ到着するので、荷物をホテルに預けて島内観光をしよう。シャトルバスも走っているが、ゴルフ場で使われているバギーがここでのおもな交通手段。1時間で日本人スタッフが島内のハイライトを案内してくれる「バギー・ツアー」がおすすめ。観光のあとは、宿泊者ならば無料で体験できるシュノーケリングやカヌーなどのマリンスポーツに挑戦するか、「ワイルド・ライフ・ハミルトン・アイランド」という小さな動物園に行きコアラなどかわいい動物たちとふれあおう。

ウィットサンデー諸島最大のリゾート、ハミルトン島は、グレート・バリア・リーフのなかで唯一、飛行機が発着可

DAY 3 ツアーでハミルトン島からホワイトヘヴン・ビーチへ
水上飛行機で、ウィットサンデー諸島やハート形をしたサンゴ礁のハート・リーフが上空から眺められる。（約1時間15分）。真っ白でさらさらな美しい砂浜のホワイトヘヴン・ビーチに1時間30分滞在。シャンパンなどのサービスもあり、憧れのビーチを思いっきり満喫。

DAY 4 国内線に乗って、ケアンズへ移動
ケアンズまで国内線で1時間30分。ホテルに荷物を預けたら、エスプラネード・ラグーン（人工海水プール）へ行ったり、車で30分の場所にあるケアンズ・トロピカル・ズーへ。夜は、ナイトマーケットでおみやげ探しを楽しみたい。

DAY 5 美しい海を満喫したら、日本へ同日帰国
正午～14時頃の便に乗れば、同日に帰国できる。たくさんの自然や動物とのふれあいに大満足！

プラス +2日のオプションプラン

DAY 1-2 英国王室にも愛された極上リゾート
ヘイマン島 Hayman Island

ハミルトン島からフェリーで1時間弱

サンゴに囲まれた、小さくも美しいリゾート・アイランド。島全体がひとつのリゾート施設で、広々としたプールやスパ、レストランなどいずれも贅沢な施設とホスピタリティを備えている。アクティビティも充実。

21 | 太古の積雪が新陳代謝を繰り返し移動を続けるブルーアイスの大河

FRANZ JOSEF GLACIER

フランツ・ジョセフ氷河

ニュージーランド

雪の降る山そのものが海岸線近くにそびえ、海抜2700〜240mの低地にある珍しい氷河だ

ニュージーランド南島の背骨
アルプスから海へと延びる氷河

　南島の西海岸にある全長約12 kmの氷河を歩く。アイゼンを着けた重い靴を履いてハシゴに板を載せただけの簡易橋が架かったクレバスを渡り、ピッケルを刺しながら氷壁を登る。初めは黒い岩肌混じりだが、景色はしだいに白一色に変わっていく。山頂に近い奥へと進むと、そこには一面のブルーアイス。白みを帯びつつ不思議と澄んだ青い氷の世界で、時折、氷河が動く際に立てる重低音が響く。形成の仕組みは、山頂付近に降る雪が万年雪となって最深300mもの厚さに達し、みずからの重みで硬さを増して氷と化す。それが斜面下方に移動する過程で解けたり凍ったりを繰り返しながら、やがて壮大な氷河となる。降雪が氷河の一部となるまでには約40年という年月がかかるという。

旅の予算 ● 40万円～
（大人1人あたりの総予算）
航空券は18万円～。ホテルの料金はさまざまだが、高級ホテルで2万円～。氷河ツアーはヘリが含まれると3万円以上はかかる。食費は日本と同じ感覚で。

旅行日程 ● 5泊7日～
空港からフランツ・ジョセフ氷河までバスか鉄道で丸一日かかるので、それぞれの街で2泊は確保しておきたい。アクティビティが豊富なので、参加する場合は数日プラスしよう。

驚嘆度	1	2	3	4
難易度	1	2	3	
危険度	1	2	3	

絶景の達人 感動実体験

氷河をとりまく景色の多様さ
シャモニーやアイガー、ジョラス、ヒマラヤなどいくつかの氷河を見てまわりましたが、ニュージーランドの氷河は他国のそれと比べ、周りの景色が氷一面というわけではなく、山の緑や岩肌のグレーな部分などが入り交じる景色が一緒に見られるため、「ああ、これも氷河なんだ」というなんだか不思議な気持ちになりました。

氷河ヴィレッジに着くのがひと苦労
クライストチャーチから観光のベースとなるフランツ・ジョセフ氷河ヴィレッジまでが、とにかく遠かったです。そのためか、日本人も少なく秘境感がありました。また、ガイドウォークに参加しましたが、借りた靴が湿っている場合が多いです。厚手の靴下を持って行くことをおすすめします。

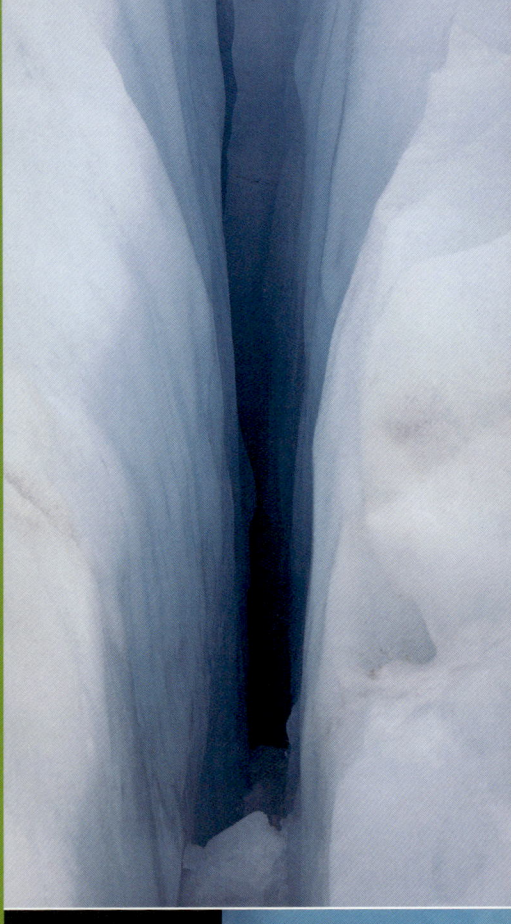

●コーディネーター 入谷茂樹

1	4
2	5
3	

[1] 現在の姿になったのは約7000年前。太古の氷でできたトンネルをくぐるのは幻想的
[2] 氷河は1日に5～6mもの前進や後退を繰り返す。地球の環境変化に敏感で、面積は日々年々、変化している
[3] マオリの伝説では、ヒネフカテレという女性が山で亡くなった恋人タウェのために流した涙が凍ってこの氷河となったという
[4] 光が細かな塵や空気を含む氷を通り抜け、波長の短い青色の粒子を散乱させることで氷塊を青く染める
[5] 「フランツ・ジョセフ」とは1865年に探検したオーストリアの地理学者が自国の皇帝にちなんで命名

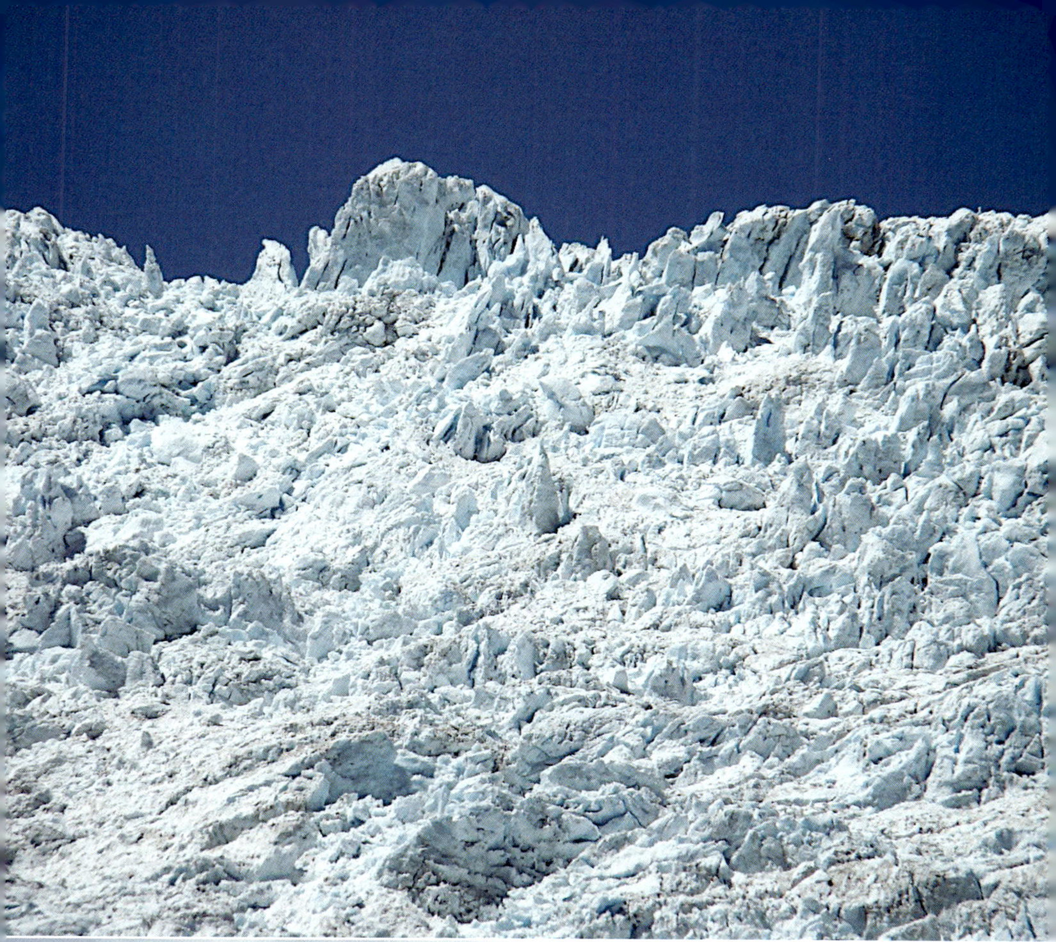

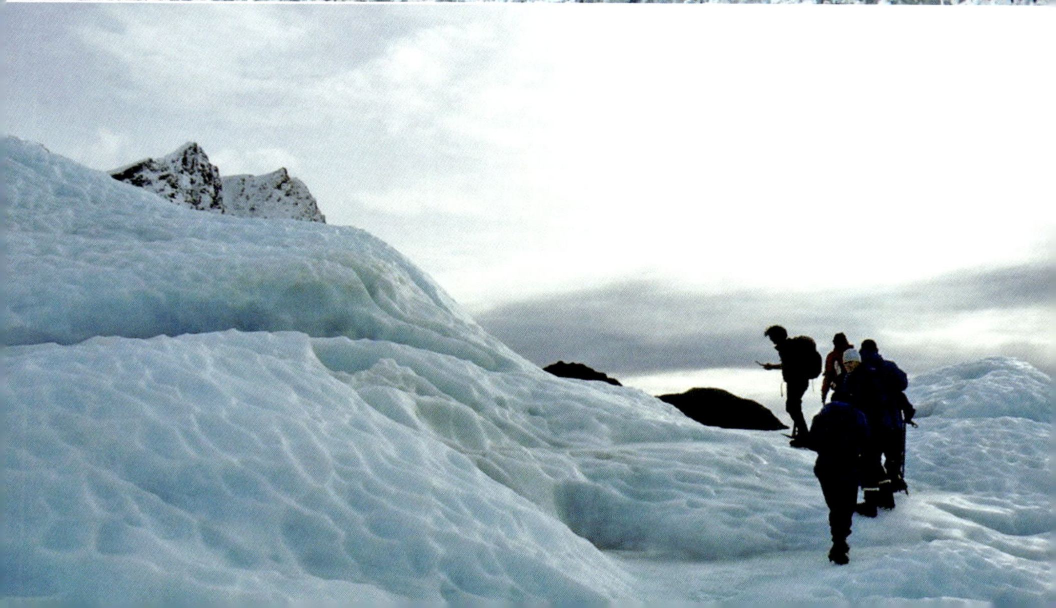

TRAVEL PLAN

アクセス　　　　　　　　　ACCESS

日本からオークランドかシドニーを経由し まずクライストチャーチやクイーンズタウンへ

フランツ・ジョセフ氷河への起点となる都市はクライストチャーチかクイーンズタウンだが、日本からの直行便はないのでオークランドなどを経由し、車や長距離バスなどでフランツ・ジョセフ氷河ヴィレッジをめざす。クイーンズタウンからは、長距離バスで所要8時間ほどかかる。

- 日本 → オーストラリア　約9時間40分
- 日本 → オークランド　約11時間
- シドニー → オークランド　約3時間
- オークランド → クライストチャーチ　約1時間20分
- クライストチャーチ → クイーンズタウン　約1時間50分
- シドニー → クイーンズタウン　約3時間

旅のシーズン　　　　　　　BEST SEASON

平均気温は夏10～21℃、冬場2～12℃ 一年を通じて雨が多いので、雨具を用意

1	2	3	4	5	6	7	8	9	10	11	12
夏			秋			冬			春		夏

一日に四季があるというほど朝夕の寒暖差が激しい国。重ね着などの寒さ対策は万全に。付近は山でもあり、夏でもセーターが必要だ。5～9月はとくに寒く氷点下になることもある。

旅のアドバイス　　　　　　TRAVEL ADVICE

氷河としては低標高で訪れやすいとされるが 氷雪崩やクレバスなど危険も多い

注意書きは厳守。氷河は必ずツアーでトレッキングする
個人で氷河に入り遭難した旅行者もいるので、必ずガイドとともにトレッキングのこと。ほとんどのツアーではピッケル、アイゼン、登山靴から雨具やニット帽、靴下まで用意されている。
一日のなかでの気温差と、雨への備えは万全に
この地域は雨が多い。多少の雨でもツアーは決行されるが、日程に余裕があれば現地で天候を見つつ参加日を決めるのも手。

ツアー情報

クイーンズタウンやクライストチャーチなどがセットになったパッケージツアーが主流なので、そのなかから自由行動日があるツアーを利用して出かけたい。ヘリでの遊覧飛行や氷河でのハイキングは現地の観光案内所で申し込むことができるので、時間と天候をみて判断してからでも遅くはない。

モデルプラン　　　　　　　MODEL PLAN

上空から見下ろす美しい氷河と雪原は大迫力 透き通るようなブルーのトンネルをくぐろう

DAY 1-2　オークランドを経由して、クイーンズタウン空港へ
フランツ・ジョセフ氷河へ行くにはクイーンズタウンかクライストチャーチの空港を利用するのが一般的。日本を夕方に出発すれば、オークランド経由でどちらも翌日の昼頃の到着。午後からは好きなプランを楽しもう。

DAY 3　移動時間は窓から見える景色を楽しもう
クイーンズタウンからフランツ・ジョセフ氷河ヴィレッジまでは、乗り換え不要の長距離バスが人気(要予約)。早朝に出発して到着は夕方頃。

> ホテルが集まるフランツ・ジョセフ氷河ヴィレッジは拠点として観光客が集まる。氷河まで車で20分、徒歩で1時間強で行ける。

DAY 4　フランツ・ジョセフ氷河のツアーに参加
氷河のアプローチとして人気が高いのが、空から氷河の景観を楽しむヘリツアー。ハイキングとセットになったツアーもある。ハイキングツアーの際は必要な装備は貸し出しされ、コースは状況に合わせて案内してくれるので、体力に自信がなくても安心。多数あるツアーのほとんどは午前と午後出発を選ぶことができ、所要はコースにより3～8時間。氷のトンネルやブルーの割れ目など、見どころがたくさん。

DAY 5　アルプスを横切る鉄道、トランツ・アルパイン号
フランツ・ジョセフ氷河ヴィレッジからクライストチャーチへ行くにはグレイマウス経由で。早朝バスに乗り、昼頃グレイマウスで鉄道に乗り換える。トランツ・アルパイン号は、牧草地帯やアルプスの山並など、車窓から絶景を眺められる観光列車として人気が高い。18時過ぎにクライストチャーチに到着し、ホテルへ。

DAY 6　クライストチャーチでのんびり観光
クライストチャーチはみやげ物店が充実している街なので、トラムを利用して市内でショッピングを楽しもう。

DAY 7-8　オークランドを経て帰国 
早朝シャトルバスを利用し、ホテルからクライストチャーチ空港へ。早朝の便で発てば翌日の夕方に帰国できる。

プラス +2日 のオプションプラン

DAY 1-2　天空の神ラキヌイの息子、アオラキの化身

アオラキ / マウント・クック国立公園
Aoraki/Mount Cook National Park

クライストチャーチから車で7時間

フランツ・ジョセフ氷河の氷の供給源であり南島の背骨ともいわれるサザン・アルプスの一部で、国内最高峰アオラキ／クック山を擁する。高山の稀少な動植物が生息。

フランツ・ジョセフ氷河周辺地図

地名・ランドマーク

グレイマウス Greymouth
- 434m
- フランツ・ジョセフ氷河ヴィレッジから海沿いに約100km
- SH6

ニュージーランド NEW ZEALAND

北部エリア
- Waiho Flat Road ワイホ・フラット・ロード
- Gibbs Road ギブス・ロード
- Docherty Creek Road ドチューティ・クリーク・ロード
- Franz Josef Highway フランツ・ジョセフ・ハイウェイ
- The Franz Oasis
- Glacier View Motel
- Glenfern Villas
- 892m
- Stony Creek
- Potters Creek

フランツ・ジョセフ氷河ヴィレッジ周辺
- Canavans Knob 266m
- **フランツ・ジョセフ氷河ヴィレッジ** Franz Josef Glacier Village
  - 利便性も高く、レストランなどの施設も充実しているので氷河ツアーの拠点となる
- Fox Glacier Hwy フォックス・グレイシャー・ハイウェイ SH6
  - この通り沿いにホテルやレストランなどの施設が集中している
- Te Waonui Forest Retreat
- Scenic Hotel Franz Josef Glacier
- Glow Worm Cottage
- Chateau Franz
- 観光案内所
- Glacier Gateway Motel
  - ここでヘリツアーに申し込むこともできる
- 747m
- 1547m
- Negative Creek

中部エリア
- フォックス氷河ヴィレッジ Glacier Village
  - フランツ・ジョセフ氷河ヴィレッジから車で20分の距離
- ウォンバット湖 Lake Wombat
- Waiho川 ワイホ川
- Arthur Creek
- Mt. Mueller 1133m
- Mt. Burster 1188m
- Tatare Stream
- 533m
- Dolly Ck
- Park Ck
- 769m
- Mt. Spencer 1417m
- Duck Creek
- Hugh Creek

氷河周辺
- Sentinel Rock 282m
  - 近くに展望台がある
- グレイシャー・バレー・ウォーク
- Alex Knob アレックス・ノブ 1290m
- Trident Creek
- Ebenezer Pk. 1333m
- Arch Creek
- Annie Pk. 1257m
- Mt. Gunn 1257m
- カラリー川 Callery River
- 1135m
- Rope Creek
  - このあたりから先は、個人では入ることができない

南部エリア
- Lemmer Pk. 1783m
- Castle Rocks Hut
- ロバーツ・ポイント Roberts Point
- McCormack Shelter
- Thelma Pk. 2050m
- 1661m
- **フランツ・ジョセフ氷河** Franz Josef Glacier ★
- Crawford Knob 1691m
- St Mildred Pk. 2392m
- アルマー・ハット Almer Hut
- Mt. Roon 2233m
- Vickers
- フォックス氷河
  - フランツ・ジョセフ氷河と距離も近く大きさが似ているため、双子の氷河といわれている
- Mt. Purity 1753m
- Mt. Gaskell 2088m

N　0　1.5km

22 氷河が悠久の時をかけてはぐくんだ
絶壁の入り江と豊饒の海
MILFORD SOUND

ニュージーランド

ミルフォード・サウンド

ミルフォードの最高峰、高さ1692mのマイター・ピークを筆頭に海から突き出た険しい岩山が連なる。多量の雨が雪崩のように木々を海へと流すのが迫力満点

©Rob Suisted

ふんだんな雨がもたらす
豊かでダイナミックな風景

　タスマン海から15kmほど内陸まで続くフィヨルド。氷河が岩山を削り、海が沈降した陸に迫ることで、高さ1200mを超す岩壁と、入り組んだ海岸線が形成された。鋭く切り立った絶壁と冷たい海の風景は、絶佳ではあるが厳しい印象をもたらす。

　だが、じつは動植物の豊かなエリアで、クルージングすればアザラシやイルカ、ペンギンに出会うのも難しくない。年間約7000mmという多量の雨が野鳥による種まきを助けて豊かな緑を茂らせ、さらに海中の養分をはぐくむのだ。また、崖には雨のたびにカスケードと呼ばれる滝が数多く出現するが、晴れた日にはこれらの滝は消えてしまう。涸れない滝は、氷河の雪解け水が流れ込むスターリング滝（落差150m）とボーウェン滝（落差160m）の2本のみ。

旅の予算 ● 40万円〜
(大人1人あたりの総予算)

航空券は乗り継ぎで18万円〜。宿泊費はパッケージ料金に含まれることが多い。高級ホテルで2万円程度。クルーズ船は船により異なり、船内で1泊する豪華な船もある。

旅行日程 ● 5泊7日〜

クルーズのみの場合3泊5日でも可能だが、トレッキングツアーに参加するなら、さらに4泊必要。アクティビティの参加や周辺のスポットに寄るなら、9日ほどは現地に滞在したい。

驚嘆度	1	2	3	4	5
難易度	1	2			
危険度	1				

絶景の達人 感動実体験

ミルフォード・トレッキングに参加
"世界一美しい散歩道"と賞賛を受けるコースだけあって、どこを歩いても美しい山岳風景が随所で見られました。しかし、散歩道と簡単に言いますがコース自体は散歩というほど甘くはなかったです。汗と雨で微妙に濡れながら、「普通の"散歩"」では、さすがにこんなきれいな景色は見られないものだなあ」としみじみ感じました。

好物を美しい景色のなかで食べる幸せ時間
自分の好きな食べ物を少しだけ持参してトレッキングに参加しました。マッキノン峠山頂から見下ろす大パノラマの景色のなかで好物が食べられたのは、まさに感無量。夏などオンシーズンの場合は、ある程度前から申し込まないと希望日に行けない場合が多いので、早めの旅行計画をおすすめします。　● コーディネーター 入谷 茂樹

アクセス　ACCESS

クイーンズタウンへは直行便はないのでオークランド、シドニーを経由する

日本からクイーンズタウンへは、オークランド経由で11時間＋1時間50分、シドニー経由で9時間40分＋3時間、ともに乗り継ぎ時間を含めると15時間ほどかかる。クイーンズタウン〜ミルフォード・サウンド間は、長距離バスで約5時間かかる。

旅のシーズン　BEST SEASON

年間200日にも迫る降雨日数と寒冷な気候
レインウエアの用意など雨対策は必須

1	2	3	4	5	6	7	8	9	10	11	12
夏		秋			冬				春		夏

夏は19〜23℃、冬は5〜9℃、春と秋は8〜19℃が平均的な気温。雨量は少ない月でも400mmを超え、多い月は700mmに達する。周辺のみで見られる稀少種、フィヨルドランド・クリステッド・ペンギンが見られるのは8〜10月。

旅のアドバイス　TRAVEL ADVICE

交通が不便で、宿泊施設の数も限られている
充実しているツアーを上手に利用

ウォーキングツアーは入山制限あり。早めの予約が無難
自然環境を守るため、ガイド付ツアー50名、個人でのウォーキング40名と、1日あたりの人数制限がある。早めに予約したい。

賢くツアーを利用して美しい景色に集中する
ミルフォード・サウンドの宿はツアー客優先のことが多く、個人では取りにくい。また、ツアーなら寝床や食事のための荷物を運ぶ必要がない。移動疲れを避けるにもツアーが便利だ。

ツアー情報

クイーンズタウンから出発するトレッキングのガイド付ツアーに参加するのが一般的で、日本からのパッケージツアーが便利。トレッキングコースの一部、11kmだけを歩く日帰りツアーやミルフォード・サウンドのクルーズ＋遊覧飛行のツアーなどもあり、日本で申し込みできる。

TRAVEL PLAN

モデルプラン　MODEL PLAN

**世界一美しいトレッキングコースを完歩し
神秘の入り江で大迫力のクルージングを満喫**

DAY 1-2　オークランドを経由しクイーンズタウンへ
日本から夜発の直行便でオークランドへ行き、翌朝、国内線でクイーンズタウンに向かう。トレッキングの事前説明会に参加し、クイーンズタウンのホテルで1泊。

DAY 3　絶景ドライブ&トレッキングで道中を楽しむ
クイーンズタウンからは、バスでテ・アナウへ移動。ランチ休憩とテ・アナウ湖畔散策を楽しんだら、船着場のテ・アナウ・ダウンズへ。眺めの美しいミルフォード・ロードを通るので、目的地までの行程も楽しめる。テ・アナウ・ダウンズからは船でグレード・ワーフへ。ここからフィヨルドまで、全長55kmあるトレッキングコースのミルフォード・トラックを進む。3泊4日にわたるトレッキングの初日は、約1kmの道のりを歩き、ロッジへ。

トレッキングをガイド付ツアーで参加すれば、食事やシャワーなどが整う豪華なロッジに宿泊できる

DAY 4-6　クリントン川沿いの森を抜け、マッキノン峠を越える
トレッキング2日目は、吊り橋を渡りブナの茂る原生林の中を進む。ゆるやかな上り坂から始まり、後半は山らしい雰囲気に。3日目はコース中のハイライト、マッキノン峠をめざす。山頂付近からは、周辺の山々や眼下に広がる渓谷の大パノラマが望める。4日目には、エイダ湖沿いに、渓谷や滝など変化に富んだ道を、コース終点のサンドフライ・ポイントまで歩いて、トレッキング終了。船で対岸に渡ると、切り立ったフィヨルドの景観が目の前に広がる。夜はロッジで、旅の仲間とともに、完歩祝いの豪華なディナーをいただこう。

DAY 7　ミルフォード・サウンドの絶景を存分に堪能
フィヨルドの壮大な景色を楽しむなら、クルーズ船で海上から眺めたい。約2時間のクルーズで、スターリング滝やシンバッド渓谷、ペンブローク山などの見どころを巡る。雨の日には、船の甲板に出ると、滝から大量の水しぶきが降りかかり、迫力満点の体験をすることもできる。船の旅を満喫したあとは、バスでテ・アナウを経由し、クイーンズタウンへと帰る。夕食には名物料理や特産のワインで優雅なひとときを過ごしたい。

DAY 8-9　クイーンズタウンからオークランドで乗り換え帰国
クイーンズタウンを出発し、オークランドへ。ここで1泊して、オークランド観光をするのもいい。美しいビーチや個性的なショッピングストリートも多く、街歩きやおみやげ探しも楽しみたい。最終日、オークランド空港を午前中の便で発てば、日本には同日夕方に到着する。

地図

- スターリング滝 Stirling Falls
- シンバッド渓谷 Sinbad Gully
- サンドフライ・ポイント Sandfly Pt.
- ミルフォード・サウンド Milford Sound
- ペンブローク山 Mt.Pembroke
- マデリーン山 Mt. Madeline
- 海中展望台 Underwater Observatory
- ボーウェン滝 Bowen Falls
- マイター・ピーク・ロッジ Mitre Peak Lodge
- ミルフォード・サウンド空港 Milford Sound Airport
- エイダ湖 Lake Ada
- クインティン・ヒュッテ Quintin Hut
- キャズム Casm
- ホーマー・トンネル Hormar Tunnel
- マッキノン峠 Mackinnon Pass
- サザーランド滝 Sutherland Falls
- ポンポローナ・ヒュッテ Pompolona Hut
- ミルフォード・トラック Milford Track
- クリントン川 Clinton
- アナウ山 2131m Mt. Anau
- グレイド・ハウス Glade House
- グレイド・ワーフ Glade Warf
- ミラー・レイクス Millor Lakes
- エグリントン山 Mt. Eglinton
- ミルフォード・ロード Milford Road
- テ・アナウ湖 Lake Te Anau
- テ・アナウ・ダウンズ Te Anau Downs
- テ・アナウ Te Anau
- ノース・マボラ湖 North Mavora Lake
- ルートバーン・トラック Routeburn Track
- ケイプルス・トラック Caples Track
- グリーンストーン・トラック Greenstone Track
- クライトン山 Mt. Crichton 1871m
- ターンブル山 Mt. Turnbull 1922m
- ルッカップ山 Mt. Lookup
- アーンズロー山 Mt. Earnslaw 2819m
- ハイド山 Mt. Hyde
- ニュージーランド NEW ZEALAND
- クイーンズタウン国際空港 Queenstown International Airport
- フランクトン Frankton
- クイーンズタウン Queenstown
- ワカティプ湖 Lake Wakatipu

注記:
- フィヨルドに生息する海洋生物が間近に観察できる
- 大きな穴の開いた奇岩が連なる
- 全長約1kmのトンネルで、照明もない急な下り坂は緊張感いっぱい
- 落差580mもある国内最大級のお迫力満点
- 晴れた日にはアール山脈が鏡のように湖面に映る

0　10km

23 マッシュルームのような形の島々が ターコイズブルーの海に広がる

ROCK ISLAND

パラオ

ロック・アイランド

セブンティ・アイランド周辺は、野生動物の保護区でもあり、一般人は船で近づくことができない。遊覧飛行で上空から美景を楽しみたい

息をのむような美しい島々は
海の生き物にとってもパラダイス

　パラオの中心であるコロール島からペリリュー島にかけて、約10万haの海域に広がる大小200以上もの島々からなる群島。およそ400種類ものサンゴが生きる海はターコイズブルーに輝き、島々の緑とのコントラストが素晴らしい。特に約40の島々から構成される「セブンティ・アイランド」の美しさは際立っており、上空からの眺めは抜群。海域にはジュゴンやウミガメなど多種多様な海洋生物が生息している。

　マッシュルームを思わせるユニークな島の地形は、サンゴ礁が隆起し波風や風雨で削られてできたものだ。同時に、この独特の地形が「ジェリーフィッシュ・レイク」に見られるような、稀少な生態系を形づくってきた。2012年、パラオ初の世界遺産（複合遺産）に登録された。

旅の予算 ● 20万円〜
（大人1人あたりの総予算）

航空券と宿泊（食事なし）のみのツアー料金は5日で8万円〜。ホテルのグレードに合わせて料金は変動。オプショナルツアーは、セスナツアー（45分）の場合、2万5000円程度。

旅行日程 ● 3泊4日〜

日本との往復で2日、現地での遊覧ツアーやシュノーケリングなどに最低2日は欲しい。静かなリゾート地でもあるので、ゆっくり過ごす時間も持てれば申し分ない。

驚嘆度	1	2	3	4
難易度	1			
危険度	1			

絶景の達人 感動実体験

クラゲの世界、ジェリーフィッシュ・レイク

キノコのような形の浸食された島々をくぐりぬけ上陸し、塩湖を泳ぎ始めてしばらくすると、ポツポツとクラゲが出没し始め、気がつくとあたり一面クラゲに囲まれていました。普段見るクラゲと違って積極的に泳ぐ姿はかわいいともいえますが、体に触れる感触はなんとも…？ とはいえ、慣れると傘をツンツン触ったりし、自然と気持ち悪さはなくなっていました。自分の周りがクラゲだけの世界、というよりむしろクラゲの世界に訪問した自分を感じる唯一のスポットだと思います。

雨季は台風遭遇率も高いです

3月は乾季のベストシーズンですが、7月に行った際は台風に遭いました。雨季の台風遭遇率はかなり高いのでお天気とにらめっこです。　　　●広告写真家 馬場 裕

1	
2	4
3	

1 マカラカル島にある塩湖「ジェリーフィッシュ・レイク」には、毒性が弱いタコクラゲ、ミズクラゲが生息している

2 浸食を繰り返して、ユニークな形になった島が多い。写真は通称クジラ島と呼ばれる

3 パラオには、砂浜だけではなく見事なマングローブの森もある

4 潮が引いたときだけ姿を現すロング・ビーチ。その長さは約800mあり、カオマン島と向かいの島（通称おじさん島）をつなぐ

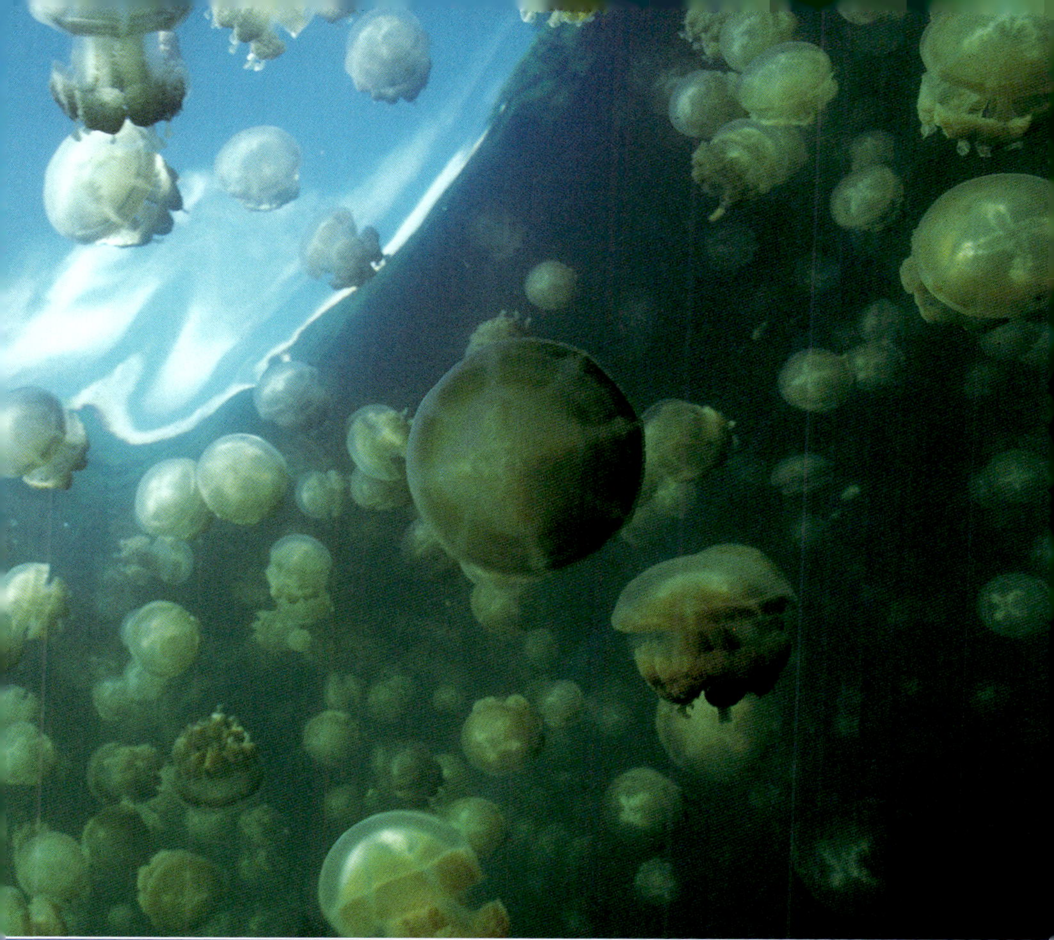

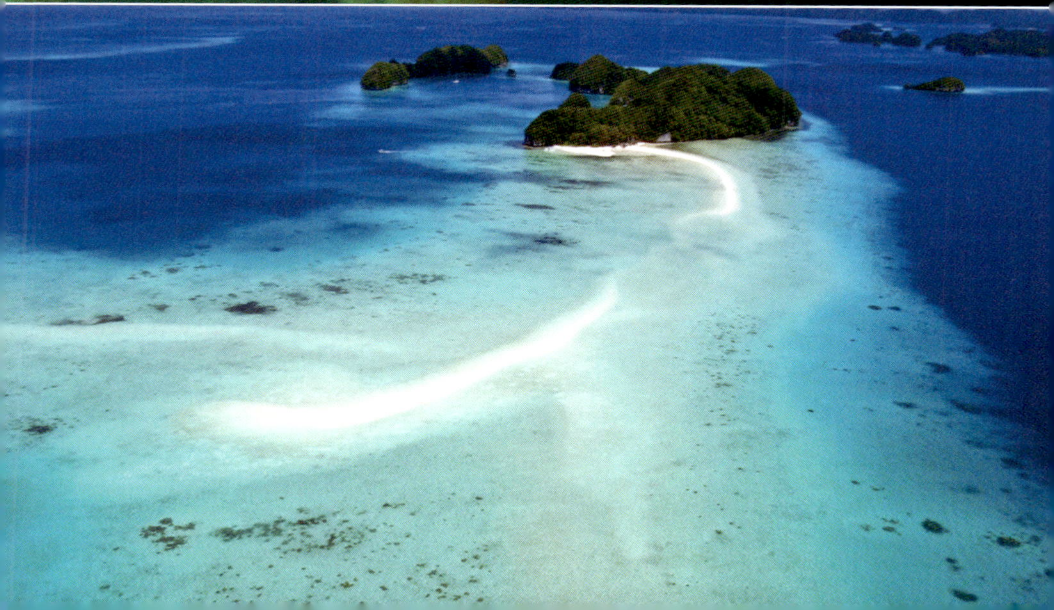

TRAVEL PLAN

アクセス　　　　　　　　　ACCESS

日本からは直行便が就航
グアム経由も便数が多くて便利だ

日本からパラオへは、直行便が週に2～3便の定期便が就航しているほか、チャーター便も運航されている。経由便の場合、日本各地からの便があるグアムやソウルを中継地として利用することができるため、たくさんの選択肢のなかからアクセス方法を選ぶことができる。パラオ国際空港があるバベルダオブ島に到着後、ツアーでロック・アイランドを訪問する。

- 日本 → グアム　約3時間30分
- 日本 → パラオ　約5時間
- グアム → パラオ　約2時間

旅のシーズン　　　　　　BEST SEASON

気候が安定する乾季がおすすめ
海の透明度も高くなりやすい

1	2	3	4	5	6	7	8	9	10	11	12
乾季					雨季					乾季	

海洋熱帯気候で雨は年間を通して少なくないが、乾季(11～5月頃)と雨季(6～10月頃)に分けられる。年間平均気温は28℃前後。

旅のアドバイス　　　　　TRAVEL ADVICE

パラオ独自のルールを遵守して過ごしたい
紫外線、虫さされなど肌のトラブルにも注意を

外出禁止令や入域許可証など、パラオ独自のルールを守る
コロール島などでは深夜2時～朝6時まで外出禁止令がある(空港へのアクセスは例外)。また、ロック・アイランド、ジェリーフィッシュ・レイクへは入域許可証(有料)が必要。フィッシングなどもライセンスが必要になる。ツアー申し込み時に確認を。

紫外線、暑さ対策は十分に
紫外線や虫さされ対策、飲料の確保などは万全に。

ツアー情報
日本からの終日自由行動のツアーが数多く発売されている。直行便か経由便か、ホテルのグレード、滞在期間などにより料金が異なる。また、現地のツアー会社がさまざまなオプショナルツアーを扱っているので、よく比較検討して、出発前に予約を入れておくとよい。

モデルプラン　　　　　　MODEL PLAN

好みに合わせてオプショナルツアーをチョイス
天候や海(潮)の状態により変動もある

DAY 1　夕方に日本を出発し、約5時間でパラオに到着
直行便で向かう場合、日本を夕方に出発し、パラオに夜到着。そのまま送迎車でホテルへ。

DAY 2　オプショナルツアーでロック・アイランドへ
ロック・アイランドを巡るツアーに参加。ホテルから桟橋へ向かい、ボートでミルキー・ウェイへ。参加者同士で泥を塗り合ったりして、"クレイパック"を楽しむ。

海水が牛乳のように白く染めるのは、サンゴの破片が分解された石灰質の泥。肌によいといわれ、人気スポットに。「ミルキー・ウェイ」。海を乳白色に染

無人島でランチをしたら、いよいよジェリーフィッシュ・レイクへ。クラゲが泳ぐ神秘的な塩湖でシュノーケリング楽しむ。夕方、ホテルへ。海で泳ぐことが苦手な人は、グラスボートツアーに参加するとよい。美しいパラオの海を船上から満喫できる。

DAY 3　前日に続き、パラオの海を遊ぶ
カープ島を巡るツアーに参加。ボートでの移動中、シュノーケリング・スポットに立ち寄る。昼前にカープ島唯一のホテル、カープ・アイランド・リゾートに到着。ランチはバーベキュー。その後、ボートでオモカン島へ渡る。お目当ては、干潮時のみ姿を現すロング・ビーチだ。

DAY 4　パラオ最大の島を探検して、熱帯の森林を体験
空港があるバベルダオブ島内を観光。ガイドとともに熱帯の植物が生い茂る森を歩き、ガラスマオの滝を訪れる。海だけではないパラオの自然に触れることができる。夕方はサンセット・クルーズツアーに参加。

DAY 5　セスナから眺めるロック・アイランドに感激
午前中はゆっくりホテルで過ごし、午後から観光のハイライト「遊覧ツアー」に参加。空港からセスナやヘリプターに乗り、上空からロック・アイランドを一望する。カメラを持って、絶景を撮影したい。

遊覧ツアーは所要時間によって遊覧できる範囲が異なるので、事前に確認をしておくこと

DAY 6　未明の飛行機で帰国
ホテルの送迎車で空港へ。早朝にパラオを出発し、日本に午前のうちに到着する。

TRAVEL PLAN

海の民の伝説 キノコ形をした無人島に残る遺跡の数々

さまざまな考古遺跡が好奇心を刺激する

　多くのダイビングポイントがあることで人気を誇るロック・アイランドと総称される島々は、コロール島など一部を除き、今ではほぼすべてが無人島だ。ヨーロッパ人が16世紀に訪れるまでのパラオの歴史には不明なことが多いが、3100年ほど前から約2500年間にわたり、これらの島々のいくつかでは、パラオ人が暮らしていたと考えられている。17～18世紀になると、人口の増加や気候の変動などによって石造りの村々は放棄され、住民はコロール島やバベルダオブ島など、より大きな島々に移り住んでいったという。かつての住民の痕跡を示す洞窟や岩絵（ロックペイント）、葬礼遺跡などの考古学的に貴重な遺跡が残されており、見学することができる。

バベルダオブ島の最北端に点在する謎の巨石群、ストーンフェイス

パラオの神話・伝説を民芸品に見る

　パラオ最大の島、バベルダオブ島には巨石彫刻のストーンモノリスやストーンフェイスなどが残るが、いつ、何のために造られたかは不明だ。また、文字を持たなかった古代人から伝わるパラオの創世神話や英雄伝説も興味深い。これらの伝承文化はストーリーボードという板彫りの民芸品に見ることができる。

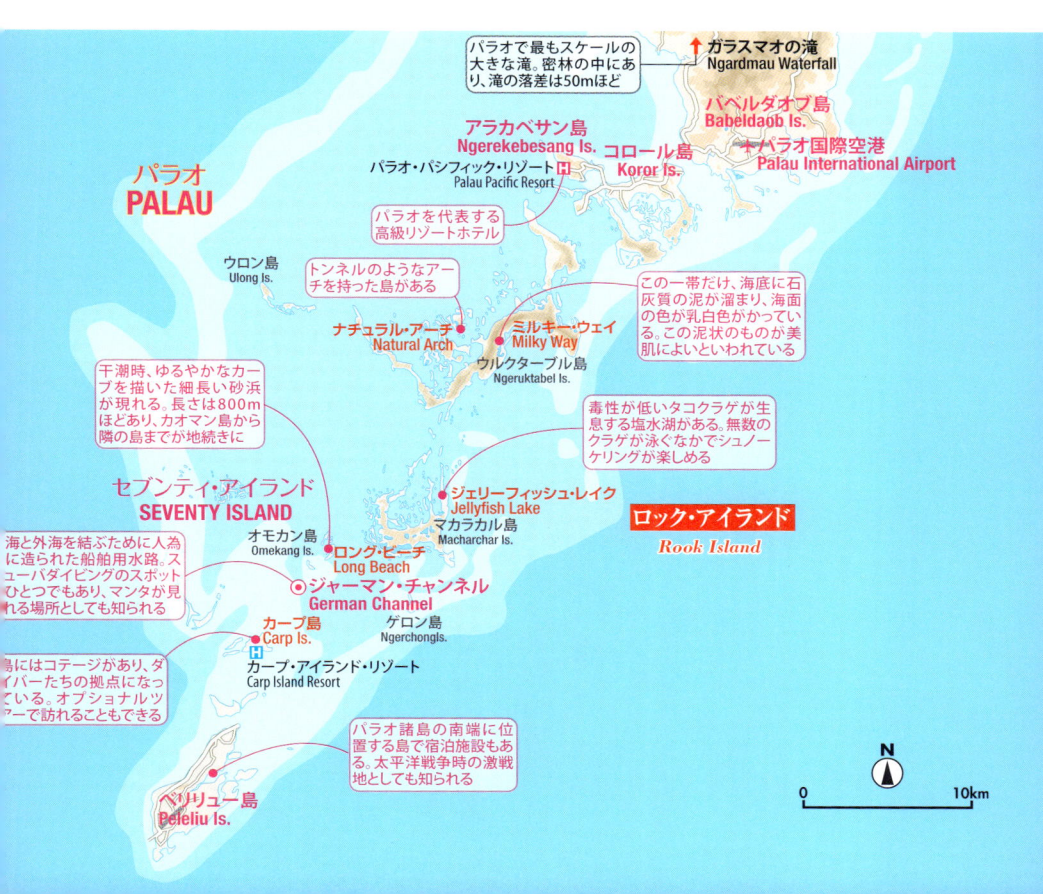

パラオ PALAU

- **ガラスマオの滝 Ngardmau Waterfall** — パラオで最もスケールの大きな滝。密林の中にあり、滝の落差は50mほど
- **バベルダオブ島 Babeldaob Is.**
- **パラオ国際空港 Palau International Airport**
- **アラカベサン島 Ngerekebesang Is.**
- **コロール島 Koror Is.**
- **パラオ・パシフィック・リゾート Palau Pacific Resort** — パラオを代表する高級リゾートホテル
- **ウロン島 Ulong Is.**
- **ナチュラル・アーチ Natural Arch** — トンネルのようなアーチを持った島がある
- **ミルキー・ウェイ Milky Way** — この一帯だけ、海底に石灰質の泥が溜まり、海面の色が乳白色がかっている。この泥状のものが美肌によいといわれている
- **ウルクターブル島 Ngeruktabel Is.**
- **ジェリーフィッシュ・レイク Jellyfish Lake** — 毒性が低いタコクラゲが生息する塩水湖がある。無数のクラゲが泳ぐなかでシュノーケリングが楽しめる
- **セブンティ・アイランド SEVENTY ISLAND** — 干潮時、ゆるやかなカーブを描いた細長い砂浜が現れる。長さは800mほどあり、カオマン島から隣の島までが地続きに
- **マカラカル島 Macharchar Is.**
- **ロック・アイランド Rook Island**
- **オモカン島 Omekang Is.**
- **ロング・ビーチ Long Beach**
- **ジャーマン・チャンネル German Channel** — 海と外海を結ぶために人為的に造られた船舶用水路。スキューバダイビングのスポットひとつでもあり、マンタが見れる場所としても知られる
- **カープ島 Carp Is.**
- **ゲロン島 Ngerchongls.**
- **カープ・アイランド・リゾート Carp Island Resort** — 島にはコテージがあり、ダイバーたちの拠点になっている。オプショナルツアーで訪れることもできる
- **ペリリュー島 Peleliu Is.** — パラオ諸島の南端に位置する島で宿泊施設もある。太平洋戦争時の激戦地としても知られる

N　0 — 10km

24

奇景をなす3000本の石柱が
雲海に浮かび上がる幽玄の地

WULINGYUAN

武陵源

中国

一幅の水墨画を思わせる幻想的な世界。この異郷の風景は、アメリカの大ヒット映画『アバター』のモデル地になったといわれている

まさに中国、水墨画の世界
摩天楼のような巨石の森

　中国湖南省北西部・張家界の山中に広がる世界遺産は、安徽省の黄山、広西省の桂林と並び称される水墨画を思わせる絶景の地。なかでも際立つ光景は、高々とそそり立つ石柱群で、その高さは200mを超え、それらが3000本以上も林立して幻想的な「石の森」をつくっている。

　約3億8000年前の地殻変動で隆起した硬質な石英砂岩が、風雨の浸食や風化に耐え、現在の石柱群を形づくったという。張家界、天子山、索渓峪に3つの自然保護区が広がり、総面積は約260㎢。326mの崖地を上るエレベーターやロープウェイで岩山の山頂へ立てば、石柱群のパノラマ奇観に息をのむ。渓谷沿いの遊歩道を巡れば、緑の森や湖、滝をはぐくんだ豊かな自然を享受できる。

旅の予算 ● 15万円～
（大人1人あたりの総予算）
航空券は北京経由で6万5000円～、上海経由で7万5000円～。張家界市内、武陵源風景名勝区ともにホテルは宿泊代5000円程度からある。高級ホテルは1万円～。

旅行日程 ● 3泊4日～
張家界へは日本からの直行便がなく、乗り換えがスムーズにできても7～8時間はかかるので、往復に2日は要する。武陵源の主要なエリアを巡るのは2日間あれば十分。

	1	2	3	4	5
驚嘆度					●
難易度	●				
危険度	●				

絶景の達人 感動実体験

観光するなら最低でも2日間は必要
何千万年もの歳月を経てつくり出された風景に、改めて自然のすごさを思い知らされました。写真におさめる場合、少し霧（雨上がり）がかかったほうが神秘的に写るので、晴れた日とはまったく違った光景を撮ることができます。高さ300mを超えるエレベーターや、ロープウェイなどで気軽に山頂まで行くことができ、3つのエリアを思いのまま自由に行動することができます。見飽きることのない壮大な景色をぜひ味わってください。

10月の大型連休の期間は避けたい
9～10月の季節は観光におすすめですが、10月1～7日は、中国では大型連休になりホテルの手配も難しくなります。入場規制もあるかもしれないので、できればこの時期は避けたほうがいいです。　●フリーカメラマン 谷口哲

1	
2	4
3	

[1] 武陵源風景名勝区は、張家界国家森林公園、天子山自然保護区、索渓峪自然保護区の3地区からなる。「索渓峪」では、青々と水をたたえる宝峰湖や滝などのすがすがしい風景も楽しめる
[2] 石柱の高いものは300mにも達するという
[3] 標高1262mの天子山の頂上へはロープウェイで登れる。展望台の眺望は圧巻
[4] 観光船での宝峰湖遊覧では、地元の少数民族トゥチャ族の歌の披露といった演出も用意されている

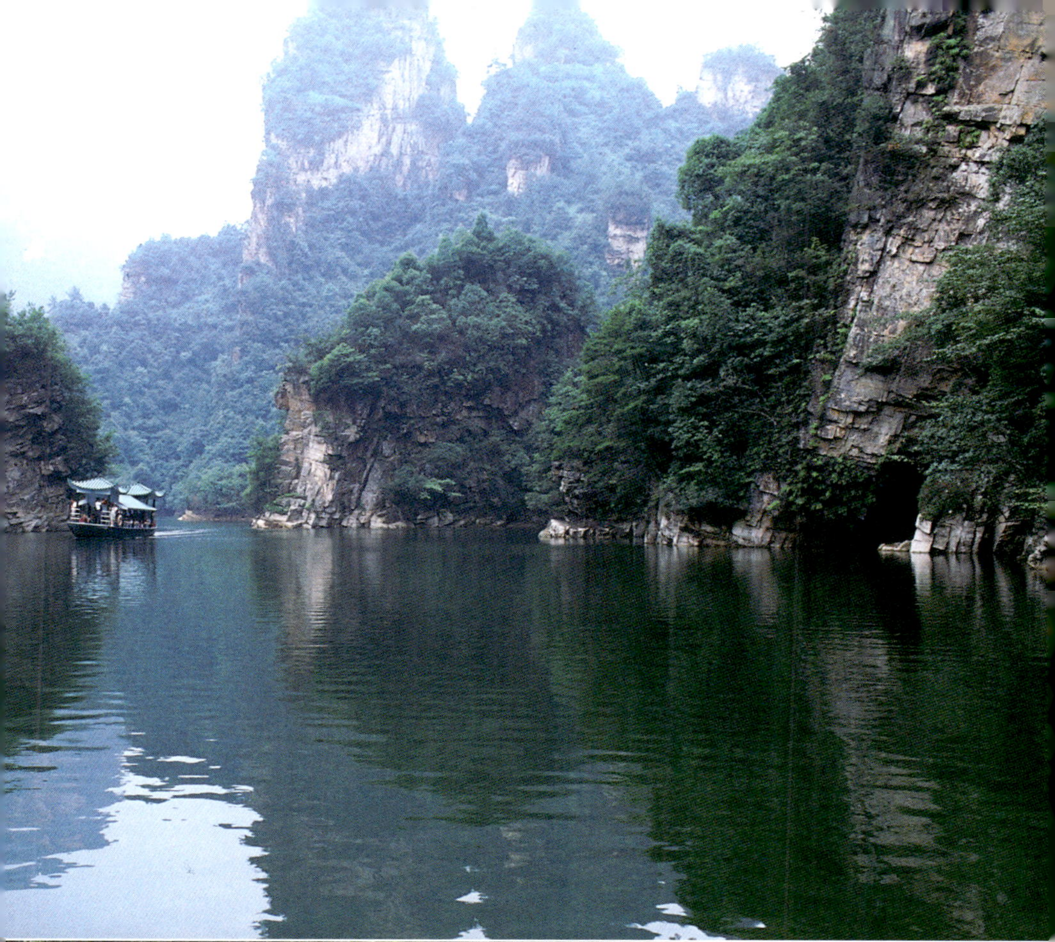

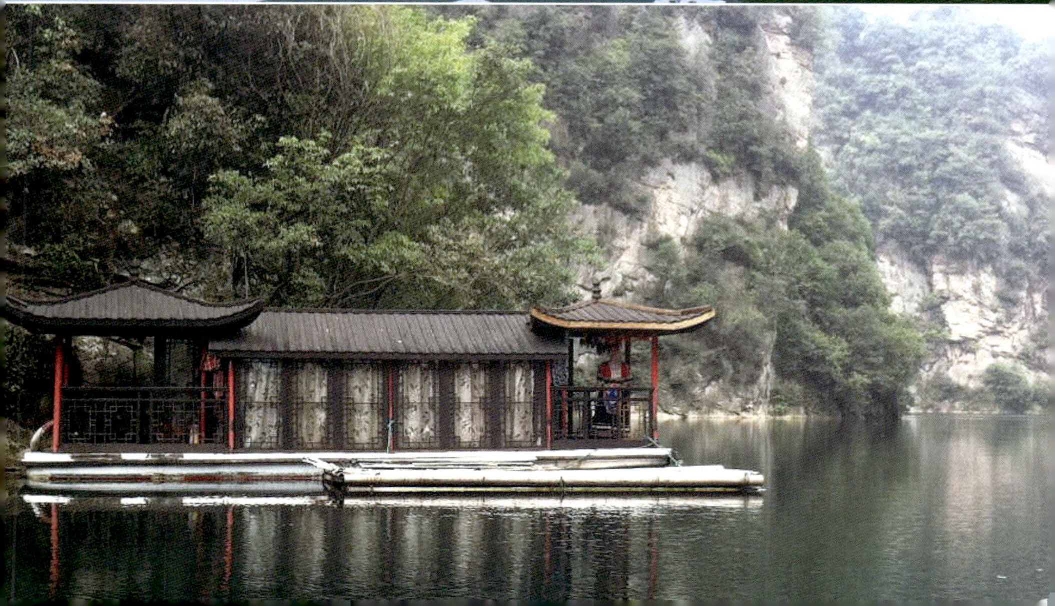

TRAVEL PLAN

アクセス　　　　　　　　ACCESS

日本から北京または上海まで約3時間30分
中国国内線に乗り継いで所要約5時間30分

日本から観光拠点の張家界を結ぶ直行便はないため、北京や上海を経由する。北京と上海へは、日本の各主要都市から直行便が出ている。北京から張家界まで国内線で所要2時間30分、上海からは約2時間。上海便のほうが多くて便利だ。張家界荷花空港から武陵源まではタクシーで約15分。

（地図：モンゴル／中国／日本／北京 約3時間30分／上海 約3時間30分／武陵源／張家界 約2時間／太平洋／ベトナム／北京→張家界 約2時間30分）

旅のシーズン　　　　　　BEST SEASON

移動のメインは徒歩、バス、ロープウェイ
雨の少ない時期が望ましい

1	2	3	4	5	6	7	8	9	10	11	12
冬		春			夏			秋			冬

雨が少なく、気候の温暖な9〜10月がベストシーズンで、観光客も最も多い。5〜7月は新緑が最も映える季節だが、雨の多い時期でもある。12〜1月の平均気温は5〜7℃程度。

旅のアドバイス　　　　　TRAVEL ADVICE

観光客が多い時間帯はできるだけ避け、
時間にゆとりをもった計画を立てる

団体ツアーの多い時間帯を避け早朝からの行動でスムーズに
団体ツアーが多く、各景勝区の入口やロープウェイ乗場などで混雑することも。個人観光の場合は早朝の行動がおすすめだ。

スポット間を結ぶシャトルバスがあるので移動には困らない
武陵源では一般車は乗り入れ禁止。各景勝スポットを結ぶ無料のシャトルバスと徒歩がおもな移動手段。広大な武陵源には入口が5カ所あるので、観光順序を決めて効率的にまわりたい。

> **ツアー情報**
> 各社から多くのツアーが催行されている。武陵源のみを観光する3泊4日のものから、黄龍洞などの周辺エリアを巡るもの、北京や上海を周遊する5泊6日〜のツアーもある。現地に着いてからホテルのフロントや張家界駅周辺の旅行会社で申し込むこともできる。

モデルプラン　　　　　　MODEL PLAN

切り立つ巨岩が織りなす幻想的な風景を
天上から見下ろす感動的な体験

DAY 1　北京や上海で乗り継ぎ、張家界へ
日本からは北京や上海で乗り継いで、張家界市の張家界荷花空港へ。空港から市街は約5kmのところにある。バスで張家界市内に移動し、1泊する。

DAY 2　眼前に奇岩がそびえ、まるで水墨画の世界
武陵源にアクセスするバスが停車する入口は武陵源入口、張家界国家森林公園入口、天子山入口の3カ所。張家界バスターミナルから武陵源の張家界国家森林公園入口へバスで移動。午前は高さ326mの百龍エレベーターで山頂まで行き、天下第一橋や迷魂台など袁家界風景区の眺望を楽しむ。午後はバスで天子山へ移動。奇岩が並ぶ絶景を見てまわりたい。帰りはロープウェイで下山、張家界市内で宿泊。

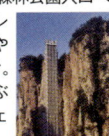

> 武陵源入口。世界各国から多くの観光客が訪れ、賑わっている。隣の建物でチケットを購入し、この先で目的地へのバスに乗る

DAY 3　さまざまな乗物で満喫する、仙人の谷の絶景
バスで武陵源入口へ。午前は十里画廊モノレールに乗り、渓谷を往復しながら風光明媚な美景を堪能する。午後はバスで移動して、索渓峪自然保護区にある宝峰湖の美景を遊覧船で楽しみたい。水面に映る景色もまた優美。遊覧船の営業時間は8:00〜17:00。夜になったら国内線で北京、または上海などへ移動する。

DAY 4　最終日は歩き疲れた体を労りながら、ゆったり移動
北京、上海などから直行便に乗り日本へ向かい、夕方頃に帰国する。

プラス ＋2日 のオプションプラン

DAY 1　巨大鍾乳洞の地底川を遊覧観光

黄龍洞　Huanglongdong
武陵源からバスで15分

武陵源から東へ約5kmの地にある中国最大級の鍾乳洞。4層をなし、全長は約60km。無数の鍾乳石や石筍、石瀑などが多様な色でライトアップされている。それほど離れていないので、一日の観光に組み合わせてまわれる。

DAY 2　中国の時代劇のような街並に遊ぶ

鳳凰古城　Fenghuang Gucheng
張家界からバスで約4時間

湖南省湘西自治州にあり、明・清代の街並がほぼそのまま残る。石畳の路地が迷路のように連なり、川沿いに吊脚楼と呼ばれる独特の家屋が並ぶ水辺風景が楽しめる。武陵源とセットになった日本発の観光ツアーが多い。

トゥチャ族 歴史や生活、工芸品の総合観光施設で遊んでみたい

武陵源観光のあとはトゥチャ族の世界へ

　武陵源のある張家界市(張家界という名称は前漢時代の軍師・張良に由来、武陵源には張良墓と呼ばれる岩山もある)は、少数民族トゥチャ族が多く居住する地域だ。市内には「土家(トゥチャ)風情園」という観光スポットがあるが、この場所は元来トゥチャ族の行政や祝祭、祈禱などが行なわれた聖地だったところで、園内にはその文化・芸術・伝統工芸・生活などがよく理解できるように再現されたいくつもの建物が効果的に配されている。圧巻は山の斜面に沿って這い上がるように建つ9層の木造建造物。高さは48mあるという。内部にはトゥチャ族の文化についての展示がある。「土家風情園」は全体として宿泊施設や伝統的家庭料理が味わえるレストラン、工芸品のあるショッピング施設、婚礼の習俗や伝統舞踊のショーなども楽しめ、少数民族のテーマパークという趣もある。大自然のなかで暮らすトゥチャ族の文化が色濃く残されている。

美しい錦織でも有名な中国の少数民族

　トゥチャ族は中国が公認しているチベット系の少数民族のひとつ。

　2000年ほど前から湖南省西部および湖北省西部一帯に生活していたとされる人々で、言語は漢・チベット語族のチベット・ビルマ語派のトゥチャ語だが、現在は多くが中国語を使っている。農業を生業とするが、織物や刺繍、ろうけつ染めなどの伝統工芸でも広く知られている。とくにシランカップと呼ばれる錦織が有名だ。ショーなどで見られる民族衣装もきらびやかで美しい。

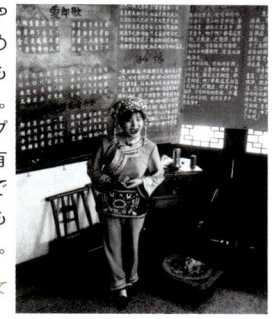

歌や踊りに優れているトゥチャ族

25

コバルトブルーに輝く湖沼の群れ
これぞ山紫水明の究極世界

JIUZHAIGOU

九寨溝

中国

幾筋もに分かれて流れ落ちる箭竹海瀑布。
水底に沈殿した石灰成分が水の流れを堰
き止め、100を超す湖沼や滝を生んだ

静寂に包まれた奥深い渓谷で
湖沼と滝が魅せる荘厳な風景

今からおよそ30年前、成都の北約400kmにある四川省北部の森の奥深くで、この世のものとは思えぬ美しい秘境が発見された。標高2000〜4000m級の山脈に囲まれた渓谷に、大小100以上の湖沼が連なり、それらがコバルトブルーやエメラルドグリーンの輝きを放っていたのだ。九寨溝一帯の石灰岩層が水を抜群の透明度に濾過し、さらに石灰成分や藻、光の反射などの影響で、湖は多様な色彩を見せる。秘境の名は、かつてチベット族の9つの集落があったのが由来という。Y字状に樹正溝、日則溝、則査窪溝の3つの渓谷が延び、全長は約50km。渓谷沿いに散策コースが続いている。宝石の輝きを彩る五花海、渓流に水のカーテンをつくる箭竹海瀑布など、出会える絶景は数知れない。

旅の予算 ● 20万円〜
（大人1人あたりの総予算）

航空券は約6万円〜。成都への直行便は少ないが、北京、上海での乗り継ぎ便は多い。ホテルは中級クラスで1泊（ツイン）6000円〜、高級ホテルは2万円〜。

旅行日程 ● 3泊4日〜

九寨溝と黄龍を併せて訪れる3泊4日〜4泊5日のツアー日程が一般的。アクセスの拠点となる成都やその周辺も併せて巡るなら5泊6日〜7泊8日は欲しいところだ。

	1	2	3	4	5
驚嘆度					●
難易度	●				
危険度	●				

絶景の達人 感動実体験

季節、時間帯によって表情を変える景色

最大の魅力は、季節や訪れる時間帯によって水の色や風景の見え方が異なるところだと思います。とくに9月下旬〜10月下旬の紅葉の季節は、色づいた木々が太陽に照らされ、エメラルドグリーンの水に美しく反射し、フォトジェニックな様子を見ることができます。

高所ということを忘れずに行動しましょう

黄龍にも足を運ぶ人が多いと思いますが、九寨溝より高所にあるために高山病に気をつけ、走ったり急な運動は避けてください。2日に分けた観光がベストだと思います。湖、滝、池が密集するエリアは、できる限り徒歩でまわることをおすすめします。九寨溝から黄龍へは、高い峠道（4000m以上）を通るので10月以降は、雪で通行止めになる可能性があります。 ●フリーカメラマン 谷口 哲

	1	
2		4
3		

[1] 水底の枯木も透けるほどの透明度を誇る五花海。光の屈折や反射でオレンジや紫など多彩な色に変化し、九寨溝一の美しさといわれる
[2] 九寨溝に唯一生息する魚の嘉陵裸裂尻魚。鯉の一種
[3] 九寨溝にある3つの渓谷のひとつ、樹正溝には標高2400mにある樹正群海をはじめ、変化に富む湖や滝が標高差100mの間に棚田状に連なり、人気のハイキングスポットとなっている
[4] 美しい青を放つ五彩池。五花海と並ぶ代表的な湖だ

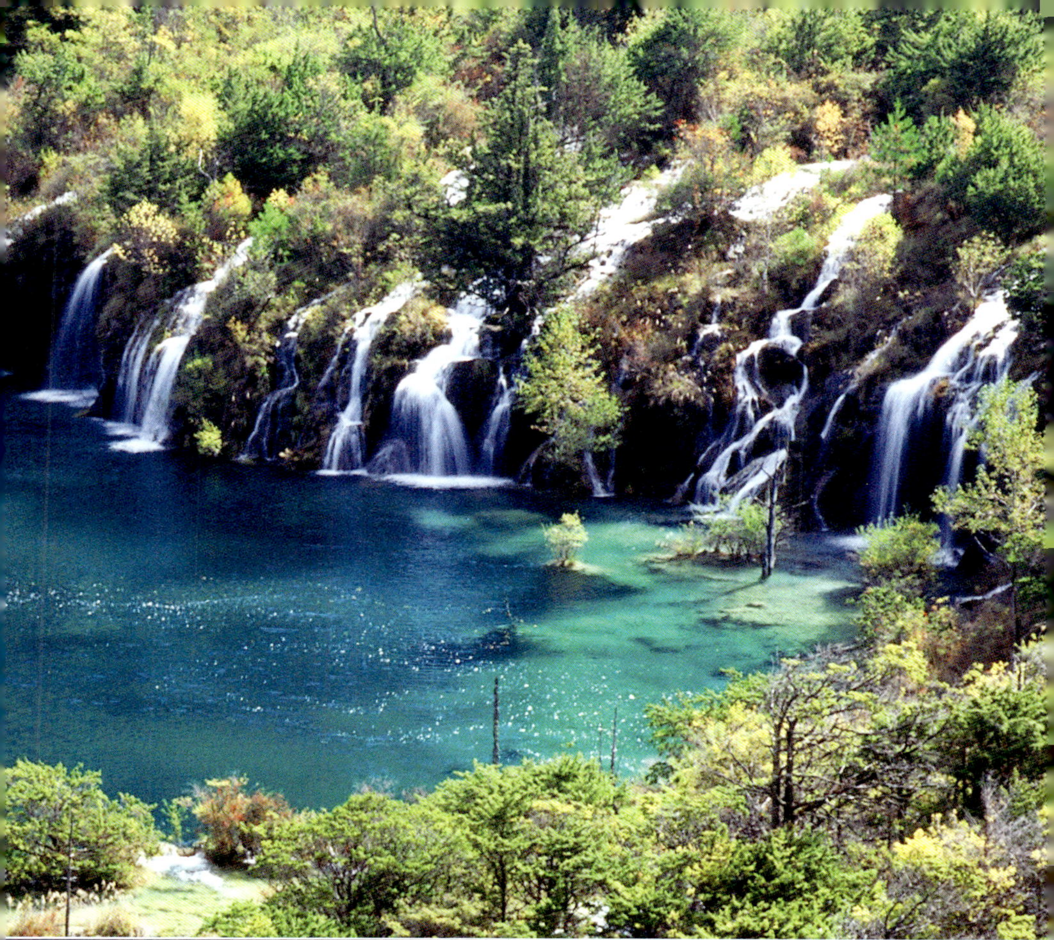

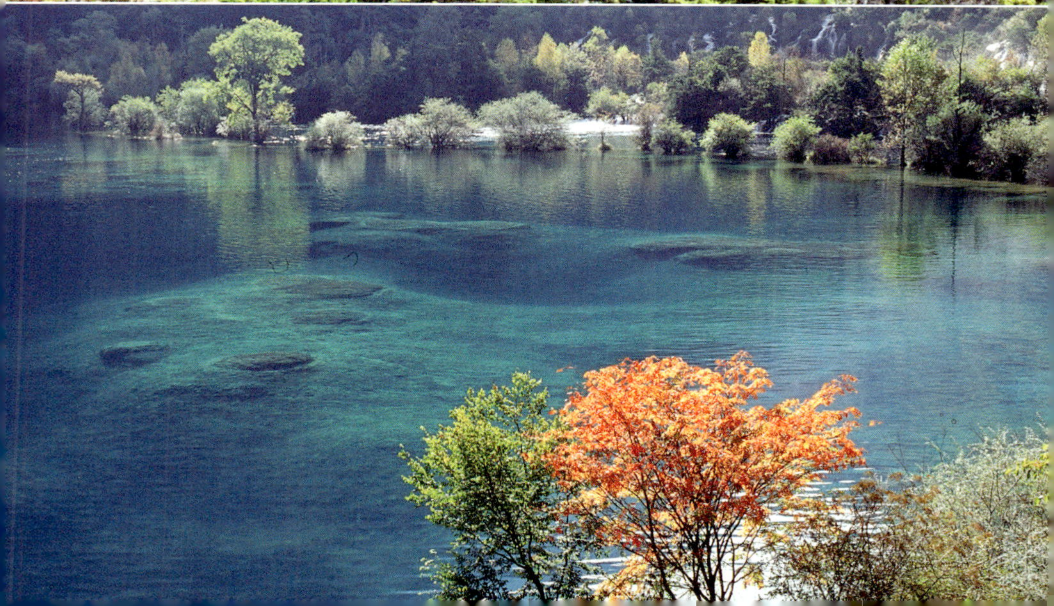

TRAVEL PLAN

アクセス　　　　　　　　　　ACCESS

日本から成都まで、6時間。国内便を乗り継ぎ、バスでの移動を含めて所要8時間以上

日本から四川省の成都までは直行便で約6時間。成都から九寨黄龍空港までは約1時間で着く。上海や北京経由も可能。空港から観光の拠点となる漳扎鎮へはエアポートバスがあり、所要約2時間。街からは九寨溝の名所を観光バスが巡回する。

（地図：モンゴル、中国、北京 約4時間、成都まで直行便で約6時間、約2時間15分、九寨溝 約1時間、成都、上海 約3時間20分、約3時間20分、日本、太平洋、ベトナム）

旅のシーズン　　　　　　　BEST SEASON

春から夏は渓谷が鮮やかな緑に覆われる
紅葉に染まる秋はより幻想的な風景に

1	2	3	4	5	6	7	8	9	10	11	12
冬		春			夏			秋			冬

渓谷の自然が美しい5〜10月がベストシーズン。5〜8月は、青い湖が緑によく映える。9月中旬〜10月は紅葉が見られ、中国の大型連休も含まれるため、最も多くの観光客が訪れる。

旅のアドバイス　　　　　　TRAVEL ADVICE

高地の経験がない人はとくに高山病に注意
徒歩とバスを組み合わせて効率的にまわる

こまめに水分補給し、無理な行動は控えたい
九寨黄龍空港は標高3448m、九寨溝でも標高2000mを超えるため高山病には注意が必要。空港や九寨溝入口で酸素ボンベを販売している。一日の寒暖差が激しいので、夏でも防寒着の用意を。

環境保護のため専用バスのみ通行が可能
九寨溝は全長30kmの距離に見どころが点在し、徒歩だけで巡るのは難しい。交通機関は原則的に低公害型の専用観光バスのみで、数カ所にバス停がある。事前にバスルートの確認を。

ツアー情報

九寨溝だけを訪れるツアー、黄龍も併せて巡るツアーなど、日本からのパッケージツアーは多い。成都から九寨溝までの途上、松潘や楽山、峨眉山を巡りながらバスで向かうツアーも催行されている。成都からのツアーも多いので、日程に余裕があるなら現地で検討することも可能。

モデルプラン　　　　　　　　MODEL PLAN

世界遺産・九寨溝と黄龍の絶景を訪ね、
アクセスの拠点、成都とその周辺も併せて巡る

DAY 1　日本からアクセスの拠点となる成都へ向かう
日本から成都へは直行便が運航している。北京、上海などを経由する乗り継ぎ便も利用できる。

DAY 2　成都から空路で九寨溝へ。まずは風景区の最奥部へ
早朝発の飛行機で、成都から九寨黄龍空港へ。成都からは午前発のフライトが多い。
九寨黄龍空港から九寨溝観光の拠点となる漳扎鎮までは、エアポートバスで約2時間。宿泊するホテルに荷物を預け、トレッキングに必要な手荷物、軽食、水などを用意し、九寨溝入口（溝口）へ。
風景区内は、乗降自由の観光バスが運行されている（有料）。九寨溝観光1日目は、則査洼溝区を長海まで観光バスでアクセス。五彩池までを歩き、諾日朗センターまで再び観光バスを利用。諾日朗瀑布などを観て、観光バスで溝口まで戻る。

DAY 3　2日目は、九寨溝観光のハイライトを訪れる
風景区の開門は朝7時。チケット売場は混雑するため、早めに出かけたい。日則溝区の箭竹海まで観光バスでアクセス。熊猫海、五花海などを観て、鏡海までをゆっくり散策。昼食は諾日朗センターで。午後は樹正溝区へ。

DAY 4　九寨溝からもうひとつの世界遺産、黄龍エリアへ
九寨溝から黄龍へはバス（冬季運休）で3〜4時間。タクシーを利用することもできる。往路は黄龍ロープウェイを利用。復路、五彩池、映月彩池などを眺めながら、約4kmの遊歩道を歩く。宿泊は九寨溝で。

DAY 5-6　成都市内と周辺の観光スポットを訪ねる
午前、九寨黄龍空港から成都へ飛行機で移動。市内には『三国志』ゆかりのスポットがあり、郊外では成都繁殖育成研究基地（パンダ繁殖センター）、三星堆博物館などが人気だ。6日目午前、帰国便に乗る。

プラス ＋2日 のオプションプラン

DAY 1　高さ70mの大仏を水上から見学
楽山大仏　Leshan Dafo
成都からバスで約2時間30分

青衣江と大渡河、岷江の3つの川が合流する地に、世界最大の磨崖仏の楽山大仏がそそり立ち、世界遺産になっている。唐代の古刹も点在し、水上遊覧や歴史散策が楽しめる。成都から日帰りツアーも利用できる。

DAY 2　雲上にそびえる仏教の三大聖地
峨眉山　Emeishan
成都からバスで約2時間

中国三霊山のひとつで、26の寺院が山中に点在。4つの峰からなり、第二峰の金頂（標高3077m）へはケーブルカーで登れる。成都から日帰りのツアーも利用できる。

九寨溝・黄龍 地図

中国 CHINA

四川省 SICHUAN

九寨溝 Jiuzhaigou エリア

- 上四寨村
- 永竹村
- 九寨溝県
- 格桑賓館 H
- 漳扎鎮
- 隆康村
- 九寨溝星宇国際大酒店 H
- 金龍漁港賓館 H
- シェラトン九寨溝リゾート H
- 荷葉迎賓館 H
- 九寨溝口旅遊客運センター
- 入場券売場
- 卍 扎如寺
- 海子口
- 乾海子村
- 省道301号
- 盆景灘
- 樹正溝区
- 双龍海 ★
- 民俗博物館
- 樹正群海
- 老虎海
- 犀牛海
- 金鈴海
- 諾日朗瀑布 P
- 五花海
- 鏡海
- 熊猫海
- 熊猫海瀑布
- 諾日朗センター
- 箭竹海瀑布
- 箭竹海
- 日則溝区
- 下季節海
- 則査洼溝区
- 天鵝海
- 芳草海
- 上季節海
- 剣岩懸泉
- 観光バス終点
- 五彩池 P 観光バス終点
- 長海
- 蔵馬龍里溝

注釈（九寨溝）

- 九寨溝の入口となる溝口は、標高約2000m
- 入口から諾日朗センターまでのエリアが樹正溝区。犀牛海から双龍海までのハイキングが楽しい
- 諾日朗瀑布は、2つの川が合流する付近にある幅320mの滝
- 熊猫海は青い湖水が美しい。標高2587mの地点にある
- 九寨溝でも最も美しいといわれる。澄んだ青い池水が印象的
- 九寨溝の最奥部にある湖で、標高3103mの位置にある。諾日朗センターから約18km

黄龍 Huanglong エリア

- 松潘国営牧場
- 両河口村
- 黄勝関村
- 省道213号
- 安備村
- 九寨黄龍空港
- 山巴郷
- 水晶郷
- 紅星岩海子
- 東北寨
- 川主寺鎮
- 川主国際飯店 H
- 八十溝村
- 林坡村
- 黄龍郷
- 瑟爾嵯国際大酒店 H
- 黄龍ロープウェイ H
- 県道120号
- 入場券売場
- 華龍山荘
- 元壩子村
- 五間房村
- 黄龍 ★
- 黄龍寺 卍
- 五彩池
- 馬宣
- 高屯子村
- 大屯村
- 右所屯村
- 岷江
- 十里回族郷
- 省道213号
- 松潘県
- 松州客運站
- 太陽河国際大酒店 H
- 黄龍国際大酒店 H
- 成都市
- 平松路
- 平武県

注釈（黄龍）

- 2003年に開港。標高3448mの高所にある。九寨溝から88km、黄龍から53kmのところにある
- 寺は松潘の北17kmのところにある街。黄龍観光の拠点としてホテルやレストランも多い
- 黄龍ロープウェイの山頂駅から五彩池までは約1時間ほどの道のり
- 松潘は唐代に開かれたという歴史ある街で、古い街並が今も残る
- 黄龍風景名勝区入口から、五彩池までは約7kmにわたる探勝路が設けられている。入口の標高は約3100m、五彩池は標高3500mを超える

スケール: 5km

26 | はるか地平線へ続く「赤い海浜」は稀少な鳥たちの暮らす野鳥の楽園

HONGHAITAN

中国

盤錦の紅海灘

河口域に広がる大規模湿原地帯。植物のマツナが秋に湿原を真っ赤に染める光景から「レッド・ビーチ（赤い海浜）」とも呼ばれている

湿原地帯を真っ赤に染め上げる
植物群落は渤海の秋の風物詩

　渤海の最奥部にある遼東湾の河口部には、総面積100km²に及ぶ遼河デルタの湿地帯が広がっている。この場所が「紅海灘」(赤い海浜)と呼ばれる理由は、秋に訪れればわかる。湿地帯には植物のマツナが群生し、秋に紅葉して湿原が赤紫一色に染まるのだ。9月のピーク時には、燃え立つように赤みを増す。河口域にある湿原は塩分を含むため、多くの植物には不向きな環境だが、アルカリ土壌に強い塩生植物のマツナは大量繁殖し、世界でも稀有な光景が出現した。とはいえ湿原一帯は世界最大の葦の群生地でもあり、タンチョウヅルなど200種以上の鳥類が生息する自然保護区となっている。白いタンチョウヅルが赤い海浜で羽を休める風景は、モダンアートのような美しさだ。

旅の予算 ● 15万円〜
(大人1人あたりの総予算)

瀋陽への航空券は5万円程度からある。瀋陽なら高級ホテルでも1万円程度で泊まれ、ビジネスホテルなども少なくないので、予算に合わせて選びたい。

旅行日程 ● 3泊4日〜

日本から飛行機で4時間程度の距離なので、じっくり観光が楽しめる。1日は瀋陽の街の観光やグルメを堪能する時間をつくりたい。大連や北京と組み合わせることもできる。

驚嘆度		1	2	3	4	5
難易度		1				
危険度		1				

絶景の達人 感動実体験

大地の紅葉！海と川による奇跡の光景
国家4A級景区に指定されているだけあり、自然や動物が好きな方におすすめです。日本人が3万人滞在している大連でも、紅海灘を訪れる人はごくわずかなスポットです。9月下旬からは、マツナが赤から紫に変わり、1カ月限定の自然のレッドカーペットが楽しめます。

盤錦のバス停からタクシーを使うのが便利
都会から離れた田舎なので、なるべく遅い時間には行かないように。中国語で交渉できない場合、高額請求されてしまう不安があります。また、ツアー旅行で申し込んだ場合は、「接待中心」という観光地にスムーズに寄ることができます。草原をオープンカーで走るので、上着を1枚余分に持って行きましょう。おみやげには盤錦米や盤錦河蟹が人気です。　　●カメラマン 佐々木 美佳

アクセス　　ACCESS

日本から瀋陽まで3時間30分
列車とタクシーを乗り継いで所要5時間以上

成田、大阪、名古屋、福岡などから瀋陽へ直行便が出ている。瀋陽市郊外にある瀋陽桃仙国際空港からタクシー(約40分)で瀋陽へ。瀋陽から紅海灘の最寄りの都市・盤錦までは列車で移動。盤錦駅まで急行で約1時間。盤錦駅から紅海灘まではタクシーで約30分。瀋陽〜盤錦間は高速バスも頻繁に出ている。

旅のシーズン　　BEST SEASON

「赤い海浜」が見られるのは秋の2カ月
季節を選んで計画的に訪れたい

1	2	3	4	5	6	7	8	9	10	11	12
冬		春			夏			秋			冬

湿原地帯に育つマツナは3〜4月に芽吹きの時期を迎える。初めは淡い赤で、実際に湿原一帯が真っ赤に染まるのは9〜10月頃。なかでも9月は最も赤みを増して美しい。

旅のアドバイス　　TRAVEL ADVICE

紅葉の時期は潮風が冷たくなる
服装や滞在時間も考慮して

冷たい風が吹くこともあるので長袖を持参しよう
秋には気温差が激しく、10℃以下になることもある。風の強い日もあるので、防寒用に長袖を用意していくと安心だ。
立ち入りできる場所は厳守。バードウォッチングも楽しい
一帯は自然保護区に指定されているため観光場所は限られる。「九曲廊橋」と呼ばれるジグザグの桟橋が整備されており、湿原の中を散策できる。歩きやすい靴がベターだ。また、野鳥が多く飛来するので、観察用の双眼鏡などがあると便利。

ツアー情報
2泊3日以下の弾丸ツアーから、ハルビンや大連など周辺エリアの観光もたっぷりと楽しめる6泊7日のツアーまで、種類は多彩。年間を通じて、紅海灘を訪れるツアーはあるものの、もちろん9月頃の紅葉の時期でなければ、海浜が紅く染まる絶景を見ることはできない。

TRAVEL PLAN

モデルプラン MODEL PLAN

どこまでも続く紅い絨毯のような景色と、長い歴史の趣を感じさせる瀋陽観光を堪能する

DAY 1 直行便で瀋陽へひとっ飛び
午前中に日本を出発、直行便なら昼過ぎには瀋陽に到着する。瀋陽市内で1泊。

DAY 2 一面を紅色の野草が染めた、神秘の光景
朝に出発して紅海灘がある盤錦市へ。瀋陽から盤錦市へは急行電車で約1時間、バスなら約3時間。紅海灘へは街の中心部からバスまたは、タクシーに乗り換えて約30分の道のり。紅海灘の広大な湿地帯を野草が真っ赤に埋め尽くす壮大な眺めを楽しむ。葦海観鶴ではタンチョウヅルなどたくさんの野鳥が見られる。紅海灘周辺は宿泊施設も少ないので、車で瀋陽市内に戻って宿泊。

瀋陽の名物といえば、世界の餃子の老舗「老辺餃子館」。中国では水餃子が一般的だが、この店では蒸し餃子が中心に供される

DAY 3 たっぷり瀋陽観光、絶品グルメも楽しみたい
1日、瀋陽市内観光。瀋陽故宮博物院や昭陵などの清朝の歴史を今に伝える世界遺産巡りや、満州事変の旧跡、旧奉天駅や九・一八事変歴史博物館を訪れたい。また、瀋陽は餃子の名店として知られる老舗などがあり、食事も楽しみのひとつだ。

DAY 4 朝はのんびり。おみやげ探しの時間も十分にある
午前中はゆっくりと瀋陽を散策し、午後の直行便で発つ。日本には4時間ほどで到着する。

プラス +2日 のオプションプラン

DAY 1 ロシア風の街並がノスタルジック
ハルビン Harbin
瀋陽から鉄道で約3時間
ロシア統治時代の欧風建築が今も残り、落ち着いた街並をみせる。スターリン公園や黒竜江省博物館などの観光スポットを巡る現地ツアーがある。

DAY 2 華やかな発展を遂げる国際貿易港
大連 Dalian
瀋陽から鉄道で約2時間30分
近年の急激な開発により街が美しく整備され、ロシアや日本の統治時代の街並も保存整備されている。半日や1日ツアーが便利。

27 | 火山のエネルギーが創り出した 世にも不思議な奇岩の大地

KAPADOKYA

カッパドキア

トルコ

渓谷が岩肌を削り、奇岩が群れをなすカッパドキアの荒涼世界。気球に乗って、上空からカッパドキアのパノラマ風景が満喫できる

奇岩に埋め尽くされた褐色の台地に彩りを灯す色彩豊かなフレスコ画

　トルコのアナトリア高原の中央部に、約100km²にわたって広がる異形の火山大地。およそ1100万年前から頻発した長期にわたる火山活動により、やわらかな火山灰層と硬い溶岩層が大地に積み重なり、それらがさらに浸食されて神秘的ともいえる特異な奇岩台地を生み出した。「妖精の煙突」とも呼ばれるキノコ岩や円錐の岩の群れ、ひだ状に波打つ崖地が見せる途方もない広がりや多様な光景に、ため息をもらすことだろう。その劇的風景を上空からまるごと楽しめる気球ツアーが人気だ。

　また、4世紀頃には、ローマ帝国に迫害されたキリスト教徒が、隠棲の地を求めてここへたどり着いた。彼らが岩肌を穿って造った教会内部には、今も色鮮やかなフレスコ画が残り、景色に劣らず感動的だ。

旅の予算 ● 30万円〜
（大人1人あたりの総予算）

航空券は日本〜カイセリ往復で14万円〜。宿泊は高級洞窟ホテルの場合、2万円程度。気球のフライトツアーは1万5000円〜、ミネラルウォーター（500㎖）は50円程度。

旅行日程 ● 4泊6日〜

気球は早朝フライトのため、最低でも1泊は必要。トレッキングや乗馬などのアクティビティが充実しているので、奇岩の風景をさらに楽しむ場合は、カッパドキアに3泊したい。

	1	2	3	4	5
驚嘆度					5
難易度	1				
危険度		2			

絶景の達人 感動実体験

街と溶け合った異色の世界遺産
ここに来て最初に浮かんだイメージは「SF映画」。不思議な形の岩がニョキニョキと伸びる景色は、まさにSF映画に出てくるはるか遠くの惑星。そんな不思議世界のど真ん中に、普通に街があるのも驚きです。奇岩をくりぬいたホテルや洞窟レストランが、奇観の一部になっている。街がまるごと絶景なのが、カッパドキアのすごさです。

気球に乗って奇観をパノラマビューイング
カッパドキアの不思議風景をまるごと満喫できるのがバルーン・ツアー。早朝に各バルーン・ツアー会社が用意した50機以上の気球が一斉に空へ飛び立ちます。高度300mから見下ろすパノラマ風景は変化に富んでいて雄大。なかでも、朝日が少しずつ顔を出し、奇岩の大地を照らす光景は感涙ものです。

●フリーライター 遠藤 優子

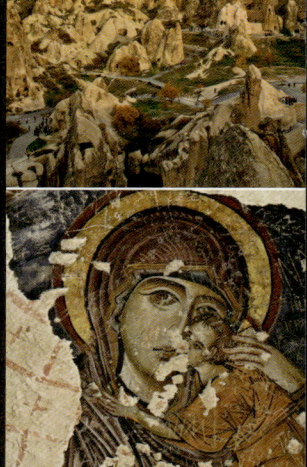

	1	
2	4	5
3		6

1 フェアリーチムニー（妖精の煙突）の林立する、最もシンボリックな風景
2 約30の岩窟教会が集まるギョレメ屋外博物館
3 トカル教会は、この地方最古の岩窟教会。光を遮られた教会内部でフレスコ画が美しい色彩を保っている
4 人気のビューポイントのギョレメ・パノラマ
5 ラクダの形をした岩など、ユニークな奇岩が随所に見られる
6 キリスト教徒がイスラム勢力からの脅威から逃れるため、一時的に暮らした地下都市も残されている

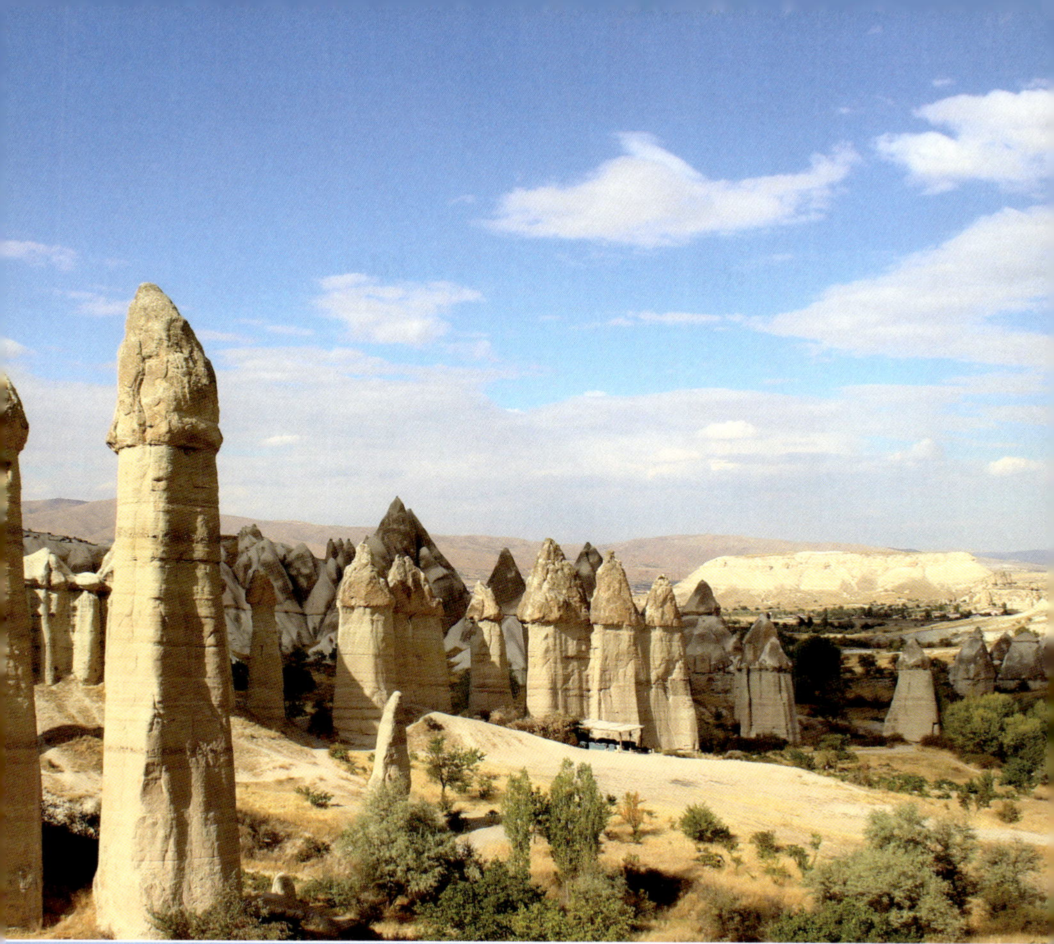

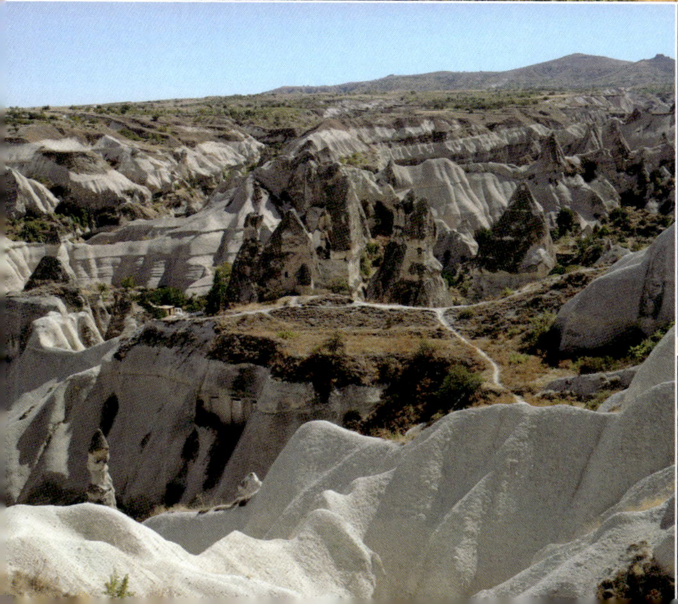

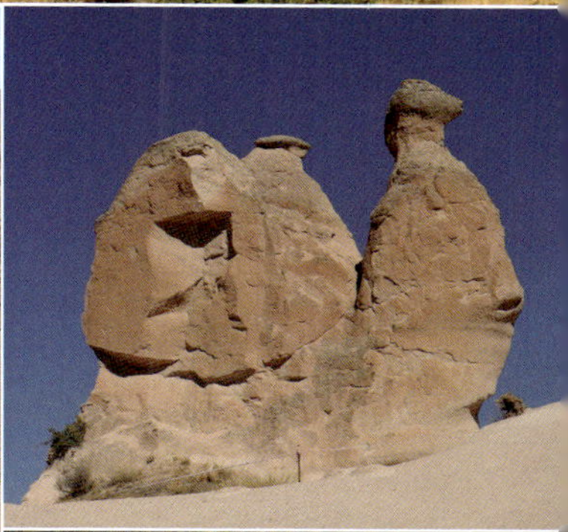

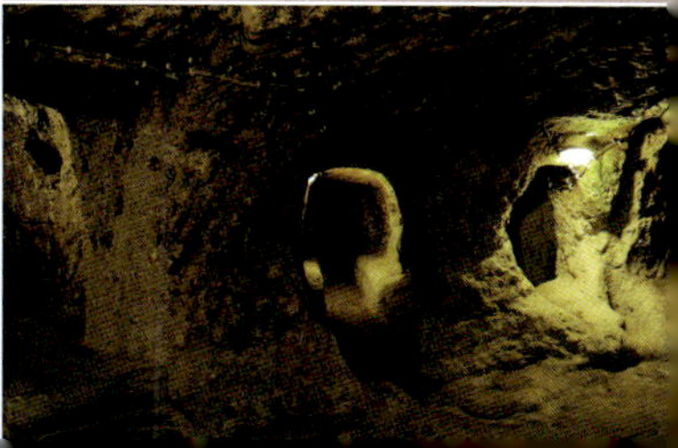

TRAVEL PLAN

アクセス　　　　　　　　ACCESS

日本からトルコ・イスタンブールまで12時間、国内線に乗り継ぎ所要1時間余り

日本からイスタンブールへは直行便が運航。カッパドキア最寄りの空港は2つあり、イスタンブールからネヴシェヒル空港へは約1時間15分、カイセリ空港へは1時間20分。ネヴシェヒル空港から市内へ無料バスで移動し、そこからカッパドキア中心部の街ウルギュップなどへはミニバスを利用。カイセリ空港からは有料のシャトルバス（要予約）が出ている。

旅のシーズン　　　　　BEST SEASON

4～9月がベストシーズンで行動しやすい
昼夜の寒暖の差が激しく、冬は雪の降る寒さ

1	2	3	4	5	6	7	8	9	10	11	12
冬		春			夏				秋		冬

7～8月には日中30℃以上になるが、乾燥しているため体感温度は低め。昼夜の寒暖の差が激しく朝晩は冷え込むので、夏でも長袖の上着を用意したい。冬は寒く、1～2月には積雪もある。

旅のアドバイス　　　　TRAVEL ADVICE

夏の乾燥や直射日光への対策をして
観光地巡りの一人歩きは避けたい

ハイキングに適した靴とこまめな水分補給を
観光名所は岩場や起伏が多いので歩きやすい靴で出かけたい。夏場はとくに乾燥して暑いので、紫外線対策や水分補給を。
できるかぎり単独行動はせずにツアー参加を
有名な観光名所は静かな街外れに多く、治安の行き届かないところも少なくない。なるべく一人歩きはせず、現地のデイツアーに参加するなどして、できるかぎり団体で行動したい。

ツアー情報
カッパドキア、イスタンブール、エーゲ海地方をバスで周遊する7～10日間程度のパッケージツアーが主流で、日本から多数催行されている。現地でも1日カッパドキア周遊ツアー、気球フライトなどの各種ツアーに申し込みが可能。ギョレメの旅行会社や宿泊先のホテルへ事前に問い合わせたい。

モデルプラン　　　　　　MODEL PLAN

ハイライトは上空500mから見下ろす奇岩群
バラエティに富んだ岩は歩いて観察したい

DAY 1　イスタンブールを経由してカイセリへ向かう
日本からは直行便でイスタンブールへ。国内線に乗り換えてカイセリ空港へ。

DAY 2　日中は奇岩散策、トレッキングにも挑戦したい
午前中は白く切り立った岩肌がきれいなホワイト・ヴァレー周辺を巡るトレッキング。間近に迫る奇岩のなかを歩いて見学しよう。その後、フレスコ画が残るギョレメ屋外博物館を訪れたい。約30の岩窟教会が連なり、内部の見学ができる。夕暮れどきはピンク色に染まるローズ・ヴァレーが必見だ。夜はカッパドキアの名物料理「テスティ・ケバブ」を。素焼きの壺に野菜や羊肉を入れて焼き、目の前で壺を割って提供してくれる。

カッパドキアの滞在は洞窟ホテルが人気。夏は涼しく冬は意外に暖かい。素朴な造りながらも最新の設備が備わっている

DAY 3　早起きして気球から日の出を拝むツアーに参加
気球フライトは気流の安定している早朝に催行される。早起きして眼下に広がる雄大な世界を味わいたい。気球は高度が300～500mまで上昇し、1時間の空中散歩（催行会社による異なる）。
カッパドキアから車で2時間、足を延ばしてトルコのグランド・キャニオンと呼ばれるウフララ渓谷にも訪れたい。全長14km、高さ100mの断崖が続き、崖には多くの岩窟教会が残されている。『スター・ウォーズ』のロケ地になったセリメ村まで約3.5kmのトレッキング。地下8階にも及ぶ巨大なカイマクル地下都市は帰り道に立ち寄りたい。

DAY 4-7　カイセリから国内線でイスタンブールを経て帰国
早朝シャトルバスを利用しカイセリ空港へ。イスタンブールまで飛行機で1時間20分。イスタンブールは見どころが多く、モスクやバザールを見てまわるには数日滞在したい。イスタンブールを夕方発で日本到着は昼過ぎに。

プラス +2日 のオプションプラン

DAY 1-2　古代王国の遺跡から朝日を拝む

ネムルト・ダーウ　Nemrut Dağı
カイセリからバスで約6時間

ネムルト山頂にあるコンマゲネ王国の王の墳墓遺跡。残された巨大な神像の頭が神秘的。山頂から朝日を望むツアーが人気で、カッパドキア発のツアーもある。

142　ASIA　　　　　　　　　　　　　TURKEY

カッパドキア周辺地図

地名

- ネヴシェヒル港
- ヴシェヒル港
- スルサライ Sulusaray
- アヴァノス Avanos
- アクテペ Aktepe
- チャウシン Çavuşin
- ホワイト・ヴァレー White Valley
- パシャバー地区
- ゼルヴェ屋外博物館 Zelve Açık Hava Müzesi
- ローズ・ヴァレー Rose Valley
- ウラシュル Ulaşlı
- チョケッキ Çökek
- デヴレント Devlent
- ギョレメ Göreme
- トカル教会 Tokalı Kilise
- ギョレメ屋外博物館 Göreme Açık Hava Müzesi
- Göreme Panorama ギョレメ・パノラマ
- Göreme House ギョレメ・ハウス
- ウチヒサル Uchisar
- ネヴシェヒル Nevşehir
- カッパドキア Kapadokya
- アナトリアン・ハウス Tokal Kilise
- ギョレメ国立公園 Göreme Tarihi Milli Parkları
- カッパドキア・ケイブ・リゾート＆スパ Cappadocia Cave Resort & Spa
- オルタヒサル Ortahisar
- ウルギュップ Ürgüp
- イブラヒムパシャ İbrahimpaşa
- ギョレ Göre
- ムスタファパシャ Mustafapaşa
- カヴェク Kavak
- ギュルベルジンリッキ Güvercinlik
- チャルダック地方都市 Çardak Yeraltı Şehirleri
- チャルダック Çardak
- バフチェリ Bahçeli
- ガミラス・ケイブ・ホテル Gamirasu Cave Hotel
- アイヴァル Ayvalı
- ダムサ・ダム Damsa Barajı
- ジェミル Cemil
- ケシュリッキ修道院 Keşlik Manastırı
- トルコ TURKEY
- タシュクンパシャ Taşkınpaşa
- タシュクンパシャ神学校 Taşkınpaşa Medresesi
- シャヒネフェンディ Şahinefendi
- ギュネイジェ Güneyce
- マズキョイ Mazıköy
- マズキョイ地下都市 Mazıköy Yeraltı Şehirleri
- カイマクル Kaymaklı
- カイマクル地下都市 Kaymaklı Yeraltı Şehirleri
- フララ渓谷 ala Vadisi
- デリンクユ
- 1807m ベルジェント Berçem T.

注記

- 古代から続く陶器の生産地
- クズルウルマック川 Kızılırmak Nehri
- カイセリ空港
- 約1時間30分のトレッキングコースがある
- フェアリーチムニー（妖精の煙突）の林が広がる景勝地
- 渓谷を削ってキリスト教徒が定住していた
- 夕景スポット
- 奇岩が多い。ラクダの形をした岩もこのエリアにある
- 奇岩地帯。現地ツアー会社が軒を連ねる
- カッパドキアの玄関口となる村
- 巨岩の要塞がそびえる。一帯の最高所にあり眺めがよく、洞窟ホテルも多い
- 約30もの岩窟教会が集まる。屋内は鮮やかなフレスコ画が見られる
- カッパドキアのおもな観光スポットが集まるエリア。世界遺産
- 地下に穴を掘って生活していた様子が見られる
- カイマクル地下都市から車で約1時間30分

0　3km

28 神聖な気配を漂わせて
陽光に輝く純白の石灰棚

PAMUKKALE

パムッカレ

トルコ

白亜の石灰棚が棚田のように連なる。石灰棚を縫うように続く歩道を20分ほど下ると、麓のパムッカレ村へたどり着く

階段状に広がる石灰棚は
まるで純白の千枚田

　トルコ西部にある古くからの温泉湧出地で、ローマ時代には保養地として大規模な街が築かれている。その豊富な温泉水の副産物が世界遺産の石灰棚だ。土中の石灰岩が温泉に溶けて地表に流れ出し、石灰成分が固まって形成された。階段状に連なるその高さは200mもあり、高台の斜面を真っ白に覆っている。水をたたえる石灰棚は、時によってその表情を変える。なかでも、早朝に水がライトブルーに輝く光景は、神々しいほどに美しい。しかし自然保護のため、観光客が立ち入れるのはごく一部のみ。それでも足湯を楽しむことができる。

　なお、石灰棚の台地上には、古代都市遺跡のヒエラポリスがある。ローマ時代の街の面影が残る古代世界へも足を運びたい。

旅の予算 ● 30万円〜
(大人1人あたりの総予算)

航空券は日本〜デニズリ往復で14万円〜。温泉付リゾートホテルは1万円程度。イスタンブール発のパムッカレ日帰りツアーは2万円で申し込める。観光地ながら物価は比較的安い。

旅行日程 ● 4泊6日〜

パムッカレの観光は1日あれば十分。周辺の温泉付リゾートホテルで数日ゆっくりするのもいい。エーゲ海地方の古代遺跡見学やイスタンブールの観光を組み合わせたい。

	1	2	3	4	5
驚嘆度					5
難易度	1				
危険度	1				

絶景の達人 感動実体験

石灰棚はまぶしいくらい白かった

パムッカレの村に到着すると、人工物のように真っ白な石灰棚の崖が目に飛び込んできます。早速、近くで見られる崖上へ。太陽に反射する石灰棚は、サングラスがないと痛いくらい、まぶしい白さで輝いていました。石灰棚の温泉に足をつけると、人肌の湯温。石灰分のぬるりとした感触が足元に伝わってきます。なかには水着で寝そべる人もいますが、そのままかければ石灰まみれで全身真っ白！

遺跡プールでひと泳ぎ

シャワーと更衣室は、石灰棚から数分歩いたところの遺跡プール（有料）にしかありません。このプールも大人気で、水底にはローマ時代の大理石の柱が無造作に転がっています。温泉プールは、パムッカレや近くのカラハユット村のホテルでも楽しめます。　●フリーライター　遠藤優子

アクセス　　　　　　ACCESS

イスタンブールへはトルコ航空の直行便が便利
国内線で1時間15分、最寄りの街デニズリへ

日本からイスタンブールへ直行便が運航している。パムッカレの最寄りの空港はデニズリ郊外のチャルダック空港で、イスタンブールからは所要約1時間15分。空港からパムッカレへは北へ約60km、タクシーで約1時間30分。バスの場合は、デニズリ市街で乗り継ぎが必要だ。イスタンブールから長距離バスで行く場合は所要9〜12時間。便数は少なくほとんどが夜の出発。

旅のシーズン　　　　BEST SEASON

降雨量の少ない5〜9月がベストシーズン
温泉をたたえる石灰棚のなかを歩いてみたい

1	2	3	4	5	6	7	8	9	10	11	12
冬		春			夏			秋			冬

雨が少なく、気候が比較的温暖な5〜9月がベストシーズン。晴天のほうが、石灰棚が日差しに照らされてより美しく映える。閑散期は保全のため、石灰棚の水が抜かれていることもある。

旅のアドバイス　　　TRAVEL ADVICE

石灰棚の保存のためにルールを守り
純白の足湯温泉を快適に楽しもう

スキー場のような石灰棚の照り返しを覚悟
白い石灰棚は照り返しが強いので、日焼け止めなどの紫外線対策が大切。ヒエラポリスも日陰のない場所を歩くことになる。
石灰棚は立ち入り禁止の箇所が厳しく決められている
石灰棚は入場できる場所が決められている。靴を入れる袋や足を拭くタオルがあると便利。ギリシャ・ローマ時代の円柱が底に沈むヒエラポリスの遺跡プールに入る場合は水着を持参したい。

ツアー情報

パムッカレ、カッパドキア、イスタンブールなどを中心に、バスや飛行機でトルコを周遊する7〜10日程度のパッケージツアーが主流で、日本から多数催行されている。イスタンブール発のパムッカレ日帰りツアーや、デニズリから案内してくれるガイド付ツアーなど現地ツアーも多い。

TRAVEL PLAN

モデルプラン　　MODEL PLAN

エーゲ海周辺を楽しむコース。エフェス遺跡やイスタンブールも併せて観光したい

DAY 1　イスタンブールを経由してデニズリへと向かう
夜、日本から直行便でイスタンブールへ向けて出発。現地時間の朝、国内線に乗り換えてデニズリへ。

DAY 2　パムッカレ村散策、温泉地カラハユットに宿泊
朝、デニズリからパムッカレへ移動し、石灰棚をめざす。温水の中を裸足で歩いたり、記念撮影をしたりして過ごそう。夕日が反射した石灰棚も美しいので、時間に余裕があったら夕暮れどきにも訪れたい。続けて、石灰棚の北側にある古代都市遺跡、ヒエラポリスへ。一角にある遺跡プールは水着着用で泳ぐことができる。
パムッカレ村はレストランの数が少ないので、ホテルで食べるか、もしくは南部の街デニズリまで足を延ばすのもよい。デニズリは羊の窯焼「フルン・ケバブ」が名物。

石灰棚の北に広がる古代都市・ヒエラポリスは温泉の保養地として発達した。今もなお遺跡が見られるので併せて訪れたい

DAY 3-4　パムッカレを堪能したあとは、古代都市エフェスへ
パムッカレから北へ5km上ったカラハユットは鉄分を含んだ温泉が湧き、パムッカレと比較して「赤い石灰棚」と呼ばれる。足湯もあるのでゆっくり浸かりたい。午後はバスで3時間のエーゲ海最大の古代遺跡エフェスへ。保存状態の良い遺跡群を歩いてまわろう。ケルススの図書館は必見。遺跡から北へバスで1時間のイズミルに宿泊。

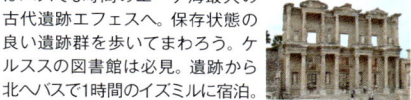

DAY 5-8　イスタンブールを観光したあとに、帰国の途へ
イズミルから飛行機で1時間15分、イスタンブールへ。歴史遺産の多い市街地は見どころが多い。地図を片手に街歩きを楽しみたい。ボスポラス・クルーズやバザール巡りなどをからめた日帰りの現地ツアーも多数催行されている。イスタンブールを夕方発で日本到着は昼過ぎ。

プラス +2日 のオプションプラン

DAY 1-2　トルコ最大のリゾート地
アンタルヤ Antalya
デニズリからバスで約4時間、セルチュクからバスで約7時間
地中海の人気リゾート地。美しいビーチがあり、大型古代遺跡が点在している。近郊にもギリシャや古代ローマの遺跡が数多い。

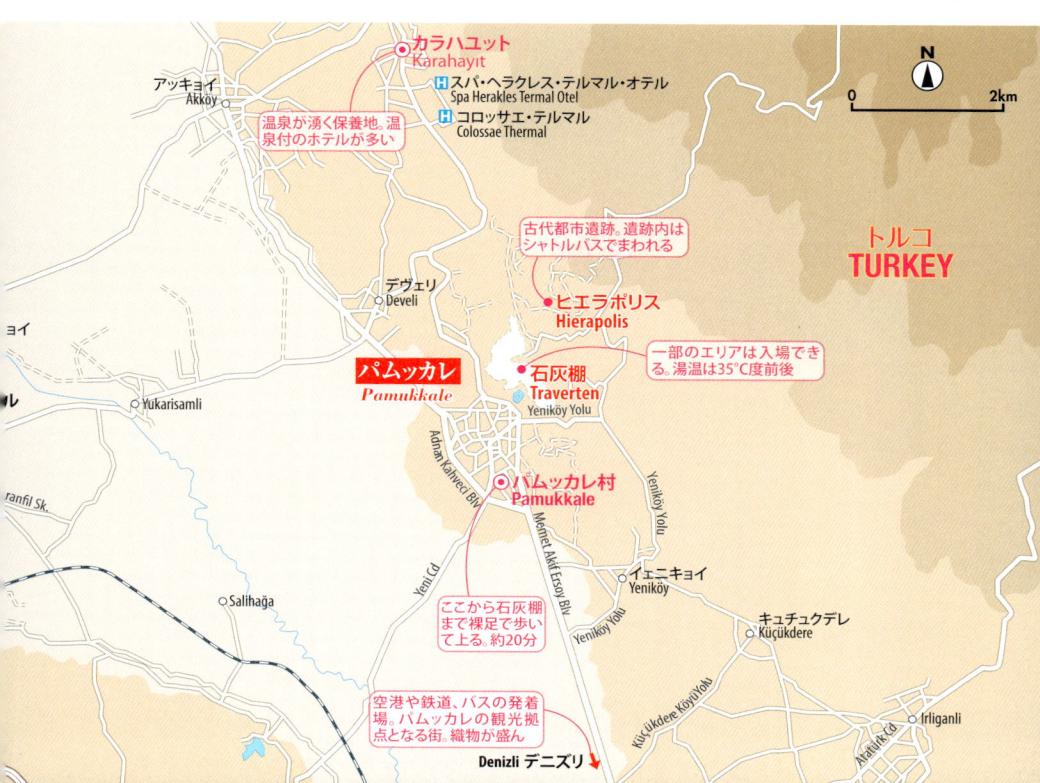

地図：
- カラハユット Karahayıt
- スパ・ヘラクレス・テルマル・オテル Spa Herakles Termal Otel
- コロッサエ・テルマル Colossae Thermal
- 温泉が湧く保養地。温泉付のホテルが多い
- アッキョイ Akköy
- デヴェリ Develi
- 古代都市遺跡。遺跡内はシャトルバスでまわれる
- ヒエラポリス Hierapolis
- 一部のエリアは入場できる。湯温は35℃前後
- パムッカレ Pamukkale
- 石灰棚 Traverten / Yeniköy Yolu
- ユカリサムリ Yukarisamli
- トルコ TURKEY
- パムッカレ村 Pamukkale
- ここから石灰棚まで裸足で歩いて上る。約20分
- イエニキョイ Yeniköy
- キュチュクデレ Küçükdere
- サリハア Salihağa
- 空港や鉄道、バスの発着場。パムッカレの観光拠点となる街。織物が盛ん
- デニズリ Denizli

29 | 唯一無二の威厳が漂う
地球を見下ろす世界の頂
EVEREST
エベレスト

ネパール

標高8848mの聖なる山エベレスト。はるか昔に海底だった場所が、2つの大陸の衝突によって、世界一の高みへと押し上げられた

2つの大陸が合体して誕生
威風堂々そびえる大地の母

　ヒマラヤ山脈は、ネパールと中国の国境、東西2400kmに連なる。7000〜8000m級の山々が100以上も横たわる世界の屋根だ。はるか5000万年前に、インド亜大陸とユーラシア大陸がぶつかり合って、世界最高所の山脈が誕生した。ヒマラヤの最高峰、エベレストは標高8848m。チベット語でチョモランマ「大地の母」と呼ばれる神聖な山だ。

　純白の峰が天へとそびえる姿は威厳にあふれ、世界一のオーラが漂う。1953年5月のエドモンド・ヒラリー卿一隊らの初登頂以来、多くの登山家が憧れ、挑戦を続ける山。山頂には立てなくとも、近くで雄姿を拝んでみたいもの。トレッキングもいいが、もっと気軽に遊覧飛行という方法もある。上空から世界の頂を間近に眺める興奮を味わってみたい。

旅の予算 ● 20万円〜
（大人1人あたりの総予算）
カトマンドゥまでの航空券は約10万円〜。宿は5000〜1万円程度で十分に快適なホテルに宿泊できる。エベレスト遊覧飛行は2万3000円。

旅行日程 ● 3泊5日〜
カトマンドゥだけなら5日間でも十分に楽しめるが、エベレストが望めるポカラまで足を延ばすならできればプラス2日。トレッキング目的の旅なら10日間以上は必要だ。

驚嘆度	1	2	3	4	5
難易度	1	2			
危険度	1	2			

絶景の達人 感動実体験

ヒマラヤ連峰が連なる白銀の世界
マウンテンフライトに参加。眼下に望むカトマンドゥの街並みや畑を眺めていると、やがて雲が抜け、機内はどっと歓声に包まれました。一面に広がる白銀の峰！ ただ、エベレストが見られる時間は長くないので、フライト前に配られるパンフレットで山の位置関係をしっかり覚えておくと、最高峰の姿を目に焼きつけられます。

高度5000m級のラグジュアリーな絶景
より間近でエベレストが見たかったので、別の機会にプライベートヘリの遊覧飛行を体験。一気に高度5000mまで上がるので高所順応が大変でしたが、エベレストの絶好の展望台であるカラパタールの上空から見ると、眼前に現れるアイスフォールや氷壁は、まさに絶景と呼ぶのにふさわしい景色でした。
●西遊旅行 澤田 真理子

アクセス　　ACCESS

アジアの主要都市で乗り継いで
カトマンドゥまでトータル14時間以上

日本からの直行便はないので、バンコク、香港、クアラルンプール、シンガポールなどアジアの主要都市を経由してネパールに入る。日本を午前中に出発すれば、同日中に到着できる便もあるが、便によっては乗り継ぎ時間が長くなり、経由地で1泊したり、機中泊のケースもある。

アジア主要都市　　約5〜7時間　　日本
香港からダッカ経由で
約6時間40分

中国
ポカラ
エベレスト
カトマンドゥ
ネパール
インド

旅のシーズン　　BEST SEASON

乾季の天気の安定した時期を狙って
エベレストの雄姿を撮影

1	2	3	4	5	6	7	8	9	10	11	12
乾季					雨季				乾季		

眺望に恵まれない雨季は避けたい。遊覧飛行は10〜4月がおすすめだが、12〜1月は霧が出やすい。10〜4月にトレッキング客が多く、とくに10〜11月は天気が安定している日が多い。

旅のアドバイス　　TRAVEL ADVICE

スケジュールにはとにかく余裕をもって
トレッキング初心者はポカラがおすすめ

遊覧飛行は運休になることを覚悟
天候によりフライトのキャンセルがたびたびある地域なので、予備日を設けるなどスケジュールには余裕をもちたい。遊覧飛行のマウンテンフライトは、とくに運休となることが多い。

ガイド付ツアーで体力に合ったトレッキング
トレッキングは標高が低めのポカラを拠点とするのが初心者にはおすすめ。それでもガイド付で行くのが一般的だ。

ツアー情報
カトマンドゥ＋ポカラ5日間の短いものから、広範囲にネパール各地を巡る10日以上のものまで、パッケージツアーは各種揃うが、遊覧飛行や市内観光などの現地ツアーも充実している。カトマンドゥ滞在のフリープランを選択して現地ツアーを組み合わせるという方法もおすすめだ。

TRAVEL PLAN

モデルプラン　MODEL PLAN

カトマンドゥから遊覧飛行に出たり
ナガルコットの丘から眺めたり

DAY 1 日本からアジア各都市を経由してカトマンドゥへ
午後、日本を出発し、香港、ダッカ経由で同日中にカトマンドゥに到着。ホテルにチェックイン。

DAY 2 エベレスト遊覧飛行で雪山の絶景とご対面
早朝、ホテルを出てトリブヴァン空港へ。ホテル〜空港間の送迎は遊覧飛行を申し込むときに予約しておこう。飛行機はカトマンドゥを離陸すると約20分で世界最高峰のエベレスト付近に近づき、大きくUターンをしてカトマンドゥに戻る。約1時間のフライトだ。白く輝くヒマラヤの山々が眼前に迫る、大迫力の絶景が堪能できる。順番にコックピットに入れてくれるというサービスもあり、操縦席からのダイナミックな眺めに誰もが感嘆の声を上げる。カトマンドゥ泊。

高度6000mを飛ぶマウンテンフライト。天候が悪いとフライトがキャンセルになるので、予備日を設けておきたい。

DAY 3 カトマンドゥ周辺の見どころを巡る
迷路のような路地を覗いたり、雑貨店を巡ったり、歩くだけでも楽しい街だが、ダルバール広場など見どころも盛りだくさん。世界遺産のスワヤンブナートやパシュパティナート、バクタプルにもぜひ足を延ばしたい。効率よく市内観光をするなら、現地ツアーを手配する手法もある。カトマンドゥ泊。

DAY 4 ヒマラヤのビューポイント、ナガルコットに移動
ヒマラヤの山々の絶景が見渡せるナガルコットの丘は、カトマンドゥから北東へ35kmほどのところにある。日帰りツアーもあるが、1泊して日の出の絶景を拝みたい。ナガルコット泊。

DAY 5-6 カトマンドゥに戻り、空港から帰路につく
カトマンドゥ深夜発の便で帰路につく。香港経由便は深夜発なので日中いっぱい観光できるのが利点。機中泊。日本着は6日目の午後。香港経由は羽田発着の便もあるので便利なほうを選びたい。

プラス＋2日のオプションプラン

DAY 1-2 アンナプルナ連峰を間近に見上げる街
ポカラ Pokhara
カトマンドゥから西に約200km、飛行機で30〜40分

フェア湖とアンナプルナ連峰の景色の美しさで知られる街。アンナプルナ山域を歩くトレッキングの拠点でもあり、1〜2日間のミニトレッキングコースもある。サランコット、フォクシンなどの絶景ポイントにも訪れたい。

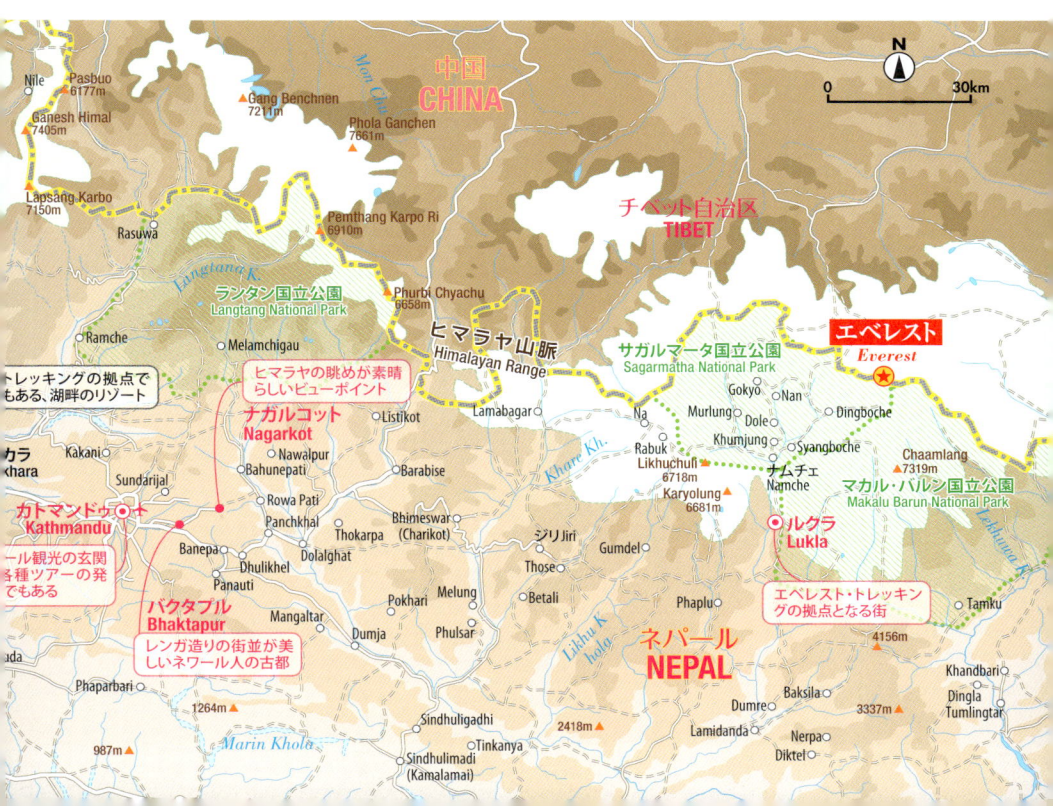

30

数多くの伝説のもとになった無数に連なる円錐形の山々

CHOCOLATE HILLS

チョコレート・ヒルズ

フィリピン

展望台から見晴らすと、ジャングルの中に、はるか彼方まで同じようなお碗形の山が連なっている。2013年10月に起きた地震により、一部崩落した山もある

巨人の喧嘩? それとも悲恋の涙?
ロマンティックな伝説を生んだ地

　7000を超える島々からなるフィリピンで、10番目の大きさを持つボホール島。その中央部には、どれも高さ30〜50mほどできれいな円錐形に揃った山が1000以上も連なる。山の表面はチガヤやワセオバナなどの丈の低い草に覆われており、乾季には枯れた草で茶色に染まることから、チョコレート・ヒルズと呼ばれている。

　太古は海で、サンゴ礁が化石化したものが隆起したのち雨水などで浸食され、これら石灰岩の山が残ったという説が有力だ。特異な風景は古来より人々の想像力をかき立て、巨人が石を投げ争ったあと仲直りをしたが片づけを忘れた、恋した娘に先立たれた青年の涙が山になった、巨大な水牛の糞が乾燥したなど、さまざまな伝説が残っている。

旅の予算 ● 20万円〜
（大人1人あたりの総予算）

セブからの日帰りツアーでも行けるが、ボホール島単独のツアーも10万円ほどである。このほかに観光ツアーやドルフィン・ウォッチング、食費などを含めても5万円ほどで済む。

旅行日程 ● 3泊4日〜

ボホール島観光はチョコレート・ヒルズ以外のスポットも併せて、1日あれば十分にまわることができる。現地の滞在に3日確保すれば、ゆっくりとリゾート体験も楽しめるだろう。

驚嘆度		1	2	3	
難易度		1			
危険度		1			

絶景の達人 感動実体験

素晴らしい光景に絶句。海外旅行初心者も安心
初めてボホール島を訪れたのは11月の雨季の終わり頃でした。天候が不安定な時期ですが幸い雨にも降られず、展望台から見た三角形の山の連なりは、ほんとうに「素晴らしい!」のひと言。展望台まできつい階段を上った疲れも吹き飛びました。リゾート地のセブからもすぐにアクセスでき、交通の便や治安も問題なしです。比較的気軽に体験できる絶景だと思います。

茶色く染まる山々は印象深いけれど時期限定
「チョコレート」とはいうものの、山々がチョコレート色に染まるのは、じつは一年のうちで乾季の一時期だけ。それでも名前になっているのは、それだけ茶色の山が並ぶ光景にインパクトがあるということではないでしょうか。
●フィリピン観光省 山本 ジェニファー

アクセス　　　ACCESS
マニラで乗り換え国内線でボホール島へ
セブから高速艇で移動することもできる

日本から直行便でマニラへ行き、国内線でボホール島のタグビララン空港へ向かう。マニラからは所要約1時間20分。もしくは、マニラを経由せずに直行便でセブへ行き、高速艇に乗り換えてアクセスする。セブ港からタグビララン港へは2時間ほどだ。

旅のシーズン　　　BEST SEASON
一年中、山が連なる景観は楽しめるが
茶色い姿が見られるのは乾季後半の4〜5月

1	2	3	4	5	6	7	8	9	10	11	12
乾季					雨季						乾季

この地域は6〜11月が雨季にあたるが、スコール以外の降雨は少なく、日本の梅雨のように一日降り続けることはあまりない。名前のように茶色くなるのは乾季で、草が枯れる4〜5月頃。

旅のアドバイス　　　TRAVEL ADVICE
赤道直下の強い日差しにご用心
船での移動には身分証明書が必要

日焼け止めや日よけの帽子などは必須。雨具は不要
赤道直下なので、日焼け止めや帽子での熱射病対策はしておこう。雨が少なくツアーでは船と車の移動なので、雨具は不要。教会は露出が多い服装では入れないこともあるので注意。

パスポートのコピーを忘れずに持参
ボホール島へ船で入る際は、身分証明書などが必要となる。パスポートなどを事前に用意しておこう。

ツアー情報

ツアーでボホール島を訪れているなら、オプションで島内観光を付ければいい。タクシーを貸し切って周遊してもらうことも可能だ。セスナでチョコレート・ヒルズやセブ島のサンゴ礁を観覧するツアーもある。セブ発の日帰りボホール島観光ツアーも、多くの会社が催行している。

TRAVEL PLAN

モデルプラン　　MODEL PLAN

数多くの伝説が残り
不思議な光景が待ち受ける島へ訪問

DAY 1 日本からマニラで乗り継ぎタグビララン空港へ
朝、日本を出発して、昼頃マニラで乗り換え。夕刻にはボホール島へ到着する。ホテルにチェックイン。

DAY 2 ボホール島の観光スポットをひと巡り  
ボホール島観光ツアーに参加。ガイドの説明を受けながら、フィリピン最古のバクラヨン教会など、島内の名所を巡る。ランチは熱帯雨林が両岸を埋め尽くすロボック川をクルーズしながら、船上でいただく。クルーズの途中では、バンブーハウスで現地の子供たちによる踊りを観覧。チョコレート・ヒルズと並ぶボホール島観光の目玉が、世界最小のメガネザルであるターシャ。体長10～12cmほど、体重120gほどの小さな体で大きな目を見開く姿がかわいらしい。最後に待望のチョコレート・ヒルズへ。小高い展望台から不思議な光景を眺め、多くの伝説に思いを馳せる。十分に満喫したあとも、ホタル観賞ツアーなどに参加してボホール島の豊かな自然を満喫しよう。

ターシャはとても繊細な神経の持ち主。けっして驚かせないように。目が合ってターシャが涙を流すとターシャはショックで死んでしまうので直視してはいけないとの言い伝えもある

DAY 3-4 美しい海を満喫するリゾートステイを
3、4日目はフリー。ドルフィン・ウォッチングやアイランド・クルーズに参加したり、シュノーケリングで美しいサンゴ礁を眺めたり、南国リゾートを思う存分に満喫しよう。ビーチで一日気ままに過ごすのもよい。

DAY 5 リゾートを満喫したら、ボホール島を発ち帰国
朝はのんびりと過ごす。昼頃タグビララン空港へ。マニラで乗り換え、夜に日本へ到着する。

プラス ＋2日 のオプションプラン

DAY 1-2 フィリピン有数の一大リゾート地
セブ Cebu
ボホール島から高速艇で約2時間
隣接するマクタン島を中心に、たくさんのホテルが建つリゾート地。周辺の海はダイビングポイントが多く、世界中のダイバーが憧れる土地だ。美しい夕日も見もの。

フィリピン PHILIPPINES

セブ島 CEBU
ボホール島 BOHOL

チョコレート・ヒルズ Chocolate Hills
昼のクルーズ、夜のホタル観賞ツアーと24時間楽しめる川
ロボック川 Loboc River
ターシャ保護区 Philippine Tarsier Sanctuary
タグビララン空港 Tagbilaran Airport
タグビララン港 Tagbilaran Port
Tagbilaran タグビララン
バクラヨン教会 Baclayon Church
教会は2013年の地震で一部倒壊したが、修復されている
ターシャが見られる場所はほかにもいくつかある

ボホール海 Bohol Sea

0　20km

31

3000万年の歴史を刻む古代湖が
厳冬期に見せるクリスタルの輝き

LAKE BAIKAL

バイカル湖

ロシア

不純物のほとんど見られない氷は、光に反射して青く透明に輝く。透明度の高い水質の湖だからこそ見ることのできる神秘の光景だ

世界一づくしの神秘の湖
氷の季節は宝石の美しさ

中央シベリア南部にある湖は、三日月形をした淡水湖だ。面積は琵琶湖の約47倍。最大水深は1637mで、深さと水量、透明度で世界一を誇る。また歴史の古さでも世界一で、約3000万年前の地殻変動によって海から独立し、長い年月をかけて淡水化したという。その特異な環境が、バイカルアザラシなどの約1000種の固有種を誕生させた。

雄大な山脈と針葉樹に囲まれ青く澄む湖は、さながら「シベリアの真珠」。氷点下20℃を下回る冬には、氷上を車が通れるほど厚い氷に覆われる。透明な氷の上を歩けば、まるで宙に浮くかのよう。3~4月に氷はひび割れ始め、かけらとなって立ち上がる。太陽に反射した純度抜群の氷は、クリスタルの輝きを放つ。湖が最も幻想的になる瞬間だ。

旅の予算 ● 30万円~
（大人1人あたりの総予算）

航空券は10万円前後からある。ホテルは1泊1万5000~2万円程度。バイカル環状鉄道のツアーが4万~5万円、犬ぞり体験が半日2万円など、現地ツアーによって料金がかさむ。

旅行日程 ● 3泊5日~

イルクーツクとバイカル湖観光だけなら5日間が一般的。ハバロフスクやウラジオストック滞在を加え、シベリア鉄道の旅を組み合わせると9~11日の旅になる。

驚嘆度	1	2	3	4	5
難易度	1	2	3	4	
危険度	1	2			

絶景の達人 感動実体験

冬のロシアに訪れるには覚悟が必要

2010年からバイカル湖を撮り続けていますが、氷点下が続く2~3月の時期は、冷たい風が強風となり、撮影にはとても苦労しています。冬は観光地としてきちんと整備されていないので、精神面、体力面ともにしっかりとした準備と覚悟が必要です。

パワフルで宇宙のように果てしない

バイカル湖の近くで生まれ育った僕でも、湖はいつ見ても新しく、ほかの場所では経験できない魅力を感じています。地元で「聖なる海」と呼ばれているだけあって、美しく穏やかなだけではなく、ときに神秘的であり、果てしなく続く宇宙のようなパワーを感じるんですよ。本当に何度見ても飽きませんね。

● カメラマン アレクセイ・トロフィモフ

アクセス　　　　　ACCESS

ソウル経由でイルクーツクへ6~7時間のフライト
乗り継ぎを含めると8~12時間

イルクーツクへの直行便はなく、ソウルで乗り継ぐのが一般的。日本を午後便で発ち、イルクーツクに同日深夜に到着する。北京で乗り継ぐ便もある。ハバロフスク、ウラジオストック経由で国内線を利用するか、陸路シベリア鉄道で行く方法もある。

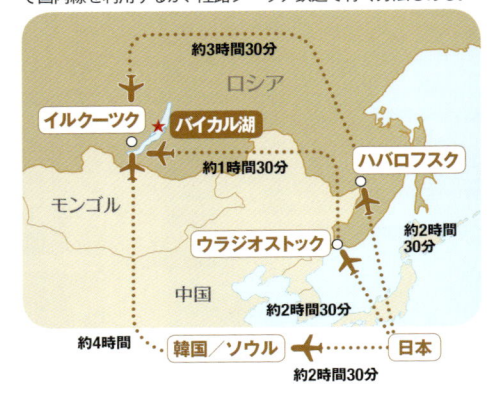

（地図：ロシア／モンゴル／中国／韓国／ソウル／日本／イルクーツク★バイカル湖／ハバロフスク／ウラジオストック　約3時間30分、約1時間30分、約2時間30分、約2時間30分、約4時間、約2時間30分）

旅のシーズン　　　BEST SEASON

一年のうち約5カ月は氷に覆われている
神秘的なエメラルド色の氷の彫刻は冬の後半

1	2	3	4	5	6	7	8	9	10	11	12
冬			春			夏			秋		冬

湖が厚い氷に埋め尽くされるのは1~3月。割れた氷の美しい彫刻を見られるのは3~4月頃から。世界唯一の淡水アザラシ、バイカルアザラシに会いに行くなら解氷後の6~8月がいい。

旅のアドバイス　　TRAVEL ADVICE

厳寒期の健康管理には細心の注意を
バイカル湖の名物料理を味わってみる

冬のバイカル湖の寒さはかなりのもの
1~3月には気温は−5℃から−20℃以下まで下がる。冬に訪れる場合はかなりの防寒対策が必要だ。

バイカル湖だけにいる珍しい魚を堪能
バイカル湖にのみ生息するサケ科の淡水魚・オームリの塩焼きを、湖畔の露店や付近のレストランなどで味わえる。淡白なくせのない味だ。燻製や塩漬けのマリネなどでも食べられている。

ツアー情報

8月を中心とした夏には日本からのパッケージツアーが催行されているが、冬は航空券、ホテルなどを別々に手配することになる。イルクーツクやリストビャンカの市内観光、バイカル湖を走る犬ぞりツアー、バイカル湖に浮かぶオリホン島ツアーなど、各種現地ツアーは日本からも予約できる。

TRAVEL PLAN

モデルプラン　MODEL PLAN

湖畔のホテルに滞在して
バイカル湖の絶景を堪能する5日間

DAY 1　午後発の便でソウル経由イルクーツクへ
日本から午後の便でソウルへ。ソウルで乗り継ぎイルクーツクへは深夜に到着。市内のホテルにチェックイン。

DAY 2　車でバイカル湖畔の街、リストビャンカへ
イルクーツクから約70kmのバイカル湖畔の街、リストビャンカへ向かう。バスもあるが車をチャーターすることもできる。約1時間30分で到着したら、周辺の見どころを見学しよう。木造建築博物館タリツィでは、ロシアの伝統的な木造建築物や先住民ブリヤートの生活がわかる展示が見られる。バイカル湖博物館、シャーマンの岩などにも立ち寄りたい。午後は犬ぞり体験ツアーに参加し、氷のバイカル湖をシベリアンハスキーの犬ぞりに乗って駆け巡る。極寒のロシアならではの貴重な体験だ。

古くから極寒の地で活躍したシベリアの大型犬、シベリアンハスキーが、犬ぞりを引いて氷結のバイカル湖を駆け抜ける

DAY 3　バイカル環状鉄道からの絶景に感動
バイカル湖の南端を走る「バイカル環状鉄道」は、かつてシベリア鉄道の本線だったところだが、今では観光鉄道として営業している。「環状」と呼ばれているものの、実際にはクルトゥク駅〜バイカル駅間を結ぶ1本の路線だ。アンガラ川沿いにダムが建設されるとき、水没を免れて本線ルートから外れることになったものだ。この区間は多くのトンネルと橋梁で構成されており、車窓から眺める景色は絶景の連続。リストビャンカ滞在中に、バイカル湖の魚、オームリ料理を味わい、この日のうちにイルクーツクへ移動しよう。

DAY 4　最終日はイルクーツク市内を観光
噴水が美しいキーロフ広場、その広場に建つ美しいスパスカヤ教会、イコンが有名なズナンメンスキー修道院、東シベリア原住民の生活用品を展示する郷土史博物館など、イルクーツクの見どころを観光。かつて帝政に反対し「デカブリストの乱」で流刑になった貴族が暮らした館も残っている。デカブリストが住んだことが、この街の洗練された景観を生んだともいわれる。「シベリアのパリ」と呼ばれるイルクーツクの美しい街並を散策しよう。この日の深夜、空港へ。

DAY 5　イルクーツク発は深夜便。ソウル経由で日本へ
ソウルで乗り継ぎ、日本着は早い便なら午前中。ソウルからは便数が多いが、便によっては夕方になる。

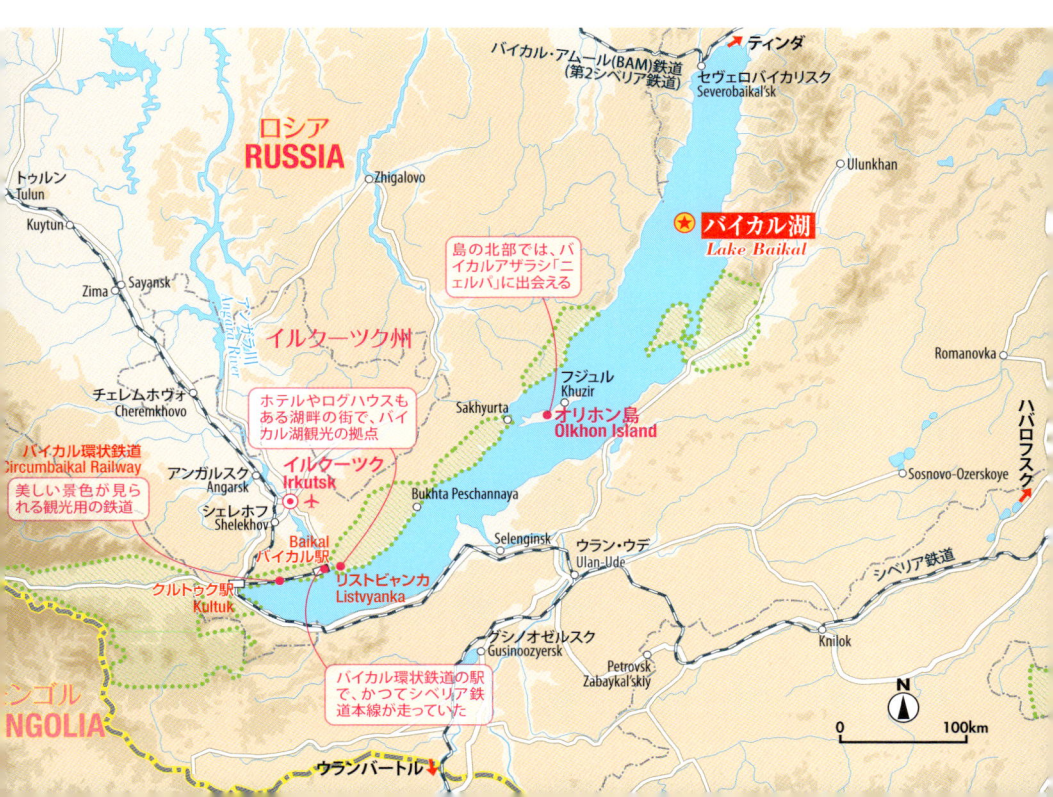

32 うねるように丘が連なる緑の海原
チェコの穏やかな抒情風景

GREEN FIELDS OF MORAVIA

チェコ

モラヴィアの大草原

チェコ西部モラヴィア地方で見られる大草原。丸みを帯びた起伏が波打つように連なる。周囲の果樹やブドウ畑などとともに牧歌的な風景を見せる

どこまでも続く緑の大草原
チェコの牧歌的風景に包まれる

　チェコの国土は、西部のボヘミアと東部のモラヴィアの2つの地方に大きく分けられる。首都プラハを擁し発展の進むボヘミア地方に対し、モラヴィア地方は緑豊かな田園風景が魅力だ。なかでもモラヴィア南部には、偶然が生んだ美景が広がっている。森林やブドウ畑に囲まれた丘陵地に、草原や農地が緑の絨毯のように広がり、起伏に富んだ大地は海のように波打っている。緑地は日差しに反射して、刻々とその陰影を変え、夕刻には黄金色に輝きだす。

　広く知られるようになったのは、ポーランド人カメラマンによって風景写真が発表されてからだ。プラハの街並とはまた違う、チェコの美しい顔に出会える場所だ。観光地化はされていない。レンタカーで思い思いに広大な景色を楽しみたい。

旅の予算 ● 30万円〜
(大人1人あたりの総予算)

航空券は往復で約8万円〜。チェコでの宿泊料金は中級クラスで1泊1万円以下、高級ホテルだと2万円〜。食事代は日本より2割ほど安いくらいの料金で済む。

旅行日程 ● 5泊7日〜

モラヴィア地方は広いため、最低でも丸1日は費やしたい。この地区にはチェコにある世界遺産の半分が集まっているので、ゆっくり見てまわるなら数日プラスしてもいい。

驚嘆度	1	2	3	4
難易度	1			
危険度	1			

絶景の達人 感動実体験

絶景と呼ぶにふさわしい雨上がりの草原
自分の存在を見失ってしまうかのような緑の大海原。私が驚いたのは、この美しい大草原の景観は自然のものではなく、この地の人々によってはぐくまれてきたものということです。雨上がりのタイミングで朝日や夕日を浴びた草原は美しさを極め、絶景にふさわしい姿となります。

レンタカーにはフルカバー保険をつけましょう
観光はキヨフを拠点にしましょう。美しい大草原や街並とは対照的に交通量は多く、草原をゆっくり観光するためには幹線道路から外れた道の悪い農道の奥まで移動しなければなりません。キヨフは田舎町ですから、日が落ちるころにはレストランも閉まっています。夕焼けを見るなら17時前にはスーパーで携帯食を買っておきましょう。

● カメラマン 高江遊

アクセス　　　　　　ACCESS

日本からはプラハ経由で。
モラヴィアの中心都市ブルノへは列車でアクセス

日本からプラハまでの直行便はなく、アムステルダムやウィーンなどを経由し、所要約14時間。プラハからブルノまでは列車で約2時間40分。ブルノからキヨフ周辺の大草原へは車での移動が便利。ブルノへはウィーンからも列車で約2時間。

旅のシーズン　　　　BEST SEASON

季節ごとに彩りを変える大草原
緑の波が鮮やかさを増す夏がおすすめ

1	2	3	4	5	6	7	8	9	10	11	12
冬		春			夏			秋			冬

四季がはっきりしており、緑が鮮やかな5〜6月頃が最も美しいシーズン。春から初夏にかけては、過ごしやすくておすすめだ。4月には雪が降ることもあり、春らしい気候は5月中旬から。

旅のアドバイス　　　TRAVEL ADVICE

観光地化されていないので交通は不便
レンタカーでのドライブがおすすめ

広大な丘陵地帯を車で巡ろう
「モラヴィアの大草原」という特定の場所があるわけではないので、タクシーや路線バスで目的地を定めるのは難しい。観光バスも出ていないので、レンタカーで丘陵地を巡るのが便利。

音楽鑑賞も併せて楽しむ場合は時期に注意
草原の見ごろの時期である7〜8月は、ヨーロッパ各地のオペラやコンサートがオフシーズン。日程を決める際は注意しよう。

ツアー情報
モラヴィアの大草原がプランに含まれたツアーは少ない。プラハ、ウィーンなどへのツアーを利用して、1日フリータイムで訪れるとよいだろう。鉄道を利用してプラハから2時間40分、ウィーンから2時間でブルノまでアクセスできるので、日帰りも可能だ。

TRAVEL PLAN

モデルプラン / MODEL PLAN

**静かにたたずむ中世の建築物、
美しく波打つ緑の絨毯が、絵画の世界へと誘う**

DAY 1 まずはチェコの首都、プラハへ
日本を朝出発すると、ウィーン経由で、同日の夕方にはプラハに到着する。プラハのホテルでゆっくり休息を。

DAY 2-3 美しい中世の街並をのんびり散策 
プラハは観光エリアが密集している街なので、徒歩で動けるのがいいところ。トラムなどの交通網も発達しており、1日乗車券で効率よく観光地をまわることもできる。プラハのシンボルであるプラハ城のライトアップされた姿は必見。

DAY 4-5 広大な草原地帯を自由にドライブ
プラハを朝に発ち、ブルノまで約2時間40分の鉄道の旅。大草原はモラヴィア地方のところどころで見られるため、電車やバスよりもレンタカーがおすすめ。ブルノから東へ、車で約1時間のところにあるキヨフを中心に探してみたい。キヨフで1泊して、ゆっくりと訪れるのもおすすめだ。また、モラヴィア地方には世界遺産登録地が数カ所ある。そのうちのクロメルジーシュは、ブルノから車で1時間ほど。迷路や噴水付の洞窟がある庭園と城で知られている街だ。草原探訪を終え、ブルノに戻る。

DAY 6 芸術の街、ウィーンの観光も楽しみたい
ブルノからウィーンは鉄道で約2時間。朝に出発すれば昼前には到着する。博物館、美術館や宮殿など見どころは多いので、事前に行きたいところをチェックしたい。

DAY 7-8 ウィーンから直行便で帰国 
ウィーン中心地から空港までは、バスや電車ですぐに行くことができる。ウィーンを昼頃の便で発てば、翌日の午前中には日本に到着する。

プラス+2日 のオプションプラン

DAY 1 優雅なバロック建築が集まる歴史地区
レドニツェ・ヴァルチツェ地区
Lednice-Valtice

ブジェツラフからレドニツェ城、ヴァルチツェ城へそれぞれバスで約20分

17〜19世紀に造られたバロック様式の宮殿や城、庭園などが点在しており、世界遺産に登録されている。

DAY 2 ファンタジックな中世の街並を散策
チェスキー・クルムロフ
Ceský Krumlov

プラハからバスで約3時間、鉄道で約3時間25分

南ボヘミア州の小さな街。中世の面影漂うルネサンス建築の街並は、「世界で最も美しい街」と称賛される。小さな街なので徒歩でまわれる。プラハ発の1日ツアーがある。

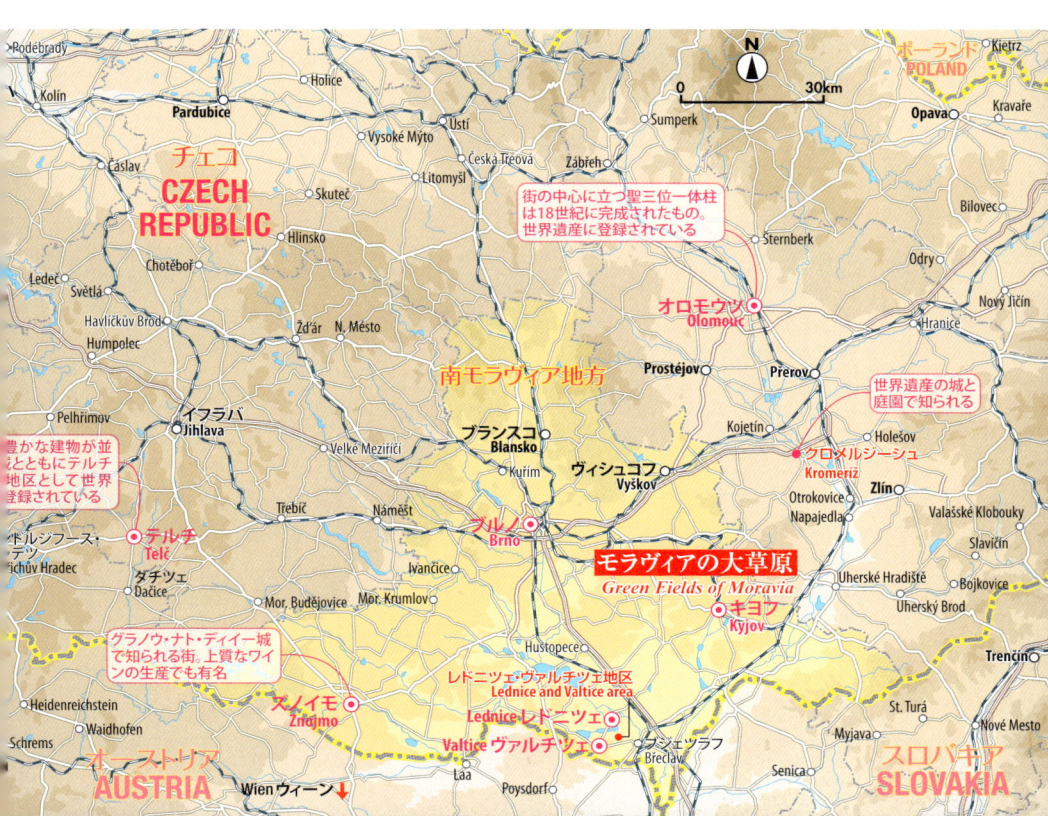

33 氷河が刻んだ壮大なフィヨルドを 600mの断崖から眺めるスリル

LYSEFJORD

リーセフィヨルド

ノルウェー

プレーケストーレンは、ノルウェー語で「(教会の)説教壇」の意味。海に突き出た岩には安全柵もなく、恐怖と感動が一気に押し寄せる

フィヨルドの豪快な美しさを眼下に見晴らす自然の展望台

　ノルウェーの西海岸には、世界最大のフィヨルド地帯が続いている。氷河期の間、厚い氷に覆われた一帯の山々には、氷河に削られてU字型の深い谷ができていた。約1万年前に氷河期が終わると谷間に海水が浸入し、深い入り江の連なるフィヨルドを形成した。真っ青な入り江の両岸に、断崖絶壁が屹立する眺望はじつにダイナミックだ。
　ガイランゲル、ソグネ、ハダンゲル、リーセ、ノールの有名な5大フィヨルドのうち、南岸にあるリーセフィヨルドは、垂直の巨大一枚岩プレーケストーレンで知られている。高さ600mの岩の上から見下ろすスリルと壮大なフィヨルドのパノラマが感動的だ。岩の上へ行くには、片道2〜3時間ほど山道を登る。汗を流した者のみ味わえる絶景が待っている。

旅の予算 ● 35万円〜
（大人1人あたりの総予算）

スタヴァンゲルまでの航空券が約8万円〜。ノルウェーの物価が高いことは有名。日本よりも高く感じられるほどなので、移動費や滞在費は多めに見積もっておこう。

旅行日程 ● 4泊6日〜

リーセフィヨルド観光には、乗物での移動やハイキングの時間を含め丸1日必要。朝から移動するので前日は早めに休んでおきたい。オスロ観光にも1日費やして見どころを巡ろう。

	1	2	3	4	5
驚嘆度					●
難易度			●		
危険度		●			

絶景の達人 感動実体験

約3.8kmの道のりを2〜3時間かけて歩きます

緑豊かな木々の下を歩いたかと思うと、湿原があったり、ゴロゴロとした大きな岩を越えたり、千畳敷のような場所や急な登り坂などがあったりで、とにかく変化に富んだハイキングコースです。途中、人がすれ違えないくらい足場の狭い崖際の道があります。また、プレーケストーレンのすぐ上にある高台（約5分）まで足を延ばすと、プレーケストーレンとリーセフィヨルドを一緒に写真に収められる、絶景スポットがあります。

感謝と幸せな気持ちでいっぱいになりました

600mもの切り立つ断崖から見る光景は、まさしく絶景！達成感でいっぱいで、小さな悩み事や、疲れが吹っ飛びます。思わず両手を広げて何度も深呼吸しました。

● ユーラシア旅行社 帯津 和美

2		1	
3			
4		5	

[1] 一辺が25mほどの長さの正方形をしたプレーケストーレンの上部は、格好の展望ポイントとなっている
[2] 登山道は一部急な上りもあり、やや健脚向けのコース。十分注意して登りたい
[3] 600mの高さから見晴らすフィヨルドの眺めは何ものにも代えがたい迫力だ
[4] 2〜3時間の登りを遠慮したい人は、クルーズ船で海上から巨大な岩を見上げよう
[5] プレーケストーレンと並ぶリーセフィヨルドの人気スポットがシェラーグ。岩の裂け目に挟まれた丸い岩は、その上に乗ることもできる

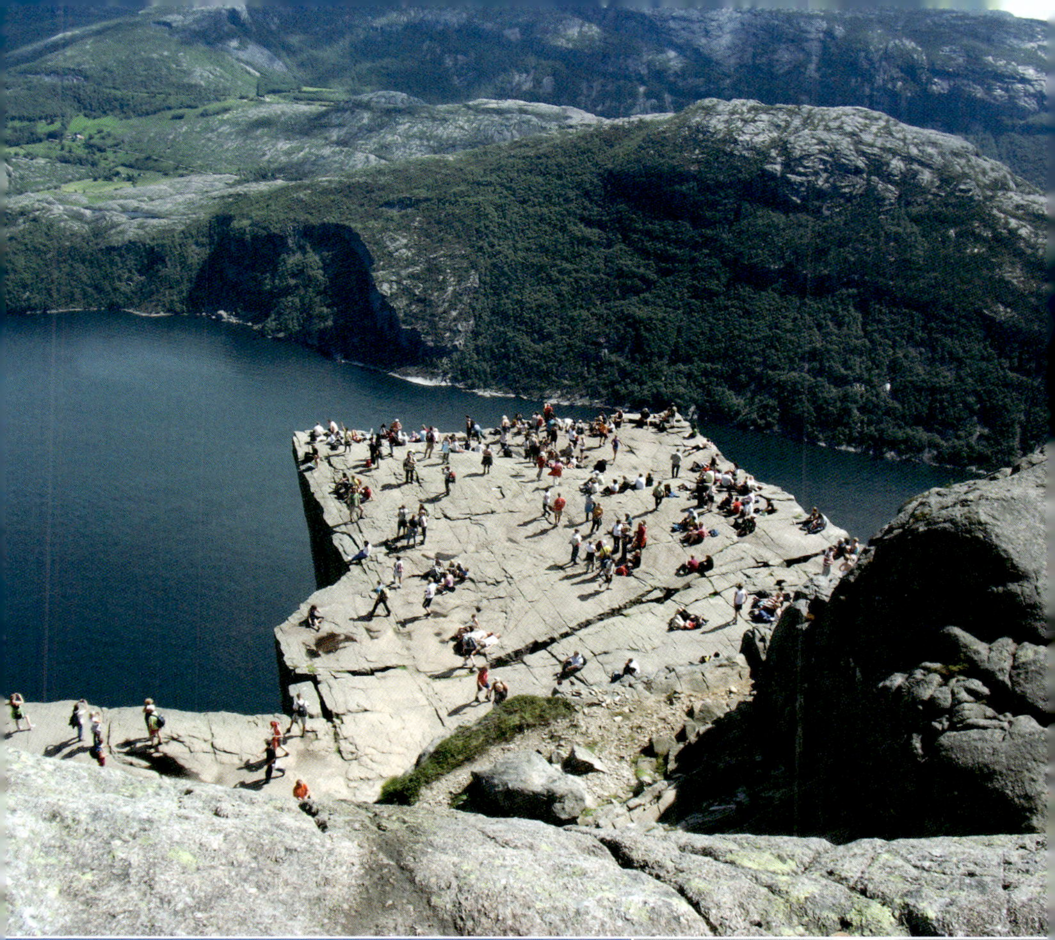

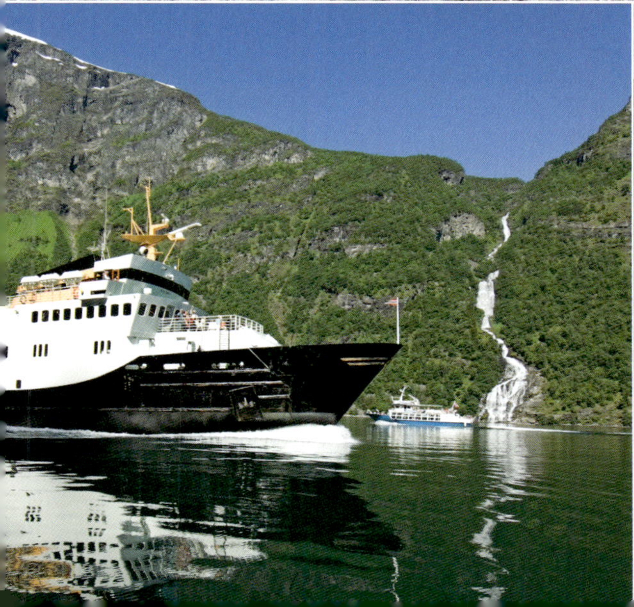

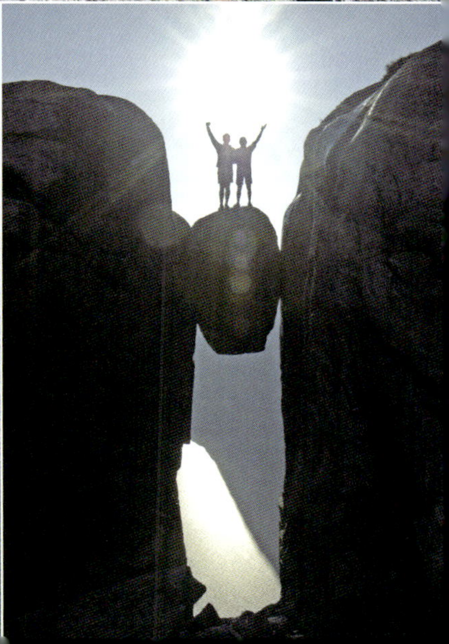

アクセス　　　ACCESS

日本からはヨーロッパの主要空港を経由
基点となるスタヴァンゲルまで16〜18時間

日本からノルウェーへの直行便はなく、ヨーロッパの主要空港を経由するのが一般的。コペンハーゲン経由でオスロへ向かい、国内線でリーセフィヨルドの基点スタヴァンゲルへ。コペンハーゲン〜スタヴァンゲルの便もある。スタヴァンゲルからプレーケストールヒュッテまではフェリーやバスを乗り継ぎ約1時間。

旅のシーズン　　　BEST SEASON

日本よりも涼しい夏がハイシーズン
冬季は交通機関が運休する

1	2	3	4	5	6	7	8	9	10	11	12
冬		春			夏			秋		冬	

気候に恵まれ、交通手段がスムーズな5月〜9月中旬に行くのがおすすめ。なかでも7〜8月に最も観光客が多い。10月になると交通機関の便数が減り、冬季は運休となる。

旅のアドバイス　　　TRAVEL ADVICE

安全対策は自己責任で、十分な注意が必要
移動手段も考慮して無理な予定は避けよう

悪天候の日はフェリーで水上観光を
プレーケストーレンへのハイキングは6〜9月頃まで可能。雨や強風など悪天候の日には足元が不安定になる。スタヴァンゲル発のクルーズツアーに切り替えることも考えたい。

混雑時やオフシーズンの移動は余裕をもって
9月中旬以降は、拠点の都市・スタヴァンゲルからプレーケストーレンまで行くフェリーやバスの便数が減るので注意したい。

ツアー情報
日本からは、フィヨルドを中心に巡る5〜6日程度のツアーのほか、周辺都市の観光を組み合わせた8〜10日間くらいのツアーも多い。オスロやベルゲン発の現地ツアーも利用できるので、目的地やスケジュールに合わせて選びたい。現地ツアーは日本からも申し込み可能。

モデルプラン　　　MODEL PLAN

5大フィヨルドのひとつ、リーセフィヨルドへ
ハードな山道の先にある、絶景を楽しもう

DAY 1　フィヨルド観光のスタヴァンゲルへ
日本からの直行便はない。コペンハーゲン経由で、乗り継ぎが悪くなければ、日本を昼頃に出ればその日の夜にはスタヴァンゲルに到着する。スタヴァンゲル泊。

DAY 2　プレーケストーレンへは1日かけて
フェリーに乗り約30分でタウへ、さらにバスで30分ほど移動しプレーケストールヒュッテに到着する。そこから最終目的地のプレーケストーレンまでは片道約2〜3時間の登山。道のりは険しい箇所もあるが基本的に整備されており、途中の景色も多様で楽しめる。上りきったところで目の前に開けるフィヨルドの絶景には、感動もひとしおだ。スタヴァンゲル泊。

DAY 3　旧市街散策やフィヨルドクルーズを 
こぢんまりしたスタヴァンゲルの街は、旧市街の散策が楽しい。プレーケストーレンを下から眺められる、リーセフィヨルドのクルーズツアーもおすすめ。観光を満喫したあとはオスロへ移動。国内線で約1時間15分のフライトのあと、空港からオスロ市内へは電車で20分ほど。そのままオスロ泊。

DAY 4　ノルウェーの首都であり、最大の都市オスロを観光
豊かな自然と調和した、美しい景観を誇るオスロ。大聖堂や王宮、市庁舎などの観光地に加え、美術館や博物館などのアートスポットも見どころだ。とくに、ノルウェーを代表する画家、ムンクの鑑賞は外せない。

DAY 5-6　帰りもコペンハーゲンで乗り換える
帰国はオスロ空港から。行きと同様、コペンハーゲン経由で日本へ向かう。利用しやすい北欧経由の便は、午前中にオスロを出発するものが多い。オスロを昼前に出発する便に乗ると、日本に到着するのは翌日の午前中。

プラス ＋3日 のオプションプラン

DAY 1　雄大なフィヨルドを列車と船で見学
ソグネフィヨルド　Sognefjord
ベルゲンからミュールダール経由でフロムへ鉄道で約3時間

全長205kmの入り江が続き、高山が続く世界最大規模のフィヨルド。山岳鉄道やフェリーを利用し、フロムやグドヴァンゲンを巡るコースが人気だ。

DAY 2-3　「フィヨルドの真珠」と称される美景
ガイランゲルフィヨルド　Geirangerfjord
オスロから飛行機で約1時間

世界自然遺産にも登録された優美なフィヨルド。フェリーに乗り、点在する滝など豊富な見どころを周遊。拠点の街オーレスンを基点に日帰り観光ができる。

地図中の地名

- ソグネフィヨルド
- ガイランゲルフィヨルド
- グドヴァンゲン Gudvangen
- フロム Flåm
- 渓谷を駆け抜けるフロム鉄道。車窓からは絶景が
- フロム鉄道 Flåmsdalen
- ミュールダール Myrdal
- ウヴォス Voss
- ウルヴィーク Ulvok
- クヴァンダール Kvanndal
- アイフィヨルド Eidfjord
- ベルゲン Bergen
- ノールハイムスン Norheimusund
- ハダンゲルフィヨルドを代表する美しい村
- ウトネ Utne
- シンサルヴィーク Kinsaruvik
- ロフトフース Lofthus
- ノルウェー第2の都市で、フィヨルド観光の基点。カラフルな倉庫群が建ち並ぶ旧市街は世界遺産
- オセイリ Osøyro
- ハダンゲルフィヨルド Hardangerfjorden
- ハダンゲルヴィッダ国立公園 Hardangervidda Nasjonalpark
- シェゲダール Skjeggedal
- ★ トロルの舌 Trolltunga ⇒P.170
- オッダ Odda
- ローセンダール Rosendal
- 夏季にはトロルの舌へのハイキングツアーが出ている
- ストール島 Stord
- サウダ Sauda
- ハウゲスン Haugesund
- ノルウェー NORWAY
- ウソリエ＝シビルスコエ Tusolye-Sibirskoye
- コペルビク Kopervik
- カーム島 Karmøy
- ボクナフィヨルド Boknafjord
- フェリーの発着所とプレーケストールヒュッテへのバス停はすぐ近く
- プレーケストーレンまで片道2〜3時間の山歩きが続く
- 北海 North Sea
- トウ Tou
- リーセフィヨルド Lysefjord
- シェラーグ Kjerag
- Preikestolhytta プレーケストールヒュッテ
- ★ プレーケストーレン Preikestolen
- ◎ スタヴァンゲル Stavanger
- リーセフィヨルドのクルーズツアー発着地。ツアーではプレーケストーレンを下から眺められる
- サンネス Sandnes
- オルゴール Ålgård

N
20km

34 空に突き出す巨大な舌から 眺望絶佳のフィヨルドを見下ろす

TROLLTUNGA

トロルの舌

ノルウェー
MAP P.169

高低差900mの登山道を10km登り身震いのする絶景ポイントへ

フィヨルド見物スポットのなかでも、スリルと興奮を求める人たちに話題の場所が「トロルの舌」。ノルウェー南部の街オッダの標高約1000mの山の頂上にある。ノルウェーの伝説に登場する妖精トロルになぞらえた、その長い舌の先からフィヨルドの眺めを壮大なスケールで堪能できる。曇りの日には、あたりに雲海がたちこめて幻想的な世界になるという。

個人で行くには難易度が高いのでツアーに参加して安全に登山を楽しもう

勾配の厳しい本格登山で、気候も変わりやすいため、中・上級レベルの登山経験者向けのスポットといえる。オッダ観光協会が夏季に開催するハイキングツアーに参加するのが一般的で、午前10時にシェゲダールを出発して、10〜12時間ほどの行程となる。ツアー参加の場合も、各自で登山靴や防寒具など本格的な登山用具が必要。食料や水もしっかりと準備したい。事前の予約が必要なので、出発前にオッダ観光協会のホームページを確認しておこう。

恐怖感を抑えて岩の尖端へ行けば、遮るもののない大自然の雄大な景色が広がる

アクセス　　　　　　　　ACCESS
**拠点となる街オッダから
登山口にあたるシュゲダールまでは車で移動**

ベルゲンから車で約3時間の場所に位置するオッダ。オッダから登山口であるシェゲダールまで車で移動し、そこからトロルの舌までは約10kmを登山する。きちんと整備されていない登山コースであり、高低差も約900mあるため、8時間は必要となるだろう。

フィヨルドの奥深くに広がるオッダの街並

旅のアドバイス　　　　TRAVEL ADVICE
**所要時間が10時間以上かかる登山コース
登山経験者向けのコースであることを覚悟**

事前準備を万全にして天候の変化に注意
温暖な天候の6月中旬〜9月いっぱいがオンシーズン。夏でも天候が急変することも多く、気温が一気に下がることもある。雨の日は階段や登山道が滑りやすいので、無理は禁物だ。

傾斜40度の階段は、相当の体力と覚悟が必要
登山口からはまず、公共には使われていない貨物線路の横に続く傾斜40度の階段を1時間かけて上る。下りは恐怖感が増す。

TROLLTUNGA

35 気品あふれる美しさを誇る
ヨーロッパ最大の鍾乳洞
POSTOJNA CAVE
ポストイナ鍾乳洞

スロベニア

白亜紀の石灰岩地層に生まれた巨大な鍾乳洞。鍾乳石は1年に0.1mmに満たない成長速度で、とてつもない時間をかけて形成された

多様な造形をみせる鍾乳石を
トロッコ列車に乗って見学する

鍾乳洞とは、石灰岩の浸食により生じるカルスト地形にできる洞窟のことだ。国土の多くをカルスト地形が占めるスロベニアには、約1万あるといわれている。なかでも南西部のクラス地方（ドイツ語カルストの語源）に多く、そのひとつ、ポストイナ鍾乳洞はヨーロッパ最大の規模を誇る。頭上から吊り下がる鍾乳石の巨大シャンデリア。地上からは石筍がタワーのようにそびえ、なめらかな石が宝石の輝きを放つ。「鍾乳洞の女王」と称されるその多彩な造形美は、約200年前に発見されて以来、世界各国の国王や高名な芸術家を含め多くの人々に感動を与えてきた。全長は27kmで、そのうち見学できるのは5kmほど。観光コースのうち、半ばは洞窟の中を疾走するトロッコ列車から観覧する。

旅の予算 ● 25万円～
（大人1人あたりの総予算）

航空券は約10万円～。洞窟城と組み合わせたリュブリャナ発のオプショナルツアーは送迎と入場料込みで約1万円～。物価はヨーロッパ内では安いほうなので、滞在費も安く済む。

旅行日程 ● 3泊5日～

リュブリャナを中心に、ポストイナ鍾乳洞とブレッド湖へそれぞれ日帰りで観光する、最小限の旅程。移動や見学で長い距離を歩くこともあるので、体力を考えて日程を組みたい。

驚嘆度	1	2	3	4
難易度	1			
危険度	1			

絶景の達人 感動実体験

トロッコ列車で冒険の始まり
山口県の秋芳洞とは比ぶべくもなく、世界の鍾乳洞のなかでも格段にスケールが違います。見学の前半をトロッコ列車で移動することからも、その規模がわかります。頭がぶつかりそうなくらいスレスレを走るスリルも。冒険気分でトロッコ列車で10分ほど走ると、広々としたホールのような場所に到着。ここからは徒歩で、言語別に分かれてのツアーガイドがありました。

鍾乳洞のスケールと華麗さに圧倒
広大な洞窟内は別世界が存在するかのようでした。巨大な鍾乳石のウエディングケーキやレースのカーテン、青白い宝石のような石筍がライトアップされ、醸し出す優雅な雰囲気にうっとり。日本語のガイドで鍾乳洞の説明を聞くこともできます。
●フリーライター 遠藤 優子

アクセス　ACCESS

日本からヨーロッパの主要都市を経由し、国内をバス移動して所要13～17時間

日本とスロベニアまでは、周辺のヨーロッパ主要都市などを経由する必要がある。日本からヨーロッパの各都市へはおおよそ10～12時間。各都市からスロベニアのリュブリャナまで1～3時間ほど。リュブリャナからポストイナへは、列車または長距離バスで所要約1時間。ポストイナの街のバスターミナルから鍾乳洞までは徒歩15分と近いのでバスが便利。

フランス／パリ　約13時間　日本
ドイツ　ミュンヘン　ウィーン
約12時間
約50分
オーストリア
イタリア　スロベニア
約1時間50分　リュブリャナ　約1時間
ポストイナ鍾乳洞　クロアチア

旅のシーズン　BEST SEASON

鍾乳洞の内部は涼しくて快適だから
夏の比較的暑い時期がおすすめ

1	2	3	4	5	6	7	8	9	10	11	12
冬		春				夏			秋		冬

鍾乳洞内は年間を通して10℃以下に保たれひんやりとしている。通年観光できるが、6～9月の暖かい（暑い）時期に行けば、天然のクーラーである鍾乳洞内は、涼しくて心地よく感じられる。

旅のアドバイス　TRAVEL ADVICE

映画の世界に入り込んだような空間は
足元に注意しながらじっくりと見学

鍾乳洞に暮らす珍しい生物を探してみる
鍾乳洞内にはホライモリという、目が退化した両生類がいるので探してみよう。皮膚が肌色のため類人魚とも呼ばれる。

鍾乳洞に触ったり、写真を撮影するのは禁止
鍾乳洞の保護のため、手で触れたり、写真撮影をするのは禁止。内部は年間を通して10℃以下なので厚着をして出かけたい。

ツアー情報
日本からのツアーの多くは、クロアチアやイタリアなどの隣国と組み合わせた7日以上のものだが、リュブリャナ滞在での短期のフリープランもある。リュブリャナ発のツアーでは、鍾乳洞近くにある洞窟城とセットのものが多い。洞窟城はアクセスにしにくいので、ツアーでの訪問がおすすめ。

TRAVEL PLAN

モデルプラン　MODEL PLAN

洞窟大国スロベニア鍾乳洞をハシゴしたら湖畔のリゾートでゆっくりと過ごす

DAY 1　日本からスロベニアの首都、リュブリャナへ
日本からまずはヨーロッパ内の経由国へ12時間ほどのフライト。乗り継いでリュブリャナ国際空港に向かう。空港から路線バスで約1時間で、リュブリャナへ。

DAY 2　ヨーロッパ最大級の鍾乳洞を巡る
リュブリャナからポストイナ鍾乳洞まで1時間30分ほどの移動。時期により見学ツアーの出発時間や回数が違うので、HPなどでチェックして希望の回に合わせて出発しよう。白く細い氷柱が天井に連なる「スパゲッティ」や、広大な洞窟「コンサートホール」など、息をのむ光景が待ち受ける。見学途中にある、皮膚が肌色で、目が退化した珍しい両生類、ホライモリの展示も興味深い。

洞窟の研究が進む以前、地底の奥深くに生息するホライモリは、細長いその姿からドラゴンの子供だと考えられていた

次は世界遺産にも登録されているシュコツィアン鍾乳洞へ。ポストイナ駅からディヴァチャ駅へは電車で約35分。駅から洞窟へのシャトルバスは本数が少ないので注意したい。洞窟内のガイドツアーのコースは2種類あり、両方まわるのがおすすめだ。地下渓谷に架かる吊り橋が最大の見どころで、橋から約45m下を流れるレカ川を眺めるのはスリル満点。地下洞窟の圧倒的な規模を実感することができる。帰りもシャトルバスでディヴァチャ駅へ向かい、リュブリャナへ戻ろう。

DAY 3　風光明媚なブレッド湖でレイク・リゾートを堪能
ユリアン・アルプスを望み、バロック建築の教会がたたずむスロベニア有数の観光地ブレッド湖へ。湖畔の遊歩道を散策し、乗合ボートで小島に建つ教会やブレッド城を見学。湖畔の風景を楽しんだら、リュブリャナへ戻り、宿泊。

DAY 4-5　リュブリャナ観光をしてから、帰国の途に
帰国便の時間までは、さまざまな時代の建築物が調和したリュブリャナを観光する。街のシンボルである三本橋や龍の橋をまわりながら散策しよう。おすすめ観光スポットはリュブリャナ城。丘の上にあるのでかわいらしい街並みが一望できる。午後に空港を出発し、翌日に日本へ帰国。

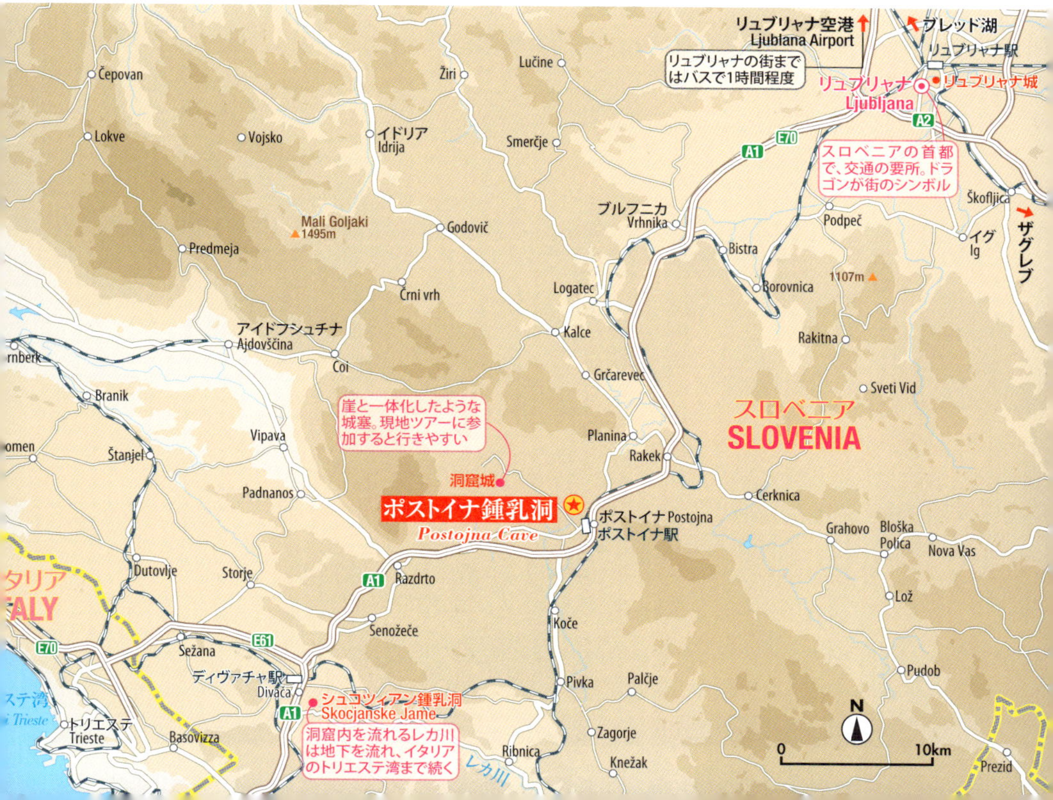

- リュブリャナ空港 / Ljublana Airport
- ブレッド湖
- リュブリャナ駅
- リュブリャナの街まではバスで1時間程度
- リュブリャナ / Ljubljana ● リュブリャナ城
- スロベニアの首都で、交通の要所。ドラゴンが街のシンボル
- ザグレブ
- スロベニア / SLOVENIA
- 崖と一体化したような城塞。現地ツアーに参加すると行きやすい
- 洞窟城
- ポストイナ鍾乳洞 / Postojna Cave
- ポストイナ Postojna / ポストイナ駅
- ディヴァチャ駅
- シュコツィアン鍾乳洞 / Skocjanske Jame
- 洞窟内を流れるレカ川は地下を流れ、イタリアのトリエステ湾まで続く

0　10km

36 山中に閉ざされた密かな大宮殿
荘厳に輝く世界最大の氷穴

EISRIESENWELT

アイスリーゼンヴェルト

オーストリア

洞窟の入口にたどり着くと、ひんやりとした冷気に迎えられる。ライトアップされた氷の壁や柱が青白く輝く世界は幻想的だ

億年の時を経てしずくが生んだ
標高1600mに広がる氷の世界

　ザルツブルク近郊にそびえるホーホコーゲル山の頂上付近、標高1600mの高地に世界最大級の氷の洞窟がある。地殻変動で生まれた山の石灰岩層に亀裂が生じ、水の浸食などで徐々に押し広げられて、全長約40kmの大洞窟が生まれた。洞窟内には山の冷気が流れ込み、雪解け水が凍りついて、「巨大な氷の世界（ドイツ語でアイスリーゼンヴェルト）」をつくった。氷の洞窟が公に発見されたのは19世紀末になってから。地元の人々は凍りついた深い洞穴を前にして、「地獄への入口」と恐れたという。地面から伸びる氷筍や氷のカーテン、巨大なアイスタワー。数千年をかけて自然が生んだ氷の芸術世界は、美しくも妖しい気配に包まれている。ロープウェイで入口近くまで上ることができる。

旅の予算 ● 30万円～
（大人1人あたりの総予算）

航空券はミュンヘン、ウィーンへの直行便で往復約10万円～。現地ツアーは入場料別で5000円程度。オーストリアの物価は日本と同じくらいだが、物によって日本より高いことも。

旅行日程 ● 4泊6日～

アイスリーゼンヴェルトへは、ザルツブルクからの移動を含めて半日は必要だ。拠点となるザルツブルクの観光と合わせて、最低でも3泊はぜひ欲しいところ。

	1	2	3	4	5
驚嘆度					5
難易度		2			
危険度	1				

絶景の達人 感動実体験

洞窟内は滑りやすく幅の狭い階段が続く

駐車場からロープウェイ乗場まで20分、ロープウェイ降場から洞窟入口までさらに20分と山を登るので、洞窟到着時にはすでにへとへと。1時間かけて見てまわる洞窟内は板の通路、幅の狭い階段で、濡れていて非常に滑りやすく、派手に滑ってお尻を強打しました。

言葉が通じなくても、自然美に圧倒されます

洞窟内は英語かドイツ語の1時間ほどのツアーです。ザルツブルクからの現地半日ツアーが便利。撮影禁止なので、しっかりと自分の目に焼きつけてください。繊細かつ壮大な自然美に神秘的なパワーを感じたとき、私はぶらりと一人で旅に出ることができる恵まれた環境、家族・健康・仕事に改めて感謝する気持ちが芽生えました。

●自営業 難波 真子

	1	
2		
3		4

[1] 見学はガイドツアー形式で行なわれる。通路には木道が整備されているが、コースは滑りやすい上り下りが連続している

[2] 洞窟内はたくさんの穴が開いていたり通路が延びていたり迷路のよう。ガイドなしで見学したら、二度と出て来られなくなりそうだ

[3] ロープウェイを降りると、九十九折の山道が洞窟入口まで続いている

[4] 氷に覆われているのは入口から1kmほど。残りは石灰岩の洞窟が続いている

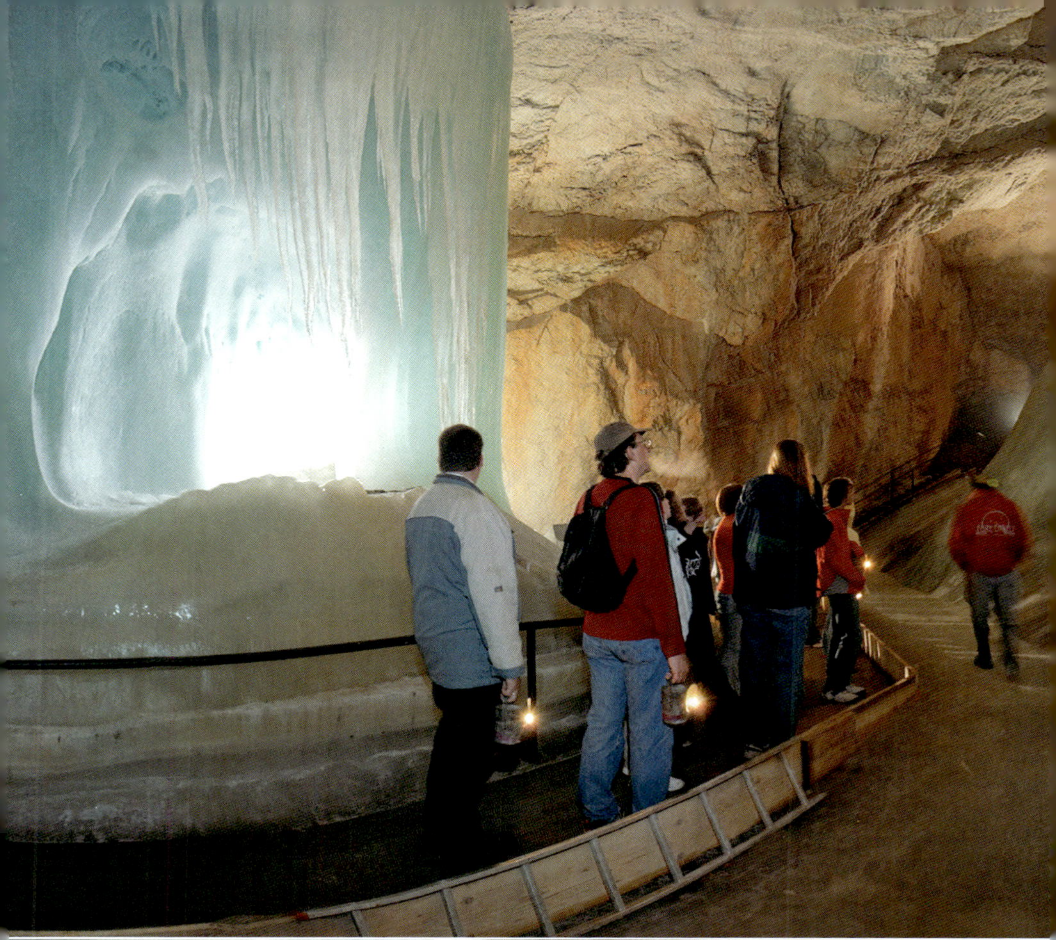

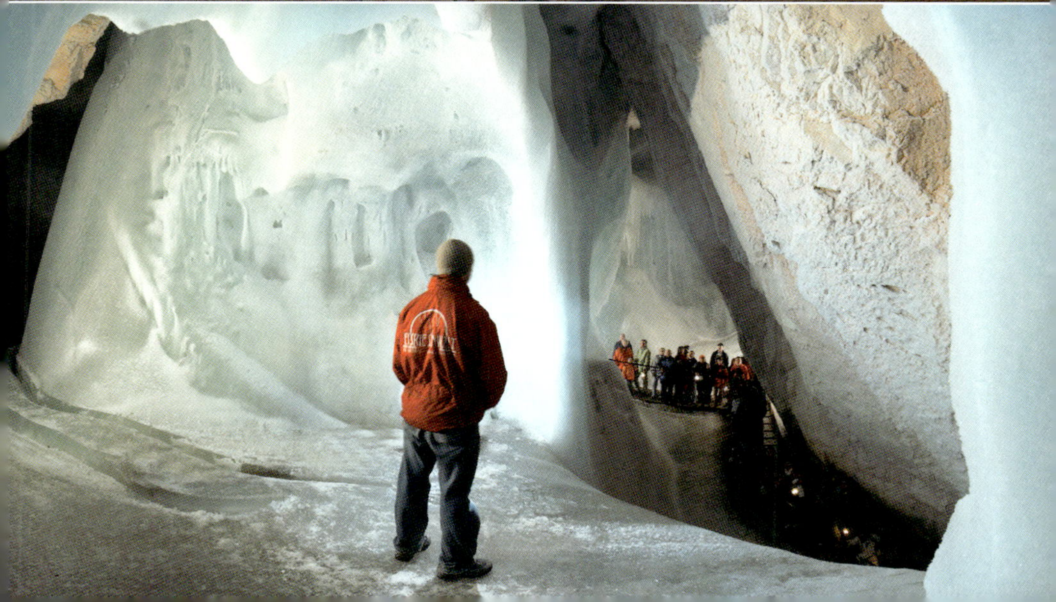

TRAVEL PLAN

アクセス　　　　　　　　　ACCESS

ドイツのミュンヘン経由が便利
ザルツブルクからは鉄道、バス、ロープウェイで

日本からは拠点となるザルツブルクへの直行便は出ていない。同じオーストリアのウィーンも利用できるが、ドイツのミュンヘンのほうが近い。ザルツブルクからは、鉄道で最寄りのヴェルフェン駅まで約40分。駅からはシャトルバス、ロープウェイと乗り継ぎ、最後は徒歩で洞窟の入口へ向かう。

旅のシーズン　　　　　　BEST SEASON

見学期間が限られているため
ザルツブルクの観光と上手に合わせたい

1	2	3	4	5	6	7	8	9	10	11	12
冬		春			夏				秋		冬

見学期間は5〜10月のみ。冬季は閉鎖されている。7〜8月は営業時間が1時間長いのと、洞窟内の温度も5℃くらいと最も高くなり夏場のほうが比較的過ごしやすいのでおすすめ。

旅のアドバイス　　　　TRAVEL ADVICE

夏でも冬の北国へ行くつもりで厚着の用意を
見学は言語別のガイドツアーに分かれて行なう

防寒対策はしっかりとした準備が必要
洞窟内の温度は平均0℃と相当寒いので、たとえ夏でも厚手のジャケットや手袋などの防寒着が必須だ。木道はあるが滑りやすいところもあるので、靴選びにも注意したい。

見学は定時に行なわれるガイドツアーのみ
英語とドイツ語のガイドツアー形式(所要70分)で見学する。週末や繁忙期はロープウェイが混み合うので早めに向かいたい。

ツアー情報
日本からはウィーンとセットのツアーが多い。ザルツブルクからは多くの会社が設定している、ビジターセンターまでバスの送迎のオプショナルツアーを利用すると便利。ツアーの所要時間は、ザルツブルクからの移動を含め全体で約6時間。公共交通機関を利用するので、個人でも行きやすい。

モデルプラン　　　　　　MODEL PLAN

ザルツブルクは世界遺産の街並散策が楽しい
世界最大の氷の洞窟へは、万全の体調で臨もう

DAY 1　ミュンヘンを経由してザルツブルクへ
日本から直行便でドイツのミュンヘンへ。空港から電車で1時間30分ほどで拠点のザルツブルクに到着する。

DAY 2　ザルツブルク観光。早めに休んで明日に備えたい
世界遺産であるザルツブルクの旧市街は、ホーエンザルツブルク城をはじめとして、教会や劇場などの歴史的建築物が並ぶ。中世の面影を残す街並を散策しよう。また、モーツァルトの生誕地としても知られ、音楽にゆかりのある観光スポットも多い。夏に1カ月にわたって行なわれる音楽祭は、世界的な人気を誇る。

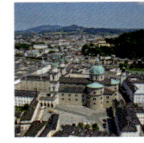

DAY 3　メインスポットは氷の迷宮。体力次第でお城見学も
午前中から動きだして、ザルツブルクから電車で40分のヴェルフェン駅へ。アイスリーゼンヴェルト行きのシャトルバスが、駅から徒歩10分ほどのグリエス駐車場から出発する。ビジターセンターに到着したら、20分ほど登ったところにあるロープウェイを利用して山頂へ。そこからさらに20分登った先に洞窟の入口がある。内部は70分のガイドツアーで、長い階段を上り下りするトレッキングになる。滑りやすいので、足元には十分に注意を。体力に余裕があれば、ホーエンヴェルフェン城にも行きたい。映画『サウンド・オブ・ミュージック』にも登場した美しい城で、鷹匠博物館や鷹の飛翔ショーもある。

DAY 4-6　帰りもミュンヘンを経由。観光してから帰る
行きと同様、ザルツブルクからミュンヘンを経由して日本へ向かう。帰国の前に1泊して、ミュンヘン観光を楽しむこともできる。王家の宮殿や巨大な美術館など見どころも多く、街歩きが楽しい。名物のビールと白ソーセージも忘れずに。観光が終わったら日本へ帰国。

プラス ＋3日 のオプションプラン

DAY 1　ミュージカルの舞台となった景勝地
ザルツカンマーグート
Salzkammergut

ザルツブルクからバスで約1時間

アルプスの山並と湖、谷間が美しい湖水地方。映画『サウンド・オブ・ミュージック』の舞台としても有名。ザルツブルク市内と併せた1日観光ツアーが数多く組まれている。

DAY 2-3　ハプスブルクが残した美しい都
ウィーン
Wien

ザルツブルクから電車で約2時間30分

ハプスブルク家の繁栄の面影を色濃く残す、オーストリアの首都。王宮やシェーンブルン宮殿をはじめとする歴史建築や、無数の美術品など、見どころは尽きない。

ミュンヘン München
ウィーン Wien
158
ザルツブルク中央駅
ザルツブルクまでは電車で1時間30分ほど
ザルツブルクまでは電車で2時間30分ほど
ザルツブルク Salzburg
旧市街は世界遺産に登録。音楽の都としても有名な街
ホーエンザルツブルク城 Festung Hohensalzburg
ザルツブルク空港 Flughafen Salzburg
ザルツブルクの南東に広がる景勝地一帯は、ザルツカンマーグートと呼ばれる
ザルツカンマーグート Salzkammergut
フシュル湖 Fuschlsee
Ainring
Siezenheim
Parsch
Unterkoppl
Gitzen
Hof b.Salzburg
Haslau
Koppl
Vorderschroffenau
Ebenau
1237m
Wald
Lidaun
Oberwinkl
Hinter-ebenau
Käferheim
Gois
Glasenbach
Hinterwinkl
Faistenau
Schwarzbach
Morzg
Schwarzenberg 1334m
Anger
Vordersee
Marzoll
Weißbach
Fürstenbrunn
アニフ Anif
ヴィースタールシュタウ湖 Wiestalstausee
ヒンター湖 Hintersee
St. Jakob am Thurn
Veitlbruch
Niederalm
Prähausen
Wieserhömal 1567m
St. Leonhard
Taxach
Vorder-thurnberg
Großgmain
160
Wimberg
159
Krispl-Winkl
Gaißau
Stein-maßl
Au
Adnet
Reitlehen
Markt-schellenberg
A10
ハライン Hallein
オーストリア AUSTRIA
Schmittenstein 1695m
Berchtesgadener Hochthron 1972m
ドイツ GERMANY
20
305
Spumberg
Oberstein
St. Margarethen
バート・デュルンベルク岩塩坑
Winkl
Hintergern
Rengerberg
Tauglboden
Loipl
Oberau
Bad Vigaun
Vordergern
アトラクション感覚で楽しめる岩塩坑ツアーがある
Taugl
Garnei
Anzenbach
Unterlangenberg
319
Untersalzberg ii
salzberg Ober-
St. Koloman
Ober-
Stanggaß
Moos
Georgenberg
ベルヒテスガーデン Berchtesgaden
Seewald
Engedey
Strub
Kuchi
Mitterbach
Weißenbach
Strubau
Weitenau
Ramsauer Ache
Kellau
Gasteig
Schwarzer Bg. 1584m
305
Golling
20
H. Göll 2522m
Kl. Göll 1752m
オーベルガウ Obergäu
Unterscheffau
Grünstein 1304m
ケーニヒス Königssee
2308m
ザルツァッハ川 Salzach
Luegwinkl
Lammer
2338m
Jenner 1874m
Torrener B.
Oberscheffau
Schneibstein 2276m
1679m
Watzmann 2713m
ケーニヒス湖 Königssee
St. Bartholoma
Tristkopf 2110m
2315m
Kahlersbg 2350m
2066m
A10
2322m
E55
オーバー湖 Obersee
Eisriesenwelt
アイスリーゼンヴェルト
ベルヒテスガーデン国立公園 Nationalpark Berchtesgaden
Rifflkopf 2254m
ロープウェイ
Mt.Streitmandl 2360m
159
Klobner Kopf 2223m
Tenneck
ビジターセンター
Funtenseetauern 2579m
Hochthron 2362m
Großes Teufelshorn 2362m
ホーエンヴェルフェン城 Festung Hohenwerfen
ヴェルフェン駅 Werfen
ヴェルフェン駅から徒歩で約30分
Blühnbach
Werfen
Maier
Werfenweng
2351m
駅周辺からアイスリーゼンヴェルト行きのシャトルバスが出る
N
4km

37

エメラルドの湖と92の滝が紡ぐ
自然の彩り鮮やかな水の楽園

PLITVICE LAKES NATIONAL PARK

プリトヴィツェ湖群

クロアチア

湖は光の屈折具合などで、刻々とその色合いを変えている。木道から色鮮やかな湖や滝の流れを間近に眺めることができる

湖と滝、森の間を抜ける遊歩道で湖群の織りなす風景を満喫する

　クロアチアの首都ザグレブの南、ボスニア・ヘルツェゴビナとの国境近くに、約200km²にわたって広がる世界遺産の国立公園。石灰岩質のカルスト台地が水の流れに浸食されて、標高差130mの渓谷に、16の湖を階段状に連ねていった。湖の間の段差には、大小92もの滝が流れ落ちる。エメラルドに輝く透明な湖と、白い水しぶきを上げる滝が、渓谷の緑に包み込まれて水の楽園をつくり上げた。

　秋になれば、豊かな渓谷は錦の装いをまとい、水風景を優雅に彩る。全長約8kmに連なる湖群を周回する木道が整備されている。中央部には、最大の湖コズィヤク湖があり、この湖より南の一帯を上湖群、北一帯を下湖群と呼ぶ。滝が連続して見られる下湖群を巡る日帰りコースが人気だ。

旅の予算 ● 25万円〜
（大人1人あたりの総予算）
航空券はフランクフルトやウィーン経由で約8万円〜。高級ホテルが2人利用時に7500円程度。国立公園の入場料が2000円程度、国立公園までのバス代が往復3800円程度。

旅行日程 ● 3泊5日〜
国立公園を約2日楽しむプランで、悪天候だった場合の予備日としてもう1〜2泊するのもあり。移動で3日とっているが、行きの飛行機の乗り継ぎが悪ければ、さらに1日必要。

	1	2	3	4	5
驚嘆度					●
難易度	●				
危険度	●				

絶景の達人 感動実体験

実際にハイキングできる、絵本の中の物語
迫力というよりもむしろその繊細さが、湖と滝と緑とそこに暮らす生き物たちの「森の物語」を紡ぎ上げている。私たちはその物語を読むために、絵本の中をハイキングさせてもらう、そんな風情を感じるところでした。気持ちよさそうに泳ぐ魚たち、緑にそよぐ風、白い糸となって地表を分岐し流れ出す滝の水音、太陽の位置によって時々刻々と色を変化させてゆく湖…。こちらのアンテナが敏感であればあるほど味わえる森の奥深い物語、体に気持ちに、癒しを与えてくれるところです。

森を包み込む紅葉の季節
爽やかな夏が人気ですが、森が染まる秋も選択肢のひとつ。色づいた森が湖面に映り込み、夏とはまた違う表情を見せてくれます。

●フォトエッセイスト 白川 由紀

	1	
2	4	
3		

[1] 白いベールのように美しく流れる滝。大きなものでは落差80mを流れ落ち、ダイナミックな風景を見せる

[2] 真っ青な湖と緑の織りなす彩りが鮮やかだ。湖や滝の風景は今も少しずつ変化している。園内最大の湖、コズィヤク湖は遊覧船で湖を渡ることもできる

[3] 上湖群にはニジマスなどの魚群が多く見られる

[4] 湖の色が映える緑の季節もいいが、森が赤や黄色に染まる紅葉シーズンもまた、鮮やかで美しい

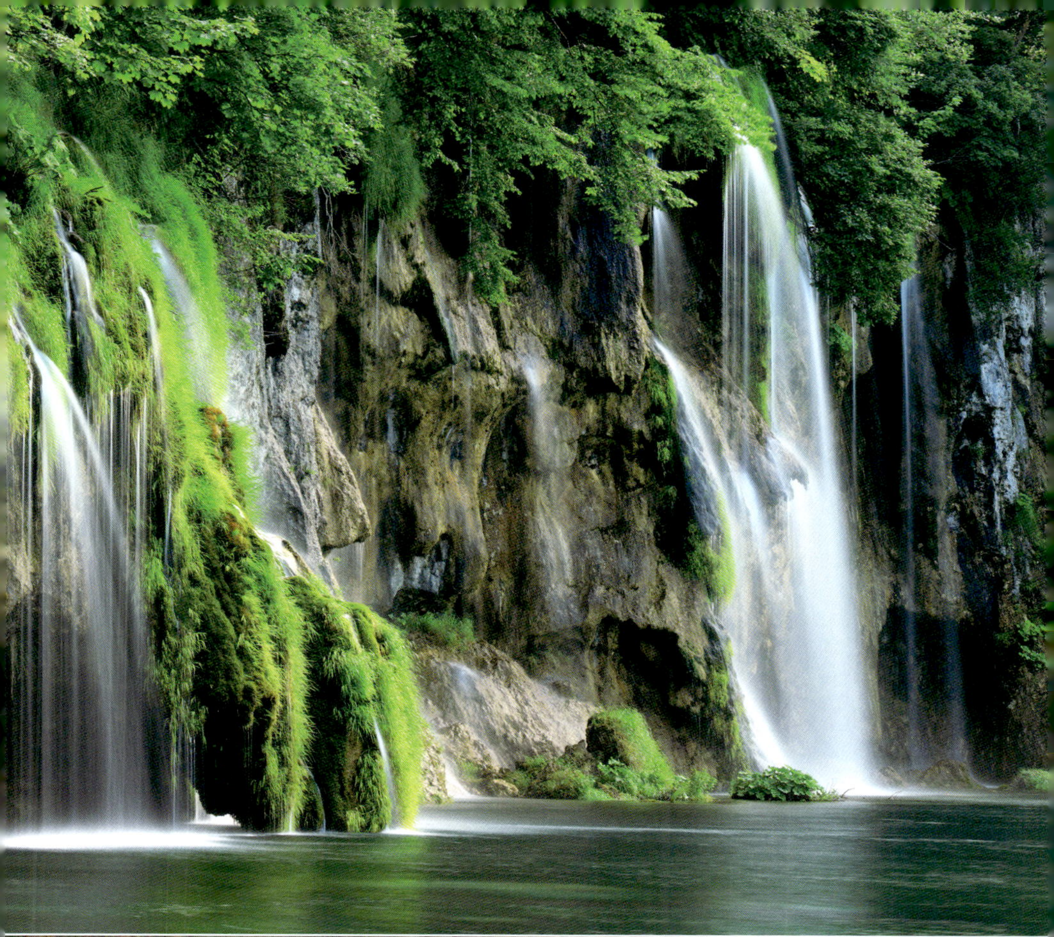

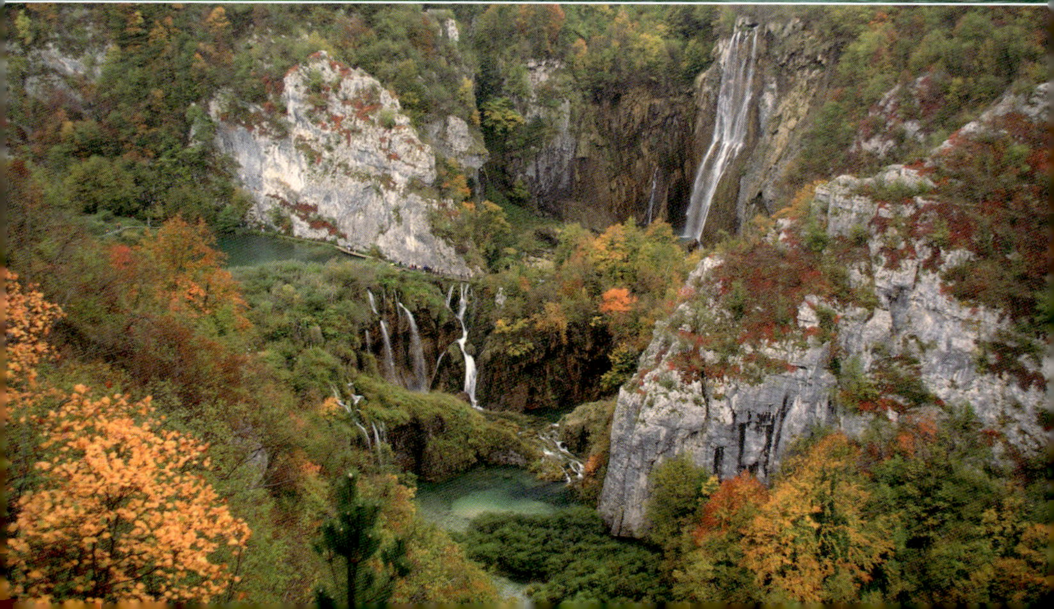

TRAVEL PLAN

アクセス　　　　　　　　ACCESS

日本からザグレブまで所要14時間、国立公園へはバスでザグレブから2時間30分

日本からザグレブへの直行便はないため、ウィーンやフランクフルトなどヨーロッパを経由するとスムーズ。ドーハやイスタンブールを経由する便もある。所要時間は乗り継ぎが良くて14～15時間ほど。ザグレブ国際空港からザグレブ市内へは空港シャトルバスで約30分。プリトヴィツェ湖群へは長距離バスターミナルからバスで2時間30分ほどかかる。

- ヨーロッパ主要都市 → 約12～15時間 → 日本
- 約1時間30分～約2時間 → ザグレブ
- 約2時間30分 → プリトヴィツェ湖群

(地図：スロベニア、ハンガリー、クロアチア、ボスニア・ヘルツェゴビナ、セルビア、モンテネグロ、イタリア、アドリア海、ドゥブロヴニク)

旅のシーズン　　　　　　BEST SEASON

緑も水も色鮮やかな春から初夏がベスト
紅葉と湖群のコントラストも魅力的

1	2	3	4	5	6	7	8	9	10	11	12
冬		春			夏			秋			冬

四季折々に違った魅力がある。5～7月には森の緑が映え、水量が多くて滝が美しく、湖面の色が鮮やか。紅葉は9～10月。12～3月には雪景色となるが、積雪により閉鎖となることも。

旅のアドバイス　　　　　TRAVEL ADVICE

ベストな季節と天候を選んで景色を満喫
ザグレブ観光とうまく組み合わせて観光

ザグレブ市内の観光もしっかりと計画しておきたい
晴天の日は湖が輝いて最も美しい色を見せる。天気予報をチェックして、可能であれば、ザグレブ市内観光などと入れ替え可能な流動的なスケジュールを組んでおきたい。

オフシーズンに国立公園に訪れる際は休業に注意
下湖群のみの散策ならザグレブから日帰りで楽しめる。冬から春までは、公園内のホテルやレストランが休業のところが多い。

ツアー情報

ザグレブ、スプリット、ドゥブロヴニクと合わせて6～9日間でまわるものが主流。プリトヴィツェ湖群へはザグレブから日帰りでも行くことができるので、ツアー内容には入っていなくてもザグレブ滞在中のオプショナルツアーとして提案されていることも多い。

モデルプラン　　　　　　MODEL PLAN

2日かけて美しいエメラルドグリーンを堪能
公園内のホテルに泊まって朝夕の景色も見る

DAY 1　首都ザグレブで次の日に備えて1泊する
日本からヨーロッパの主要都市で乗り継いで、ザグレブ国際空港へ。空港から市内へはバスで。到着したバスターミナルから、次の日は国立公園に向かうことになる。

DAY 2　朝から国立公園に移動し、1日たっぷりハイキング
ザグレブからバスでプリトヴィツェ湖群へ。宿泊するホテルがある入口2で降りて入園チケットを購入し、売店で地図や飲み物も手に入れたい。宿泊するホテルでは受付にチケットを渡すとスタンプを押してくれ、滞在中であれば1日目以降もそのチケットが使える。散策第1日目はまず観光客が多い下湖群へ。P1乗場から遊覧船でP3まで移動し、コズィヤク湖、ミラノヴァツ湖などに沿うウッドデッキや小道を歩く。入口1近くまでそのまま北に進むと、園内最大の滝であるヴェリキ・スラップ(大滝)が見られる。夜はホテルで名物のマス料理を味わいたい。

> コズィヤク湖上を運航する無料の遊覧船は、湖の中間地点と下湖群とを結ぶ便利。眺めも良いのでぜひ利用したい

DAY 3　人の少ない上湖群で美しいブルーに魅せられる
朝8時の開園とともにST2のエコロジーバス乗場から上湖群上流のST4まで移動。そこからオクルグリャク湖やガロヴァツ湖に沿う遊歩道を歩く。上湖群はプランクトンが多いため水の青色が下湖群よりも濃い。遊覧船乗場があるP2に着いたら対岸に渡り、ホテルの荷物をピックアップして入口2から昼過ぎに出るザグレブへの長距離バスに乗る。夕方にはザグレブに到着。夕食はザグレブ名物のカツレツやチェバプチチなどの肉料理を食べる。

DAY 4-5　ザグレブ観光を少し楽しんでから、帰国へ
飛行機の出発時間によっては、午前中にザグレブの旧市街などを観光できる。ターミナルからバスに乗って空港へ行き、昼過ぎの便に乗れば翌昼過ぎに日本に着く。

プラス + 2日 のオプションプラン

DAY 1-2　アドリア海の真珠と謳われる城壁の街へ

ドゥブロヴニク　Dubrovnik

ザグレブから飛行機で約1時間

中世の雰囲気が残る旧市街は紺碧の海にオレンジ色の屋根が映えて美しい。街をぐるりと取り囲む堅牢な城壁によって、長い間独立が保たれていた。

クロアチア
CROATIA

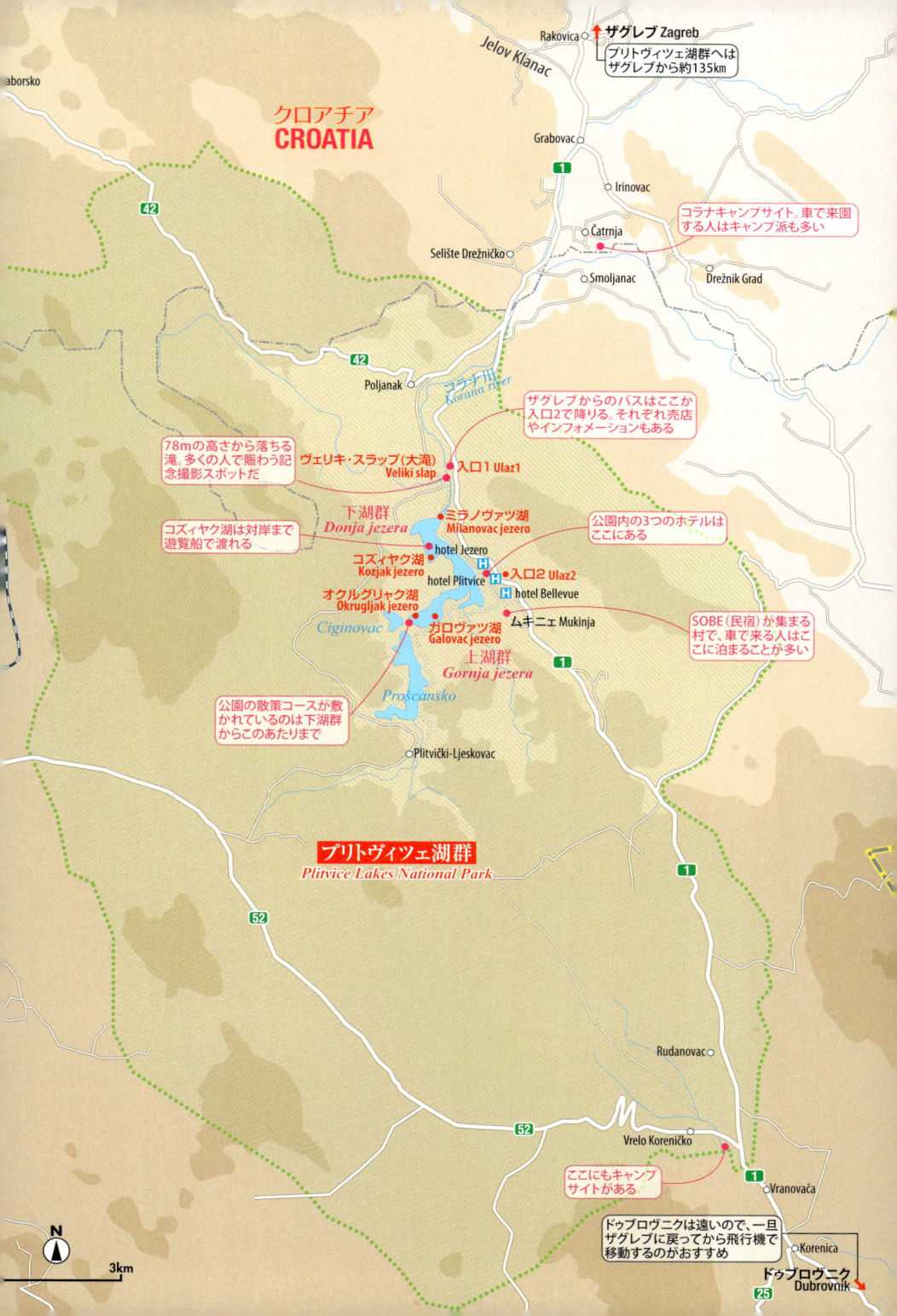

Rakovica
Jelov Klanac
ザグレブ Zagreb
プリトヴィツェ湖群へはザグレブから約135km

Grabovac
Irinovac
Čatrnja — コラナキャンプサイト。車で来園する人はキャンプ派も多い
Selište Drežničko
Smoljanac
Drežnik Grad

Poljanak
コラナ川 Korana river

ザグレブからのバスはここか入口2で降りる。それぞれ売店やインフォメーションもある

78mの高さから落ちる滝。多くの人で賑わう記念撮影スポットだ — **ヴェリキ・スラップ（大滝） Veliki slap**
入口1 Ulaz1

下湖群 Donja jezera
ミラノヴァツ湖 Milanovac jezero
公園内の3つのホテルはここにある
hotel Jezero

コズィヤク湖は対岸まで遊覧船で渡れる — **コズィヤク湖 Kozjak jezero**
hotel Plitvice
入口2 Ulaz2
hotel Bellevue

オクルグリャク湖 Okrugljak jezero
Ciginovac
ガロヴァツ湖 Galovac jezero
ムキニェ Mukinje

SOBE（民宿）が集まる村で、車で来る人はここに泊まることが多い

上湖群 Gornja jezera
Proscansko

公園の散策コースが敷かれているのは下湖群からこのあたりまで

Plitvički-Ljeskovac

プリトヴィツェ湖群
Plitvice Lakes National Park

Rudanovac

Vrelo Koreničko — ここにもキャンプサイトがある
Vranovača

ドゥブロヴニクは遠いので、一旦ザグレブに戻ってから飛行機で移動するのがおすすめ

Korenica
ドゥブロヴニク Dubrovnik

N 3km

38 アフリカの魅力が凝縮する保護区
雄大な自然に歴史と文化が息づく

BLYDE RIVER CANYON

ブライデ・リバー・キャニオン

南アフリカ共和国

スリー・ロンダベル・ビューポイントから渓谷を眺める。早朝、渓谷が霧に覆われるさまは幻想的だ。伝統の暮らしを続ける村や、ゴールド・ラッシュで繁栄した街も見どころ

野生動物の命を支える谷川と
高度1000mにも及ぶ大峡谷

　面積としては世界第3位だが、緑が茂る渓谷としては最大を誇る。「喜びの川」を意味するブライデ・リバーと、「悲しみの川」トゥリエル・リバーの合流地点から下流に広がる約3万haの自然保護区で、縦断するパノラマ・ルートをドライブすれば次々と絶景に出会う。2本の川が交わり渦巻くことで岩穴を削るポットホールズや、神がこの勝景を愛でてアフリカ大陸を創造したと伝わる神の窓、そそり立つ岩の塔（ピナクル）に大小160の滝、ジャカランダの並木道などだ。

　なかでもスリー・ロンダベル・ビューポイントからの眺望は圧巻。ロンダベルとはこの地方独特の円錐形をした住居のことで、それを連想させる奇岩をはじめ、カバが暮らす谷など雄大な自然が望める。

旅の予算 ● 35万円〜
（大人1人あたりの総予算）

日本から10日間ほどのツアーが50万円程度からある。滞在費は宿泊が1泊1万5000円〜。ブライデ・リバー・キャニオンのアクティビティは、ラフティング半日で6000円程度が目安。

旅行日程 ● 4泊6日〜

クルーガー国立公園と合わせて滞在日数は4日は欲しい。ブライデ・リバー・キャニオンでアクティビティに参加する場合は、さらに1泊あればベストだ。

驚嘆度	1	2	3	4	5
難易度	1	2			
危険度	1	2			

絶景の達人 感動実体験

アフリカにはあまりない解放感のある景色

数あるアフリカの景色を見てきましたが、スリー・ロンダベル・ビューポイントから見る景色は、とくに珍しいものでした。目が変な錯覚を起こしてしまうかのような深い奥行、湿度が低くスカっとした解放感…、アフリカ有数の爽快ぶりだと思います。また、絶景と名高いベネズエラのギアナ高地やオーストラリアのブルーマウンテンズなどと類似しているなと。太古を遡れば大陸がつながっていたと思わせる壮大な眺めでした。

渓谷の断層がオレンジ色に染まる夕方がおすすめ

乾季は霞や雲がかかることが多いので、のんびりと雲が消えるまで待つのも一興です。とくに早朝や夕方の時間帯は、太陽の色が奇岩に溶け込むように反射され、刻々と移り変わる絶景です。　　●道祖神 羽鳥 健一

アクセス　　ACCESS

ヨハネスブルグまでは乗り継ぎが必要
その後は陸路、空路ともに移動できる

日本からヨハネスブルグ間は直行便がないので、香港やシンガポールなどアジア各地で1回乗り継ぐ。ヨーロッパ各都市やカタールなどを経由する便もあるが、アジア経由のほうが短時間、低料金だ。ブライデ・リバー・キャニオンに最寄りのネルスプリットまでは、ヨハネスブルグから国内線も就航。所要50分。

アジア主要都市 ← 香港、シンガポールなどへ 約4〜7時間 → 日本

ナミビア／ボツワナ／ブライデリバー・キャニオン／モザンビーク／ヨハネスブルグ 半日 ／ネルスプリット　約50分／約11〜13時間／南アフリカ共和国／ケープタウン／インド洋

旅のシーズン　　BEST SEASON

5〜8月は空気が澄んで景色が美しく
10月には通りを染めるジャカランダが見ごろ

1	2	3	4	5	6	7	8	9	10	11	12
雨季				乾季					雨季		

南半球のため日本とは逆に10〜3月が暑く、気温が上がるにつれて雨も増える。通年、強い紫外線と朝夕の寒暖差に注意し、熱中症対策の水分摂取が必要。暑い時期でも夜の冷え込みは強い。

旅のアドバイス　　TRAVEL ADVICE

紫外線と虫よけには長袖、長ズボンが有効
足元は、滑りにくく疲れにくい靴を着用

長袖やネット、虫よけ剤を持参する
近年、減少傾向にはあるが、マラリアの原虫を持つ蚊への対策として虫よけを用意したい。蚊が増えるのは降水量が多い雨季。

雄大な景色に見とれても危険な崖には注意
急な崖にはフェンスなどはほとんど設けられていない。見晴らしのいい絶壁の端などに立ってみたくなるが危険だ。写真、動画を撮影する際にも夢中になり過ぎず、足元や周囲に注意する。

ツアー情報

日本からブライデ・リバー・キャニオンを訪れるツアーは、まだ多くはない。クルーガー国立公園、ケープタウンやヴィクトリア・フォールズなどのスポットと組み合わせたものがほとんどだ。ヨハネスブルグからの現地ツアーでも、2泊3日程度でクルーガー国立公園とセットになったものなどが多い。

TRAVEL PLAN

モデルプラン　MODEL PLAN

アクティビティに参加して、峡谷美を体感!
旅の後半はサファリドライブで野生動物を観察

DAY 1 アジアの1都市を経由してヨハネスブルグへ
夕方に日本を出発し、香港やシンガポールを経由してヨハネスブルグへ。機中泊。

DAY 2 R532からの次々と見えてくる絶景を楽しむ
ヨハネスブルグに到着後、ブライデ・リバー・キャニオンまでドライブ。途中、グラスコップという小さな街にあるハリーズ・パンケーキで休憩。この先、パノラマ・ルートと呼ばれるR532を北上していくと、岩の塔、神の窓、ベルリン滝など、次々と絶景スポットが現れる。スリー・ロンダベル・ビューポイントがあるのはドライブの終盤。宿泊地はブライデ・ダム近くにあるホテルだ。

DAY 3 大自然のなかでのアクティビティ&キャンプ
終日、ラフティング、クルーフィング(峡谷下り)、気球や小型機による遊覧飛行など、さまざまなアクティビティにチャレンジ。現地の伝統的な家屋に滞在する1泊2日のウェット・キャメル・ブッシュ・キャンプツアーもおすすめ。

DAY 4 クルーガー国立公園/私営保護区に移動
ウェット・キャメル・ブッシュ・キャンプツアー終了後、クルーガー国立公園へ移動。途中、先住民族のシャンガナの人々の生活文化を紹介するスポットに立ち寄る。夜は国立公園に隣接する私営保護区内の高級ロッジに宿泊。

DAY 5 私営保護区でのゲームサファリに参加 
朝、私営保護区内を散策したら、次はサファリ・ドライブ。ガイドとともに私営保護区内をオープンカーで巡ることができる。夕方、サンセットを楽しんだあとは、ナイトサファリに出発。

DAY 6-7 ヨハネスブルグから日本へ帰国
午前中に車でヨハネスブルグへ向けて出発(クルーガー国立公園から、クルーガー・ムプマランガ国際空港から飛行機でヨハネスブルグへ向かうことも可)。ヨハネスブルグから香港まで約13時間、香港で乗り換え日本へ。

プラス +2日 のオプションプラン

DAY 1-2 アフリカ大陸最南端の街と自然を満喫
ケープタウン Cape Town
ヨハネスブルグから飛行機で約2時間

テーブルマウンテンからの眺望や喜望峰自然保護区などの雄大な自然に触れたり、コロニアル建築が多いヨーロッパ風の街並を散策したい。

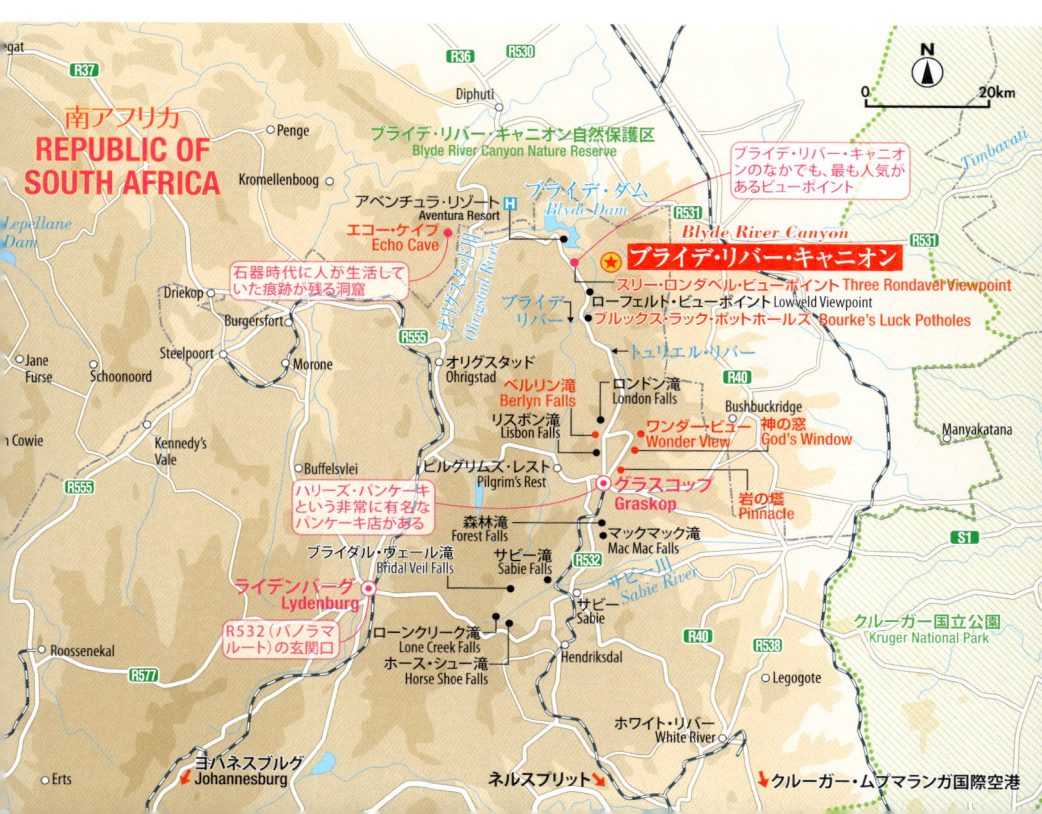

39 藻の光合成が鮮やかに染める ストロベリー色の湖

LAC ROSE

ラック・ローズ

セネガル

湖をピンクに染める色素、カロテノイドは抗酸化力が強いとされ、健康食品やアンチ・エイジング化粧品にも広く使用されている

海の10倍、魚も棲めない高濃度
水面に浮かぶ小船は塩を採集

　フランス語で「バラ色の湖」を意味し、英語ではピンク・レイクとも呼ばれる塩湖。正式名称はレトバ湖といい、サハラ砂漠の西南端、セネガルの首都が置かれるダカール州にある。ときにストロベリー・クリームを思わせる色に変身するのはドナリエラ・サリナという好塩性の藻が光合成の際につくる赤い色素、カロテノイドのせい。乾季になると湖水の蒸発とともに濃さを増し、水面が穏やかな日には、よりはっきりと染まって見える。海の10倍ともいわれる塩分は濃縮の進む乾季には40%になる。

　塩の採取が盛んで、ピンクの湖の周りには真っ白な塩がうず高く山積。また、かつてのパリ～ダカール・ラリーのゴール地点としても知られ、湖畔と周囲の砂丘を4WDで走るツアーが人気を集めている。

旅の予算 ● 40万円～
(大人1人あたりの総予算)

日本からのツアーは、短い日程でも30万円程度はする。物価は一般的に安く、庶民的な屋台料理なら100円ほどで食べられるが、ホテルはそれほど安くない。

旅行日程 ● 6泊9日～

セネガルまでは乗り換え時間を含め約30時間ほどかかる。セネガルにはラック・ローズ以外にも観光スポットがたくさんあるので、併せてまわれる余裕のある日程を組みたい。

驚嘆度	1	2	3	4	**5**
難易度	1	2	3	**4**	
危険度	1	2	**3**		

絶景の達人 感動実体験

イチゴミルクの色した湖を見られた人はラッキー

あの飲み干してしまいたくなるようなイチゴミルク色の絶景が見たくて3回通っていますが、未だにお目にかかれたことがありません。3回のうち2回は淡いピンク色、残りの1回はたくさん雨の降ったあとだとかで、コーヒーミルク色でした…。ミルクを流し込んだような濁りのあるピンク色はたぶん年に数回ではないでしょうか。私も毎回「今日はピンク色に見えるかな～」とドキドキ、ワクワク…、心の中で祈りながら向かいます。

この絶景は、その年の雨量や水量、当日の天候や時間帯等によって色が刻々と変わるのが特徴で、さまざまな条件が合致して見える奇跡的な瞬間です。いわばレアな絶景。ぜひリベンジしたいです！

●ユーラシア旅行社 岩間 裕子

アクセス　　　　　ACCESS

中東もしくはヨーロッパを経由して25時間以上
ダカールからラック・ローズへは車で移動

日本からセネガルへの直行便はなく、ドバイやイスタンブールを経由してアフリカに入る方法が一般的。パリやローマなど、ヨーロッパ主要都市を経由する方法もあるが料金が割高になる。ダカールからラック・ローズのあるニアガまで車で1時間程度。

旅のシーズン　　　BEST SEASON

ピンクの湖を見るチャンスは4～5月
気温は通年高く、6～10月が雨季

1	2	3	4	5	6	7	8	9	10	11	12
乾季					雨季					乾季	

雨季6～10月と乾季11～5月がはっきりとしている。年中暑いが雨季はとくに気温が高い。ピンクが濃くなるのは乾季で、終盤の4～5月、風がなく湖面の穏やかな日が好条件だ。

旅のアドバイス　　TRAVEL ADVICE

10日以上前の黄熱病予防接種が必要
治安、政情不安にも十分注意する

予防接種やビザの用意など事前の準備は確実に
セネガルは黄熱病リスク国に指定されているため、入国の10日以上前に予防接種を受け、予防接種証明書(イエロー・カード)を携行する。ほかにも消化器感染症やマラリアには十分に注意を。加えて入国には生体認証査証が必要。最終的に現地での取得になるが、事前の申請が必要。手続き方法は要確認。

夜の外出を控えるなど、防犯意識を徹底する
郊外も含め、首都を中心に強盗やスリなどの犯罪が多発。また、隣国マリは政情が不安定なので、国境付近の通行は避ける。

ツアー情報

ダカール、サン・ルイ、ゴレ島などを8～9日間でまわるツアーが主流で約30万円～。そのほか、ガンビアのバンジュルやジェームス島などが含まれる場合もある。その場合は約40万円～で最低でも8日間は必要。

TRAVEL PLAN

モデルプラン　MODEL PLAN

ダカール近郊を巡る
ラック・ローズ、サン・ルイ、ゴレ島へ

DAY 1-2　日本からドバイ経由でダカールへ
夜、日本を発ちドバイまで所要約11時間、翌朝乗り換えて約13時間でセネガルの首都ダカールに着く。ダカールに到着したらまずホテルに行き、街を散策がてら夕飯にしよう。ダカール泊。

DAY 3　バラ色に染まった湖、ラック・ローズへ！
ダカールから車で東へ約45kmほど行くと、ラック・ローズへ到着する。塩分濃度が高く、死海のように浮くことができるので、水着を持って行こう。昼間の時間帯は近くのがおすすめ。しばらく楽しんだら、サン・ルイへ向かう。車で約4時間ほどで到着したら、ホテルへ移動。

水位が低い、乾季の終わりの時期の昼間にいちばん濃いピンク色が見られる。村人が塩の採取をしている風景にも出会える

DAY 4　街並が世界遺産、サン・ルイを散策
かつてフランス領西アフリカの首都として栄えたサン・ルイへ。ここでは、ダカールとは異なった、セネガルの自然や村の生活が垣間見える。コロニアルな建造物が並ぶ街は散策するだけで楽しい。漁業が盛んな村なので、夕飯はぜひ魚料理をいただきたい。サン・ルイ泊。

DAY 5　ジュッジ鳥類国立公園へ
午前中はサン・ルイの郊外（市街から北へ約60km）にあるジュッジ鳥類国立公園へ。世界遺産にも登録されているこの公園には、ペリカンやフラミンゴなどの350種以上もの渡り鳥が存在している。ほかにも、哺乳類や爬虫類も見ることができる。夕方にはダカールに戻る。

DAY 6　かつての奴隷貿易の拠点、世界遺産ゴレ島へ
ダカール港から定期船で約20分ほどでゴレ島へ。有名な「奴隷の家」はこの島にある。かつて奴隷売買の中心地だったが、今ではその悲痛な歴史を感じさせないほど、のどかな島となっている。個性的なオブジェがいたるところにある、アートな島だ。のんびり過ごしたら、日が暮れる前にダカールへ戻る。

DAY 7-9　夕方までダカール市内観光、そして日本へ
時間がゆるすまでダカール市内を観光しよう。セネガルの代表料理、チェブジェンやマフェは食べ忘れないようにランチに。夕方にダカールを発つと、翌日午後に乗り継ぎ空港に到着。日本帰国はさらに翌日となる。

北大西洋 / The North Atlantic

セネガル / SENEGAL

Saint Louis サン・ルイ
ジュッジ鳥類国立公園 / Parc national des oiseaux du Djoudj
サン・ルイから車で約1時間。渡り鳥が約350種以上、約300万羽生息している

ラック・ローズ / Lac Rose

ニアガ / Niaga
Lake Malika
カルティエ ノテール / Quartier Notaire
マリッカ / Malika
クールマサール / Keur Massar
Route Rufisque-Niaga-Lac Rose
カンベレン / Cambérène
ビキンヌノール / Pikine Nord
ブン / Boun
アォトルート高速道路 / Autoroute à péage
ダカール / Dakar
サンガーカム / Sangalkam
ヨフ / Yoff
レパルセルアセニー / Les Parcelles Assainies
ゴルフ・クラブ・ダ・ダカール / Golf Club de Dakar
ニョール / N'Gor
ニョール・ビーチがあり、その対岸には小さな島もある、ダイビングスポット
レオポール・セダール・サンゴール国際空港 / Aéroport International de Dakar-Léopold Sédar Senghor
ハンヴィレッジ / Hann Village
ピキン / Pikine
ウアカム / Ouakam
ビスキュトリー / Biscuiterie
フォレスティエ ド アン公園 / Parc Forestier de Hann
グランダカール / Grand Dakar
アン・ベル・エール / Hann Bel-Air
Rufisque
ダカール最大の市場で、周辺はつねに活気であふれている
メディナ / Medina
ゴレ島行きの港。ここからゴレ島までフェリーで約20分
Bargny
サンダカ市場 / Marché Sandaga
ダカール港
「奴隷の家」や「帰らずの扉」で有名なかつての奴隷貿易の拠点
Yène
マドレーヌ諸島国立公園 / Madeleines Island National Park
マドレーヌ諸島 / îles des Madeleines
プラトー / Plateau
ゴレ島 / Gorée

N　0　5km

40 250万羽のフラミンゴが繁殖
華やかな羽毛は湖中の赤い藻類のゆえ

LAKE NATRON

ナトロン湖

タンザニア

水深は3mにも満たず、季節や天候によって面積が大きく変化する。湖面に浮かぶ模様はナトリウム（ソーダ）の結晶。フラミンゴのほか、このエリア特有の魚、オレオクロミス・アルカリクスが生息

さまざまな伝説を生んだ
過酷な環境とミステリアスな景色

　大地溝帯と呼ばれる広い窪地に連なる湖のひとつで、タンザニア連合共和国の北部、ケニアと国境を接する場所にある。セレンゲティやンゴロンゴロといった野生動物の生息域に近いが、アルカリが強く雨季と乾季で塩分濃度の差が激しかったり、高温の湯が湧くなど、環境が厳しいために動物の姿は少ない。ただ適応できたフラミンゴは天敵を避けてこの地に集まり、一大繁殖地になっている。湖が赤いのは好塩性の藻スピルリナで、これを食すことでフラミンゴの翼が赤く色づく。また、湖畔で石化した動物の死骸が見つかることがあり、湖水に触れた生物は瞬時に石になるという伝説があるが、真相は強い腐食性を帯びたアルカリ性の水に長時間浸かっていた死骸の表面が、石灰化したのだという。

旅の予算 ● 40万円〜
(大人1人あたりの総予算)

サファリエリアの宿泊施設は選択肢が少ないが、1万円程度〜。サファリカーのレンタルが2万円程度。ンゴロンゴロは入園料5000円、クレーター入場料2万円。

旅行日程 ● 5泊8日〜

ナトロン湖の景色を楽しむだけなら半日で十分だが、さまざまなアクティビティやサファリを楽しむなら、ナトロン湖周辺で2泊したい。治安があまりよくないので夜の移動は避ける。

驚嘆度	1	2	3	4	5
難易度	1	2	3		
危険度	1	2	3		

絶景の達人 感動実体験

真っ赤な湖上を飛ぶフラミンゴの群れの美しさ

アルーシャ発のナトロン湖周辺を旋回するプライベートセスナに乗りました。蜂の巣状に結晶化した真っ赤な湖上で、フラミンゴがいっせいに羽ばたくさまを機内から見下ろしていましたが、あれはとても幻想的な光景でした。ペリカンもいないフラミンゴだけの世界はナトロン湖ならでは。また、別の機会に見た、オルドイニョ・レンガイの活動中の火山の前に見る深紅の湖も、地の果てのような雰囲気で忘れられない風景のひとつです。

赤い部分に近づきたいときはリフト・ヴァレーへ

季節にもよりますが、スピルリナで赤く色づくのは湖の中心です。湖全体が色づくことはありませんので、より近い場所で見たいときは、西側に位置するリフト・ヴァレーに上るのがおすすめです。

● 道祖神 羽鳥 健一

アクセス　　　　　　ACCESS

日本からは中東で1度乗り継ぎ21時間
ドーハからキリマンジャロへの直行便がある

拠点となるアルーシャへの最寄りは、タンザニア東部にあるキリマンジャロ国際空港。ドーハから直行便が週に数便運航されているほか、ダル・エス・サラーム経由ならば便が多く中継地もいくつかある。日本からのツアーでは、ケニアのナイロビから陸地でアクセスすることもある。その場合は、ケニアのビザも必要になる。アルーシャからは6時間ほどのドライブで到着。

中東主要都市　ドーハ、ドバイなどへ　日本
約5時間　　　　　　　　　　　　　約11時間
ウガンダ　　　　　　　　　　　ケニア
ヴィクトリア湖　　　ナイロビ
ルワンダ　　ナトロン湖　　　　　約4時間30分　約10時間
　　　　　約6時間　　アルーシャ
ブルンジ　約7時間30分　　キリマンジャロ
　　　　　タンザニア　　　　　インド洋
　　　　　　　　　　　　　　　約1時間20分
約5時間30分　　ダル・エス・サラーム

旅のシーズン　　　　BEST SEASON

乾季の終盤、9〜10月がおすすめ
湖が赤くなり、フラミンゴが集まる

1	2	3	4	5	6	7	8	9	10	11	12
雨季					乾季					雨季	

年間降雨量が800mmに及ばず、雨は12〜5月に集中。通年、とくに雨季の日中は暑く40℃に達することもある。蒸発が進むほど湖が色づきフラミンゴが集まるので、旅には9〜10月が最適。

旅のアドバイス　　　TRAVEL ADVICE

タンザニア入国10日以上前に黄熱病予防接種
マラリア、デング熱などを媒介する虫に注意

下痢性疾患に要注意。有毒生物や病気を媒介する昆虫も生息
氷や生野菜を避け、必ず目の前で開けたボトル入りの水を飲む。病気を媒介する蚊やつぶすと皮膚に毒が付着するハエにも注意。
旅行者を狙う凶悪犯罪に注意。テロの可能性にも留意する
旅行者を車に押し込んで金品を強奪し街の外で解放するといった短時間誘拐や、警察官を名乗っての恐喝など、凶悪犯罪が多発。また、宗教施設や人混みを狙った爆弾テロも発生している。

ツアー情報

主流はセレンゲティ国立公園を中心に、ナトロン湖やンゴロンゴロ自然保護区を巡るもの。7泊10日や11泊13日などさまざまな種類があるが、ツアー自体の数はあまり多くない。アルーシャなど現地でツアーを手配することも可能だが、強盗や詐欺に遭うこともあるので、英語ができることが必須。

TRAVEL PLAN

モデルプラン　MODEL PLAN

**紅に染まる湖は、フラミンゴの繁殖地
周辺のサファリツアーで大自然を体感したい**

DAY 1-2 中東経由でタンザニアへ。観光の拠点アルーシャ着
日本からの直行便はない。日本を出発し、ドーハやダル・エス・サラームでの乗り継ぎを経たのち、キリマンジャロ国際空港へ到着するのは2日目になる。キリマンジャロ国際空港からツアーの送迎車やシャトルバスに乗り1時間ほどで、拠点となるアルーシャに着く。

DAY 3 フラミンゴの楽園・ナトロン湖をめざす
アルーシャから車で6時間かけ、ナトロン湖へ移動。広大な塩湖がつくり出す独特の景色を楽しみたい。夕暮れどきには、湖畔からフラミンゴの群れを観察。宿泊はアウトドア気分が満喫できるレイク・ナトロン・テンテッド・キャンプで。

赤いナトロン湖を間近で見たい場合は、アルーシャで催行しているセスナのツアーに申し込むを

DAY 4 赤い湖の美景とともに、周辺の大自然を巡る
ナトロン湖畔の散策や周辺のハイキングを楽しみたい。アクティビティの料金は1人1000円程度。湖の南に位置し、現在も活動する火山オルドイニョ・レンガイの麓にあるマサイ村を訪れるのもおすすめだ。

DAY 5-6 標高2000m以上の巨大なクレーターでサファリ
朝食後、ンゴロンゴロ自然保護区へと移動し、クレーター・サファリやオルドバイ峡谷の見学などを楽しむ。バオバブの木や、象が多く生息することで知られるタランギレ国立公園にも立ち寄りたい。ンゴロンゴロ滞在2日目の午後、アルーシャへ戻る。

DAY 7-8 キリマンジャロ空港から乗り継ぎののち日本帰国
午前にアルーシャを発ち、キリマンジャロ国際空港へ。午後の便でドーハ、ダル・エス・サラームへ向かい、タンザニアに別れを告げよう。乗り継ぎを経て、日本に到着するのは翌日の午後になる。

プラス+3日のオプションプラン

DAY 1-3 野生動物たちがのびのび暮らす大平原
セレンゲティ国立公園　Serengeti National Park

アルーシャから車で約7時間

東アフリカ屈指の野生生物保護区。マサイの言葉で「果てしない平原」を意味する。野生の動物たちの姿をサファリツアーで間近に見ることができる。

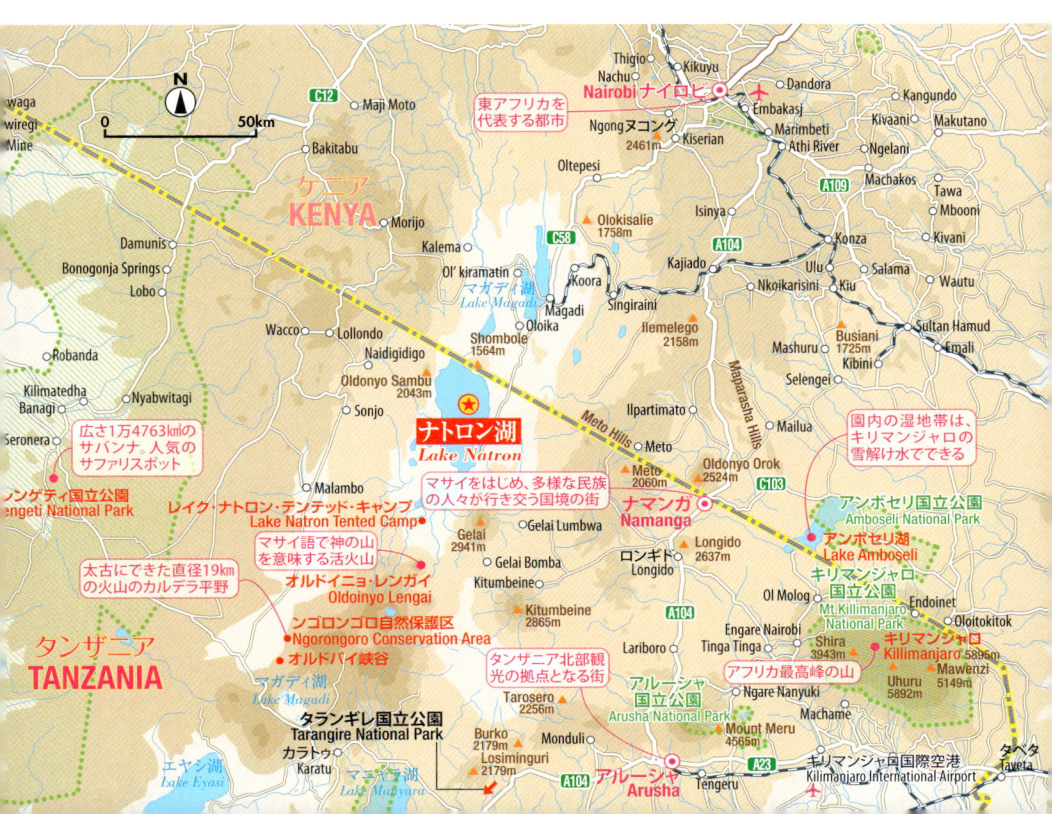

41 気が遠くなるほど広く海へと雪崩れる アプリコット色の美しい大砂丘

NAMIB DESERT

ナミブ砂漠

ナミビア

光と影が造り出す自然の芸術。鉄分を多く
含んだ砂の色が特徴的だ。ナミブとは現地
の人々の言葉で「広大な土地」を意味する

厳しい環境に耐えて生きる
奇想天外な固有種も多種多彩

　ナミブ砂漠は、アフリカ南西部に位置するナミビアの大西洋沿いに約1300kmにわたって続く。世界で唯一海岸沿いに広がり、まだ恐竜が闊歩していたおよそ1億年前に誕生していたともいわれる、世界最古の砂漠である。最大の見どころは、300m級の高低差の砂丘が連なるソススフレイと呼ばれるエリア。近づけば近づくほど、誰もがその壮大なスケールに圧倒されることだろう。赤みを帯びた砂粒が強烈な日差しを受けてアプリコット色に光輝くそのさまは、まさに「世界一美しい砂漠」と呼ぶにふさわしい。めったに雨の降らない乾燥地帯だが、海上から流れ込む霧が砂漠に水分を供給し、それがヴェルヴィッチア(奇想天外の意味。裸子植物の一種)などの類い稀なる固有種をはぐくんでいる。

旅の予算 ● 45万円〜
(大人1人あたりの総予算)

宿泊は滞在地により差があるが1泊2万円、食費1日〜約1万円程度あれば快適に過ごせる。レンタカー(ガソリン代込み)の場合、1日約2万円〜を目安に。

旅行日程 ● 6泊9日〜

日程のうち日本〜ナミビア往復で4日必要。現地での移動手段が限られるので、ツアーで参加するほうが効率的だ。レンタカーを利用して周遊する場合は余裕のある日程を。

	1	2	3	4	5
驚嘆度					●
難易度		●			
危険度	●				

絶景の達人 感動実体験

恐竜の声が聞こえてきそうな幻想世界

耳をすますと恐竜の声が聞こえてくるような気がしました。調べてみると、ナミブ砂漠は1億年近く前にできた世界最古の砂丘。極端に乾燥した世界で、気が遠くなるほどの時間をかけ生き延びてきた木々は、過酷な環境に耐えてきたことを証明するように、曲がりくねっています。その味わいはまさに、大地に根を張る巨大な"盆栽"群。鮮やかな色の砂山と風情ある木々との競演が、1億年というスケールのノスタルジー(!)を感じさせてくれます。

地球の鼓動を感じる遊覧飛行

よりパノラミックに砂漠を楽しみたい人は、遊覧飛行を。数十kmにわたって"大地"が地表に"さざ波"を立てているのを確認できます。沿岸部に寝そべるアザラシを観察してみるのも楽しいです。●フォトエッセイスト 白川 由紀

	1	
2	4	5
3		6

1 大西洋に砂丘が落ち込む珍しい光景。遊覧飛行でこの景色に出会える
2 光と影のコントラストに目を奪われる。砂丘の頂上からの眺めも圧巻
3 姿形が美しいことで知られるデューン45と呼ばれる大砂丘
4 枯れた立木が点在するデッドフレイ(死の谷)と呼ばれるエリア
5 風がつくり出す陰影の美。風紋があちらこちらに
6 2000年生きるという原始植物ヴェルヴィッチア

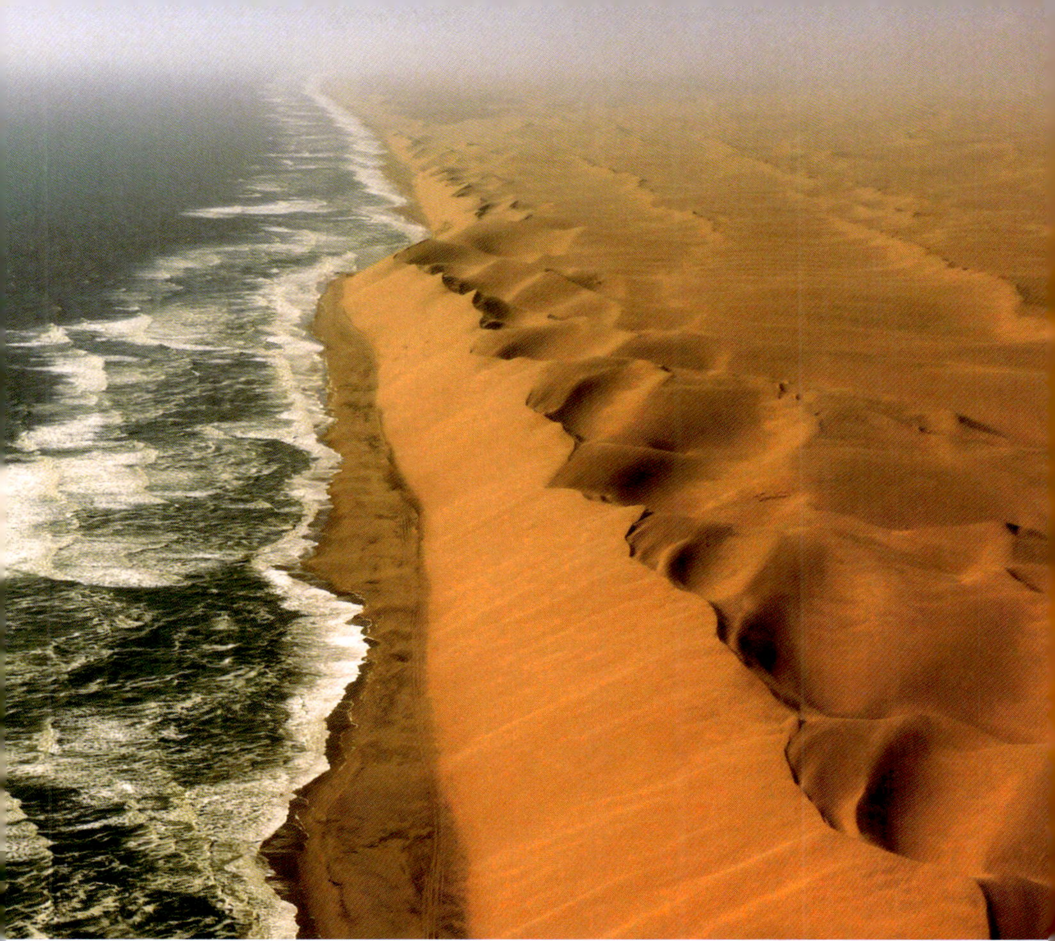

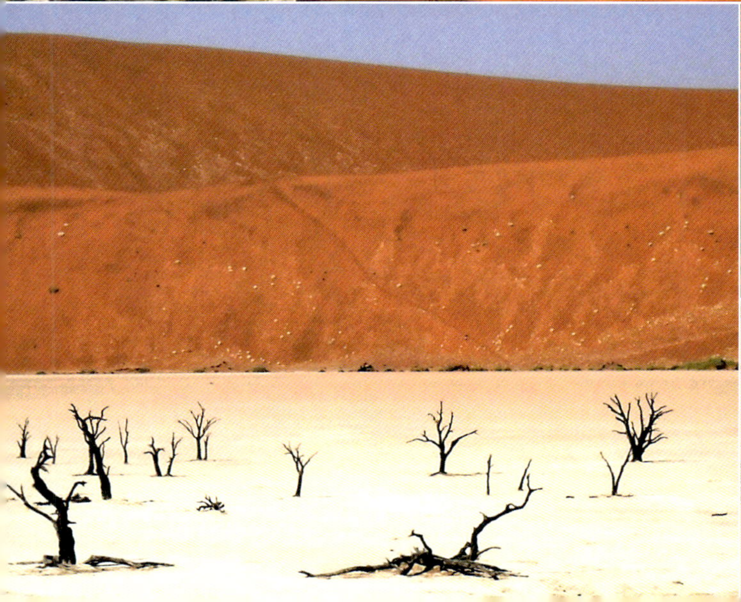

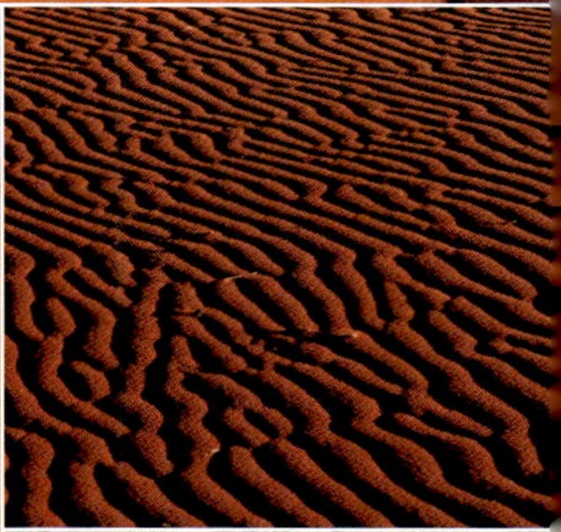

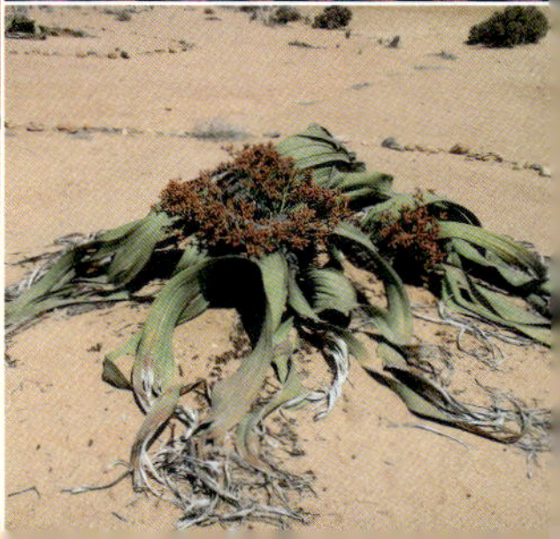

TRAVEL PLAN

アクセス　　　　　　ACCESS

日本とナミビア間は2回乗り換えが必要
乗り継ぎ時間や料金面で、アジア経由が便利

日本からナミビアへは、南アフリカ共和国のヨハネスブルグを経由。日本とヨハネスブルグ間も直行便はなく、香港やシンガポールなどアジア各地、またはドバイで1回乗り継ぐのが一般的。ナミビアの玄関口はウィントフック。ウィントフックからナミブ砂漠観光の中心、ソススフレイまで車で約4時間30分。

アジア主要都市　　　　　　日本
香港、シンガポールなどへ　約4〜7時間
アンゴラ　ザンビア　ジンバブエ
ナミビア　約12時間
約4時間30分　ウィントフック
ナミブ砂漠　ボツワナ
約2時間　ヨハネスブルグ
大西洋　南アフリカ共和国

旅のシーズン　　　　BEST SEASON

比較的過ごしやすい5〜8月がおすすめ
ただし、8月は砂嵐が吹くこともある

1	2	3	4	5	6	7	8	9	10	11	12
雨季				乾季							雨季

ベストシーズンは5〜8月だが、8月は砂嵐が吹く日が多いので注意が必要。雨季で夏の12〜3月は最高気温が50℃近くになることもある一方で、冬は最低気温が氷点下にまで下がる。

旅のアドバイス　　　TRAVEL ADVICE

強い日差しと寒暖差への対策を
カメラやビデオなどは砂埃に要注意

一日の気温差が40℃を超えることもある
典型的な砂漠気候で日没後は急激に気温が下がる。重ね着できるセーターやジャケットなどをしっかり準備していきたい。また、日中は日差しが強いので帽子やサングラスなどは必携だ。

細かな砂が舞いやすいので精密機器は事前に対策を
砂漠の砂はカメラやビデオなどの故障の原因となる。専用のカバーやビニールなどで覆い、風塵対策をしておきたい。

ツアー情報
日本から6〜10日間程度のパッケージツアーが充実している。ツアーではエトーシャ国立公園やカオコランドなどを周遊するものも多いが、ヴィクトリア・フォールズや南アフリカのケープタウンなどを巡るツアーも人気がある。ナミビアのウィントフックやスワコップムント発着の現地ツアーも多い。

モデルプラン　　　　MODEL PLAN

ナミブ砂漠は旅の前半に見学
後半はアフリカの野生動物たちに出会う

DAY 1　飛行機を乗り継ぎ、まずはヨハネスブルグをめざす
夕方に日本を出発して、香港やシンガポールを経由して南アフリカのヨハネスブルグへ。機中泊。

DAY 2　ナミビアの首都ウィントフックからセスリムへ向かう
ヨハネスブルグで再び乗り換え、午前中にウィントフックに到着。ツアーの場合は、空港から車に乗り換えセスリムへ向かう。セスリムまでは所要約5〜6時間。宿泊はナミブ・ナウクルフト国立公園内でキャンプ、もしくはセスリム近郊のホテルやロッジに滞在する。夜到着の場合は、ウィントフックに1泊。

DAY 3　いよいよナミブ砂漠へ
国立公園内でキャンプしている場合は、砂漠の日の出が観賞できる。ホテルやロッジに宿泊の場合は、国立公園のゲートオープンに合わせて砂漠へ。美しい砂丘のデューン45では広大な砂山を歩いたり、死の谷・デッドフレイなどを見る。大西洋沿岸で巡る遊覧飛行ツアーも人気だ。

DAY 4　謎の巨大植物、ヴェルヴィッチアに出会う
大西洋沿いの港町・スワコップムントへ移動。近郊には、2000年以上生きる植物ヴェルヴィッチアの群生地がある。直径4mに及ぶものもある。また、ムーン・ランドスケープと呼ばれる月面に似た地形や、ワルヴィス・ベイ南部のフラミンゴの生息地などもまわる。

DAY 5〜6　北上し、ケープ・クロス、カオコランドへ移動
スワコップムントからナミビア北部のカオコランドをめざす。途中、オットセイの生息地として知られるケープ・クロスに立ち寄る。この日はダマラランドに宿泊し、翌日カオコランドへ出発。

DAY 7　「孤高の民」として知られるヒンバの村
エトーシャ国立公園へ向かう。途中、今も伝統的な暮らしを続けているヒンバの村へ。赤褐色の泥と脂肪を混ぜた液体を顔や紙に塗る習慣が知られている。

DAY 8　サファリ・ドライブで野生の動物たちに接近
エトーシャ国立公園内では、車に乗ったまま動物たちを観察できる。その後、ウィントフックへ戻る。

DAY 9〜10　帰国日。機内で旅の疲れを癒したい
午前中の便でウィントフックからヨハネスブルグへ。ここで乗り換えて、夕方ヨハネスブルグを出発。香港までは約13時間で、機中泊となる。香港で乗り換え、日本へは夜到着だ。

プラス＋2日のオプションプラン

DAY 1〜2　国境にまたがる世界三大瀑布のひとつ
ヴィクトリア・フォールズ　Victoria Falls
ヨハネスブルグから飛行機で1時間40分
ザンビアとジンバブエの国境沿いに流れるザンベジ川にある滝で、滝幅約1700m、最大落差約108mもの規模を誇る。水量が多いのは4〜5月頃だ。世界遺産。

ナミビア NAMIBIA

- オプウォ Opuwo
- オンダングワ Ondangwa
- カオコランド Kaokoland
  放牧を生業とするヒンバの人々が暮らす地域
- オルペンベ Orupembe
- セスフォンテイン Sesfontein
- エトーシャ湖 Etosha Pan
- ナムトニ Namutoni
- エトーシャ国立公園 Etosha National Park
  東西300km、南北100kmもの広さを誇る国立公園。動物は約100種類、鳥類は約400種類ほどがいるという
- オカクエヨ Okaukuejo
- ヴィクトリア・フォールズ Victoria Falls
- ツメブ Tsumeb
- グルートフォンテン Grootfontein
- テラス・ベイ Terrace Bay
- トーラバーイ Torrabaai
- スケルトン・コースト Skelton Coast
- ダマラランド Damaraland
- 化石の森 Petrified Forest
- コリクサス Khorixas
- オウチョ Outjo
- オチワロンゴ Otjiwarongo
- ウォーターバーグ・プラトゥ公園 Waterberg Plateau Park
- オカカララ Okakarara
- トワイフェルフォンテン Tweyfelfontein
  かつてこの地域にいたとされるサン人による壁画が2007年に世界遺産に認定された
- カルクフェルト Kalkfeld
- オチネネ Otjinene
- オマルル Omaruru
- サマーダウン Summerdown
- ケープ・クロス Cape Cross
  オットセイの生息地として有名
- スピッツコップ Spitzkoppe
- ウサコス Usakos
- カリビブ Karibib
- オカハンジャ Okahandja
- ヘンティスバール Hentiesbaal
- スワコップムント Swakopmund
  国際空港もあるナミビア第2の都市。数時間ほどのクルーズを楽しんでもいい
- ムーン・ランドスケープ Moon Landscape
- ウィントフック Windhoek
  ナミビアの首都。国際空港から中心部へは車で約45分
- ゴバビス Gobabis
- ワルヴィス・ベイ Walvis Bay
  街の南側にフラミンゴの生息地がある
- レホボス Rehoboth
- レオナードヴィル Leonardville
- スプリタイア Splitaire
- ナミブ・ナウクルフト国立公園 Namib Naukluft National Park
- セスリム Sesriem
  ナミブ砂漠ツアーの拠点となる街。ウィントフックから車で5時間〜
- スタンプリエト Stampriet
- ソススフレイ Sossusvlei
- デューン45 Dune 45
  この砂丘から望む日の出や夕景は素晴らしい
- マリエンタル Mariental
- デッド・フレイ Dead Vlei
  干上がった沼地に立ち枯れ木が点在する
- マルタホヘ Maltahohe
- ゴチャス Gochas
- ★ ナミブ砂漠 Namib Desert
- ギビオン Gibeon
- フィッシュ川 Fish River
- ヘルメリングハウゼン Helmeringhausen
- 大西洋 Atlantic Ocean
- リューデリッツ Luderitz
- ベサニエン Bethanien
- キエトマンズフープ Keetmanshoop
- キヴァツリーの森 Quiver Tree Forest
- コルマンスコップ（ゴーストタウン） Kolmanskop
- アウス Aus
- フィッシュリバー・キャニオン Fish River Canyon
- ホバス Hobas
- アイ・アイス Ai-Ais
- グリューナウ Grünau

N 0 100km

42 | サハラの東に広がる白い宇宙
過去の海底が風食された至極の芸術

WHITE DESERT

エジプト

サハラの白砂漠

地球上の光景とは思えない、果てしなく続く白い砂漠。石灰岩の奇岩は大きいものでは高さ数十mにも及び、近寄ると山を思わせる迫力だ

かつて海底だった石灰質の砂地に
摩訶不思議な白い奇岩が連なる

　エジプトの首都カイロから南西約350kmのところに、ここ最近、世界中の観光客からピラミッドに迫る勢いで人気を呼んでいる白い稀有な砂漠がある。そこは世界最大の砂漠サハラの一部分にあたるが、誰もが思い描く褐色の砂漠のイメージとはほど遠く、白い荒野にキノコや鳥のようにも見えるさまざまな石灰岩が林立し、あたかも美しい火星のようだ。

　これらは、かつてこの地が海底であったことの名残とされ、貝殻などの化石が見つかる一帯もある。ユニークな形の奇岩群は、何億年という時をかけて岩石化したサンゴや貝が、風に削られてできた、まさに自然のアート作品なのだ。朝日を受けてそれらが淡いピンク色に染まるとき、砂漠は一日で最も神々しい一瞬を迎える。

旅の予算 ● 20万円～
（大人1人あたりの総予算）

観光が盛んなエリアなため、比較的安価でさまざまなツアーが用意されている。時期によっては、10万円以下の格安航空券もあるので、個人で手配しても安く済ませることが可能。

旅行日程 ● 5泊8日～

白砂漠とオアシス観光に2日間、カイロ市内やピラミッドの観光で2日間が、現地で必要な日数。2014年現在、直行便は運休しているため、往復に4日間の移動日が必要となる。

驚嘆度	1	2	3	4	5
難易度	1	2			
危険度	1	2	3		

絶景の達人 感動実体験

車のフロントの先に突然出現する絶景

カイロから白砂漠まで6時間。バハレイヤ・オアシスから先はガタガタの未舗装の道が続きます。褐色の荒地を走っていると、突然視界が一面雪で覆われたような真っ白な世界に様変わり。「ここが本当に地球の風景？本当に砂漠のど真ん中？」と目を疑いたくなるような光景でした。不思議な形をした奇岩がたくさん並んでいて、思わず名前をつけて歩きまわりたくなりました。

日没時の刻々と変わる空の色と満天の星空

あたり一面をグラデーションに染め上げる日没時の景色も、たいへん素晴らしいものです。テント泊では、驚くほど静寂に包まれた世界のなか、おびただしい数の星を見ました。流れ星や天の川は、都会ではけっして見られない非常に貴重な光景でした。●ユーラシア旅行社 田辺久司

1	
2	5
3	
4	6

[1] 白砂漠から眺めるドラマチックな夕景。刻一刻と表情を変え、思わず息をのむ

[2][3] 白い岩は、チョーク岩という泥質の石灰岩で、比較的やわらかい

[4] 水晶でできたクリスタル・マウンテン

[5] 白砂漠で最も有名な奇岩。左がひよこ岩、右がマッシュルーム岩と呼ばれている

[6] 白砂漠ツアーの拠点となるバウィティ村のすぐ近くに広がる黒砂漠。玄武岩が大地を黒く染める

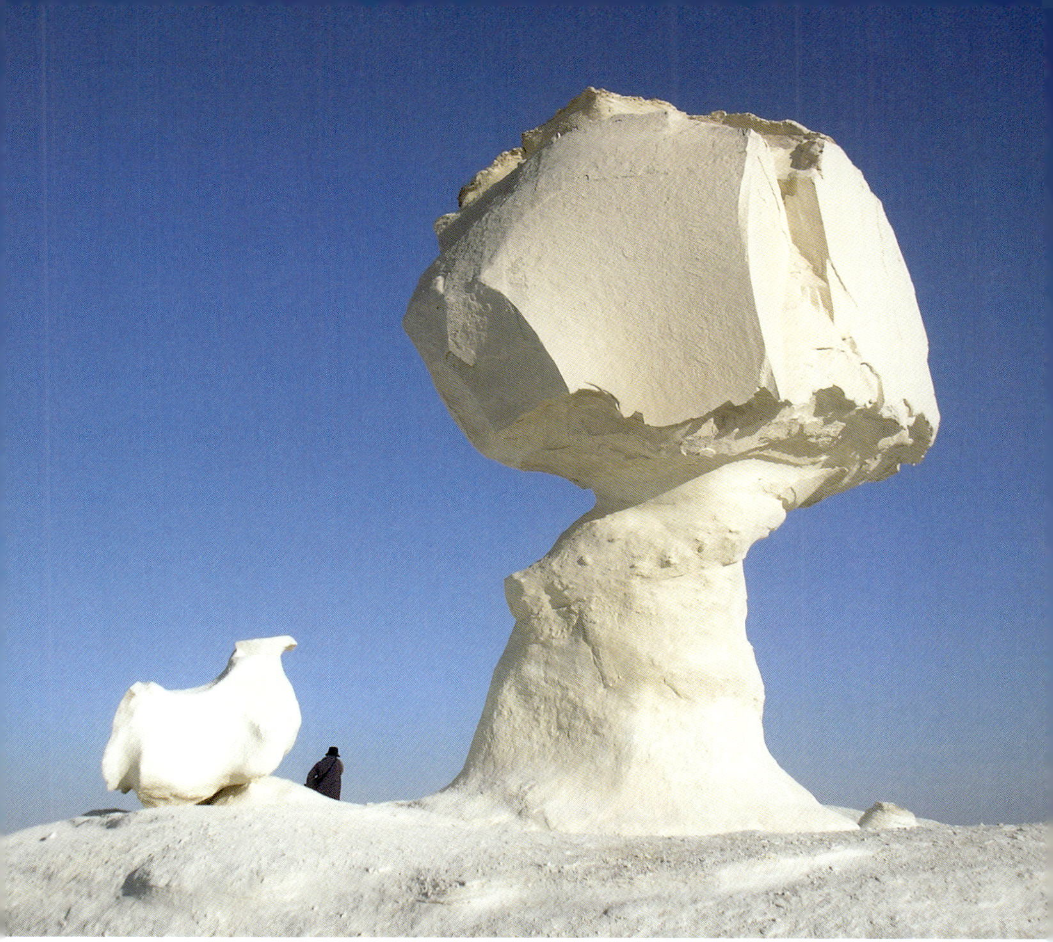

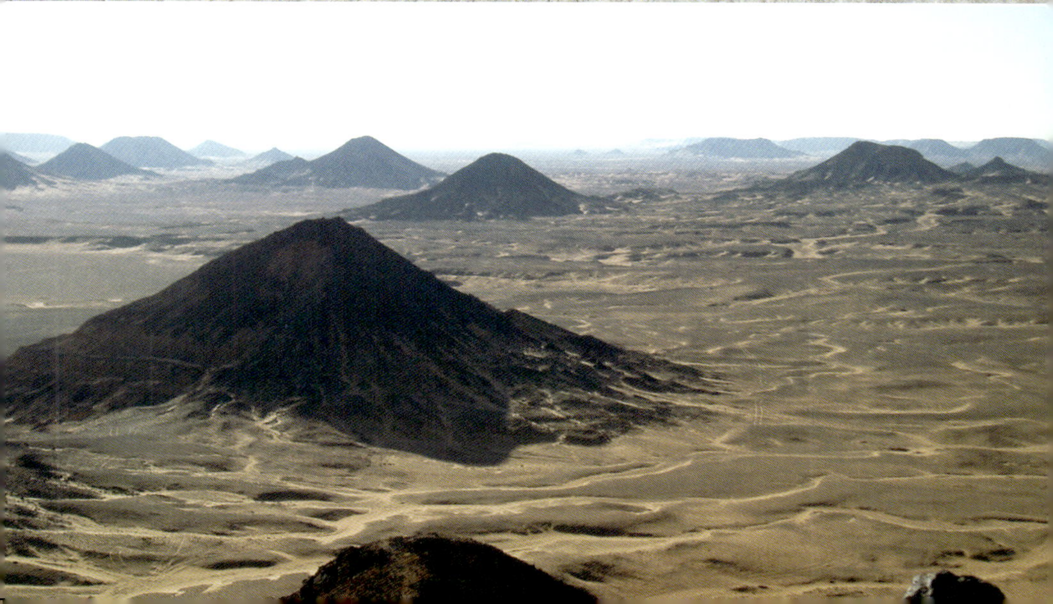

TRAVEL PLAN

アクセス　ACCESS

日本からは中東、ヨーロッパ経由でカイロへ
所要時間は往路18時間〜、復路15時間〜

日本からエジプトの首都カイロへは、エジプト航空が直行で就航していたが、2014年6月現在運休中。ドーハ、アブダビ、ドバイ、パリ、アムステルダムなど、中東やヨーロッパの各都市で乗り継いで行くのが一般的だ。白砂漠ツアーの拠点となるバハレイヤ・オアシスへはカイロからバスでおよそ5時間。

中東主要都市 → 日本
ドーハ、アブダビなどへ 約11時間〜
ドーハ、アブダビなどから 約3時間30分〜
カイロ〜バハレイヤ・オアシス 約5時間
バハレイヤ・オアシス〜白砂漠 約2時間

地中海／ヨルダン／カイロ／サウジアラビア／リビア／エジプト／アスワン／紅海／スーダン

旅のシーズン　BEST SEASON

砂漠が乾燥を極める夏季以外に旅行の計画を
3〜5月は特有の砂嵐に要注意

1	2	3	4	5	6	7	8	9	10	11	12
冬	冬				夏	夏	夏			冬	冬

ベストシーズンは10〜4月だが、11〜3月の冬季は朝晩かなり冷え込む。3〜5月はハムシーンと呼ばれる砂嵐が吹く日があるので気をつけよう。6〜9月の酷暑は避けたほうが賢明だ。

旅のアドバイス　TRAVEL ADVICE

白砂漠の魅力を存分に堪能するなら
満天の星空の下、テント泊がおすすめ

気温差の激しい砂漠気候。体調管理はしっかりと
日差しが強いので、暑くてもつねに長袖を着用しよう。テント泊をする際は、とくに冬季は十分な防寒対策が必須。トイレはないので、各自、岩陰などで用を足すことになる。

1泊2日の白砂漠&黒砂漠を巡るツアーでテント泊を味わいたい
各種ツアーが用意されているが、ダイナミックな大自然を体感するには、砂漠のテントで一夜を過ごすツアーがおすすめだ。

ツアー情報

日本の各旅行会社が提供するツアーは、白砂漠とギザの3大ピラミッドに、ルクソールやアレキサンドリアなどを組み合わせた8〜10泊のツアーが多い。バハレイヤ・オアシスのホテルまで移動後、白砂漠へ行くツアーを利用することもできる。少人数だと高くつくので、一緒に行く仲間を見つけたい。

モデルプラン　MODEL PLAN

奇岩に囲まれ、月の砂漠を体感
古代エジプトの神秘的な遺跡群も見逃せない

DAY 1-2　中東で乗り継いでエジプトへ。到着後はカイロ市内泊
エジプトへの直行便はなく、アラビア半島のドーハやアブダビ、ドバイなどを経由する便が一般的。カイロへ到着後、カイロ市内のホテルへ移動し、時間があれば市内観光へ。ゆっくり休んで、砂漠行きの準備をしよう。

DAY 3　バスでバハレイヤ・オアシスへ、そして砂漠で1泊
カイロを朝に発ち、白砂漠観光の拠点となるバハレイヤ・オアシスへ。4WDに乗り村を出るとすぐに黒い石が転がる黒砂漠が広がる。クリスタル・マウンテンにも立ち寄り3時間ほど進むと、白砂漠へ到着。奇岩の向こうに落ちる夕日を眺める。バーベキューの夕食後、テント泊。

違う惑星にいるような風景の中にテントを張る。月光の下で見る奇岩も、目をみはる風景だ

DAY 4　砂漠に昇る朝日を眺めたら、オアシス周辺を周遊
砂漠の朝日が見られるのは、テント泊だからこそ。バハレイヤ・オアシスに戻ったら、保存状態の良い壁画が残るアル・バウィティの岩窟墳墓など、周辺のスポットを巡る。そのまま、バウィティ村に宿泊。

DAY 5　カイロへ戻る道中にエジプト王朝の遺跡へ立ち寄り
カイロ方面へ戻りながら、近郊の古代エジプト王朝の遺跡、メンフィスとサッカラを観光。メンフィスのラムセス2世の巨像や、サッカラの階段ピラミッドは必見。

DAY 6　エジプト最大のピラミッドへ
ギザへ行き、3大ピラミッドを観光する。スフィンクスやクフ王のピラミッドをバックに撮る記念写真は、エジプト旅行には必須。ピラミッド観光が終わったあとは、カイロでのんびりと過ごそう。

DAY 7-8　カイロ市内を観光し、帰国する
帰国便の出発まで、カイロ市内を観光。ツタンカーメン王の黄金の仮面など、多くのラムセス2世のミイラなどを所蔵するエジプト考古学博物館は必訪。カイロ国際空港出発後は、再び中東で乗り継いで、日本帰国。

プラス +1日 のオプションプラン

DAY 1　砂漠に巨大なクジラの化石が点在する
ワディ・アル・ヒタン　Wadi Al-Hitan
カイロから車で約3時間

カイロの南南西約150kmの西部砂漠にあり、たいへん稀少な進化途中のクジラの化石が多数発掘されていることで有名。2005年には世界自然遺産に登録された。公共交通機関がないので、車をチャーターするかツアーで巡る。

エジプト EGYPT

- アレキサンドリア
- タンタ Tanta
- Banha
- Madinat As-sādāt
- カイロ国際空港 Cairo International Airport
- Giza ギザ
- Madinat 6 uktūbar
- カイロ Cairo
- Al-hawāmidiya
- メンフィス Memphis
- サッカラ Saqqara
- Birkat Qārūn
- Qārūn
- Ibšawāy
- Tāmiya
- Sinnūris
- Atfīḥ
- ファイユーム Al-Fayyūm
- Ihnāsiya Al-Madina
- Sumustá Al-Waqf
- Bībā
- Banī Suwaif ベニ・スエフ
- マガーガ Magāga
- Banī Mazār
- Samālūṭ
- エル・ミニヤ El-Minya
- Abū Qurqās
- Mallawī
- Tandah
- Dairūṭ
- Al-Qūṣiya
- Abnūb
- アシュート Asyūṭ
- Abū Tīg
- Tīmā
- Ṭahṭā
- ソハーグ Sohag
- Aḥmīm
- ギルガ Girga
- Al-Balyana
- ナグ・ハマーディ Nag Hammadi
- ワディ・アル・ヒタン Wadi Al-Hitan — クジラの先祖の化石などが発掘され、かつて海であったことを示す
- ワディ・エル・ラヤン Wadi El Rayan — 2つの人造湖がある自然保護区で、豊かな緑が広がる
- 雄大な姿を見せるギザの3大ピラミッド
- バハレイヤ・オアシスの中心部
- バウィティ村 El Bawiti
- バハレイヤ・オアシス Bahariya Oasis
- 黒砂漠 Black Desert — 白砂漠へ行く途中に現れる黒砂漠
- クリスタル・マウンテン Crystal Mountain — 水晶でできた岩山。足元には大量の水晶の結晶があり、一帯に奇岩が立ち並ぶ
- Qaṣr al-Farāfira
- ★ サハラの白砂漠 White Desert
- Al-Qasr
- ダクラ・オアシス
- Al-Maḥariq
- ムート Muṭ
- カルガ・オアシス Kharga
- Būlāq

N ↑ 50km

43 地球の胎動を生々しく実感する
苛烈にして美しい絶景の荒野

DANAKIL DESERT
ダナキル荒地

エチオピア

ダロール地区で見られる食塩泉、酸性泉の数々。硫黄やカリウムなど、水蒸気とともに地中から湧出するミネラルが泉を彩色

火山が生み出す多彩な色と形
大地の熱さに地球の躍動を体感

　エチオピア、エリトリア、ジブチと3カ国をまたぐ荒涼とした地は、上昇するマントルが地下から地表を押し広げることでできた窪地。陸上では世界屈指の低地で、最大箇所は海面より150mも低い。1000万〜500万年前に始まった火山活動が今なお激しく、マグマが地下20kmにまで迫っていることに加えて盆地状の地形でもあり、一帯は猛烈な暑さだ。夏は気温50℃にもなるが、一方で活発な噴火や地殻変動は特異な景色を生み出す。とくにダロール地区は、硫黄、塩、カリウム、油などが溶けて毒々しいほどの色をたたえた泉や、古代に流入した紅海の水が乾いて度重なる隆起と浸食によって形成された塩の奇岩群、噴出口から湧く硫黄の塵が燃えて青く光る火山など奇景が多い。

旅の予算 ● 60万円〜
（大人1人あたりの総予算）

日本国内からのツアーが約60万円〜。個人で手配する場合も、現地のダナキルツアーは大人数でも1人あたり1日5万円ほどかかるため、できるだけ人数を集めたい。

旅行日程 ● 6泊10日〜

エルタ・アレ火山のトレッキングに2日、ダロールの硫黄湖や塩の奇岩群、塩田の見学に2日が現地で必要な日数。加えて、トランジットなどを含めて、移動に片道3日間ほどかかる。

	1	2	3	4	5
驚嘆度					●
難易度					●
危険度				●	

絶景の達人 感動実体験

地獄があるとしたら、たぶんこんなところです

　片道約12km、標高差約460mの溶岩道を歩くエルタ・アレ火山の山登りは、けっして楽なものではありませんでした。でもゴールにはすべての辛さを吹き飛ばす光景が待っていました！真っ赤な溶岩が時折「シューッ」「ザバーッ」と激しく噴き上げる様子、ガスの臭いや、まとわりつく熱風…、自然と驚きの声をあげてしまったのを覚えています。真っ赤にグツグツと噴き上げるマグマに、「地球って生きているんだな〜」と実感しました。

夏は50℃超えで動きまわれないほどの暑さ

　冬も日中は40℃超え。とにかく暑いので、汗拭きシートや冷却ジェルシートが一役買ってくれます。暑いし野天泊だし、苛酷な旅ですが、その先にある絶景に代えられるものはありません。　　●ユーラシア旅行社　岩間 裕子

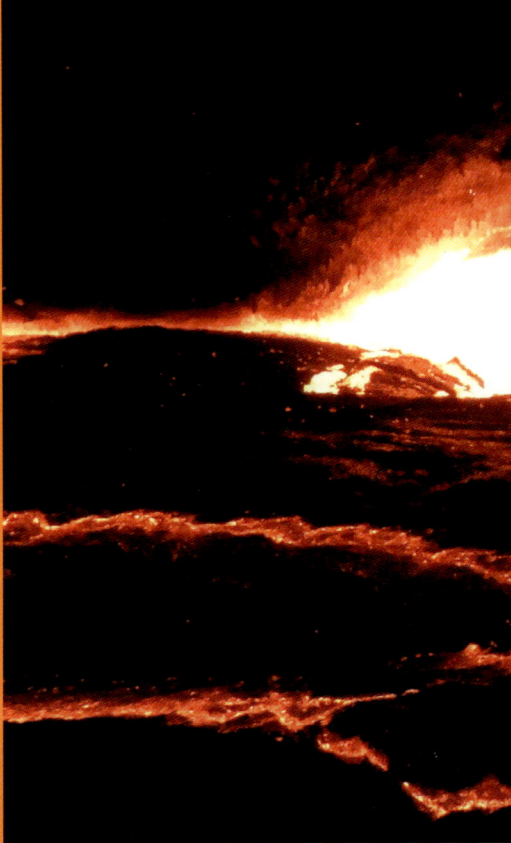

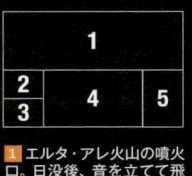

	1	
2	4	5
3		

1 エルタ・アレ火山の噴火口。日没後、音を立てて飛び散る赤い溶岩が闇夜に浮かぶ

2 激しい地殻変動と浸食で塩化した塩塊が奇岩となる。高いものは50mにも及ぶ

3 道路が整備された現在、ラクダが塩を運ぶのは約57kmの行程。今も海抜ー120mのアッサレ湖から2000mの高地にあるメケレまで1週間をかけてキャラバンが移動しているという

4 泉のなかで結晶した塩化カリウムが干上がりソルト・マッシュルームとなる

5 アッサレ湖は地上最高濃度の塩湖。塩を採掘するのはアファール族の人々

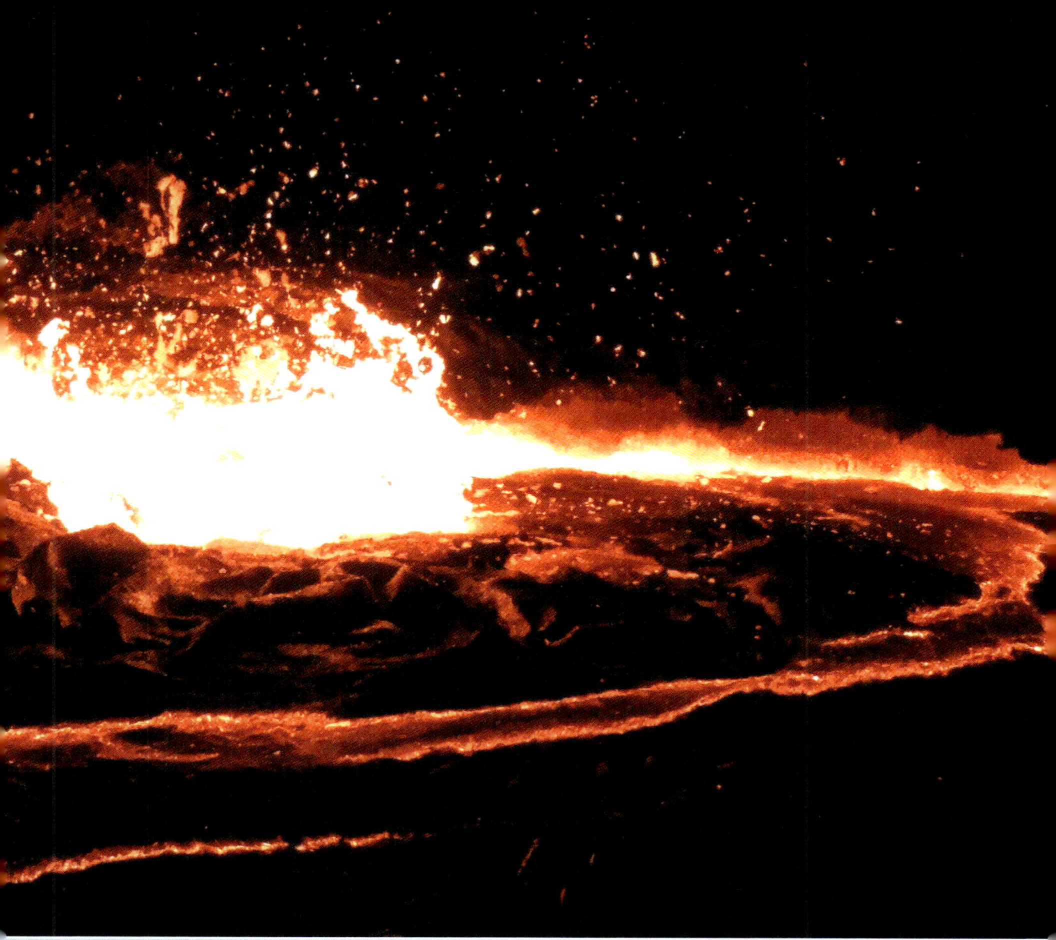
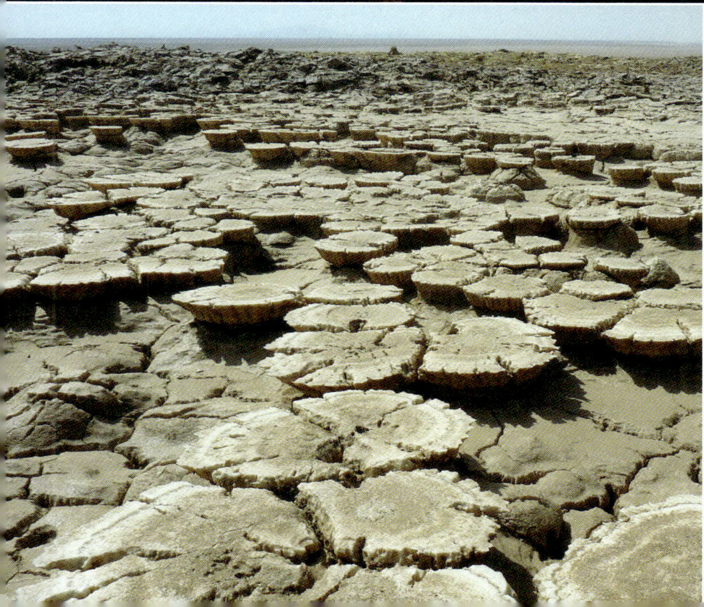

TRAVEL PLAN

アクセス　　　　　　　　　　ACCESS

アディスアベバからエチオピアに入り
空路や陸路でダナキル荒地へ

エチオピアのアディスアベバへ、トランジットを挟んで到着後、最寄りの空港があるメケレまで国内線で移動、それから4WDでダナキル荒地まで行くのが最短のルート。各所の観光を挟みつつ、ダナキル荒地まで陸路で移動するプランもある。

中東主要都市 → ドバイ、ドーハなどへ ← 日本
約11時間
約4時間
紅海　エリトリア　イエメン
ダナキル荒地 ★
メケレ ●　アデン湾
約1時間30分　ジブチ
アディスアベバ ●　1日
スーダン　エチオピア　ソマリア
ケニア

2014年10月中旬より成田〜エチオピア間に直行便が就航

旅のシーズン　　　　　BEST SEASON

窪んだ地形と地熱による灼熱のエリア
比較的涼しい11〜2月でも気温40℃

1	2	3	4	5	6	7	8	9	10	11	12
乾季				雨季						乾季	

夏は現地に暮らすキャラバンも休むほどの酷暑で、ツアーも催行されない。涼しいとされる12〜1月でも夜間25〜30℃、昼は40℃にも達するうえ乾燥しているので、水分摂取が大切だ。

旅のアドバイス　　　　TRAVEL ADVICE

酷暑にテント泊と、とにかく体力勝負
水分摂取と紫外線対策で熱中症を予防する

過酷な環境下なので、ガイドの指示はきちんと守ること
炎天下を長時間、火山ガスが漂う地域を歩いたりするので、肺や心臓に疾患がある場合は参加を見合わせたい。ツアーに参加する場合も体力を過信せずに、ガイドに従って行動したい。

ダナキル荒地の夜は、キャンプが基本
高温だが乾燥しているため野宿でも意外と快適。とはいえ、シャワーはないので、日常と同じような快適さを求めないように。

ツアー情報

日本からのツアーは開催期間も限定され数も少ないが、アワシュ国立公園のサファリやアファール人の市場見学を組み合わせた、10日〜2週間のプランがある。メケレ到着後、現地のツアーに参加することも可能だが、警護やコックの同行が必要なため、事前に現地会社と交渉を済ませておきたい。

モデルプラン　　　　　　MODEL PLAN

活火山トレッキングと幻想的な湖
大地に潜む力がつくり出した光景に驚愕

DAY 1-2　中東で乗り継いで、アディスアベバへ
エチオピアへの直行便はないので、UAEのドバイやカタールのドーハで乗り継ぐ。エチオピア最大の都市である首都アディスアベバへ昼頃に到着後、市場や街並を観光し、そのままホテルに宿泊する。

DAY 3　国内線でメケレへ移動し、ダナキル荒地へ
国内線でダナキル荒地最寄りとなるメケレまで飛行機で移動。到着したら、ダナキル荒地の拠点となるアハメド・エラ村まで車で移動。標高差2000mを半日かけて下りていく。運が良ければ、道中で塩を運ぶティグレ人のラクダのキャラバンに遭遇することも。アハメド・エラ村泊。

近隣に満足な宿泊場所はなく、ダナキル荒地滞在中は露天泊のような状態が続く。温泉が湧く場所で入浴できることはある

DAY 4-5　エルタ・アレ火山をトレッキング
エルタ・アレ火山の麓のベースキャンプまで車で移動。火口までは4時間ほどのトレッキングとなる。大迫力の火口は、日中と夜間で違う顔を見せる。そのまま山頂付近で就寝。満天の星空を見ながら唯一無二の夜を体験。火山に昇る朝日を眺めたら、気温が上がらないうちに下山。大規模な塩採掘が行なわれているアフデラ湖畔へ。アハメド・エラ村泊。

DAY 6　ダロールの硫黄湖や塩の奇岩を見る
硫黄の匂いがたちこめるなか、鮮やかな色彩が一面に広がるダロールの硫黄湖へ。高さ40m以上に達するものもある塩の奇岩群も壮大だ。近くにはアッサレ湖（カルム湖）もある。終日たっぷりと奇景を堪能して、アハメド・エラ村泊。

DAY 7-10　メケレを経由し、アディスアベバへ戻り帰国
メケレへ車で移動し、メケレ近辺の岩窟教会群やアファールの人たちの村を見学。1泊したのち、アディスアベバへ飛行機で戻る。アディスアベバを観光し、午後に出発。再び中東で乗り継ぎ、日本へ帰国。

プラス +1日 のオプションプラン

DAY 1　動物を見たあとは温泉でひと休み
アワシュ国立公園 Awash National Park
アディスアベバからバスで約4時間

ダナキルからの帰路に設定されていることがある、アディスアベバ近郊の国立公園。サファリで動物たちに出会えるほか、温泉が豊富に湧いており、サバンナのなかで深さ2mにもなる湯に浸かるのは、貴重な体験だ。

TRAVEL PLAN

黄金の塩　イスラム教徒とキリスト教徒の共同作業が築き上げる文化

黄金の塩が横たわる地に住む人々

ダナキル荒地が位置するアファール盆地には、イスラム教徒のアファール人（ダナキル人と呼ばれることもある）が多く居住している。伝統的に遊牧民として暮らし、好戦的で戦士の誇りを持つ民族だ。

一帯は国内有数の塩の産地で、採掘される塩はかつてエチオピア全土でアモーレと呼ばれる貨幣としても使われていた。黄金とも交換される塩の採掘や持ち出しに関する権利を握っていたアファール人は、当時、王侯のような暮らしをしていたという。貨幣として使われなくなった今も現金収入の貴重な手段で、塩に関連する権利と仕事は伝統文化として受け継がれている。気温が50℃以上にも達することが多いこの地で、塩湖から塩の板を手作業で切り出す仕事は非常に過酷。日の出前に始まり太陽が昇り熱気で作業が不可能になる前に終わるが、毎日のように肌が焼け皮が剥けるほどだったという。

ティグレ人のキャラバンが酷暑のなか、塩を運ぶ

異宗教間の協力で、塩はエチオピア全土へ

切り出された塩を高地までラクダとロバのキャラバン隊で運搬し販売ルートに乗せるのは、エチオピアの中央高地をおもな居住地とするキリスト教徒のティグレ人。近年までは100km離れたメケレまで何日もかけて運んでいたが、今は高地にさしかかる手前のベラヘレに市場ができ、道のりは半減した。異なる宗教を持つ2つの部族の関係は微妙なバランスのもとにあり、両部族の間にトラブルが起きた際は、塩の切り出しも運搬もストップし、問題が解決するまで再開しないという。

国内旅行代理店

経験豊富なスタッフが現地の最新情報や魅力あふれる旅を提案してくれる。世界中を網羅する旅行会社や、特定の国や地域に精通しているところなど、プランに応じて問い合わせてみよう。

ユーラシア旅行社
ユーラシアりょこうしゃ

所 東京都千代田区平河町2-7-4 砂防会館別館4F
℡ 03-3265-1691（代表）　営 10:00～18:30（土・日曜・祝日休）
HP http://www.eurasia.co.jp

遺跡、自然、伝統文化、芸術など、テーマを深く掘り下げたツアーを企画。130カ国以上にネットワークを持ち、世界の人気絶景地や秘境を幅広くカバーする。参加人数は最大25名までに制限、営利目的のみやげ物店や免税店には立ち寄らないなど、上質で快適な旅行にこだわる。旅行の相談や質問には、添乗業務などで現地に精通する社員が応対。1名から申し込める個人旅行の手配も行なう。ジャスダック上場企業。

西遊旅行
さいゆうりょこう

所 東京都千代田区神田神保町2-13-1 西遊ビル
℡ 03-3237-1391（代表）　営 10:00～18:30（土・日曜・祝日休）
HP http://www.saiyu.co.jp

1973年の創業以来、数々の秘境ツアーを実現させ、業界を牽引してきたパイオニア的存在。ヒマラヤを中心とした海外トレッキングツアーをはじめ、異国情緒漂うシルクロードを巡るツアー、世界各地の絶景・秘境ツアーなど、バラエティに富んだ多彩な旅を提供する。ウェブサイトの内容も充実しており、スタッフのツアーレポートや旅の情報誌、説明会の案内など、旅のプランニングに役立つ情報が満載。

道祖神
どうそしん

所 東京都港区芝5-13-18 いちご三田ビル9F
℡ 0120-184-922　営 9:30～18:30（日曜・祝日休）
HP http://www.dososhin.com

アフリカ大陸へのツアーを専門とする旅行代理店。砂漠や熱帯雨林、サバンナなど、雄大な自然と多様な文化を誇るアフリカ大陸のツアーを提案している。ケニアやタンザニアのサファリツアーをはじめ、ボツワナ・キャンプ、キリマンジャロ登山など充実の内容で、アフリカの魅力が肌で感じられる。少人数制なので催行中止になることも少なく、時間に余裕をもって和気あいあいとツアーが楽しめるのもうれしい。

ism
イズム

所 東京都千代田区九段南3-4-5 フタバ九段ビル2F
℡ 03-5214-0066　営 9:30～18:30（土・日曜・祝日休）
HP http://shogai-kando.com

「生涯感動の旅」をコンセプトに、北米を中心とした世界各地の自然や文化とふれあえる、"非日常"の体験を提供する。カナダのイエローナイフからアメリカのグランドサークル、ボリビアのウユニ塩湖、ガラパゴス諸島まで、パッケージツアーの内容は多彩。とくにカナダは大自然のなかに飛び込めるさまざまなツアーを用意。もちろん自由にカスタマイズできる個人旅行の相談にも応じてくれる。

ラティーノ

所 東京都渋谷区恵比寿南1-3-6 CIビル5F
℡ 03-3792-9000　営 9:30～17:30（土・日曜・祝日休）
HP http://www.t-latino.com

ペルーを中心とした中南米旅行一筋20年以上の旅行代理店。中南米の人気絶景スポットを巡るパッケージツアーはもちろん、コースやホテル、ガイドの有無まで自由に選べるオーダーメイドの個人旅行も人気。中南米に特化し数々の旅を提案してきた長年の経験と、各国とダイレクトでつながるネットワークを武器として、旅行者の幅広いニーズに応える。ブラジルのリオにも営業所があり、現地で日本語によるサポートも受けられるので安心だ。

ふれあいの旅を演出する南米専門店
アルファインテル南米交流
アルファインテルなんべいこうりゅう
- 所 東京都港区新橋3-8-6 大新ビル3F
- ☎ 03-5473-0541　🕘 9:30～18:30（土曜は～12:00、日曜・祝日休）
- HP http://www.alfainter.co.jp

大自然の旅を提案するアメリカの達人
イー・トラベル
- 所 東京都港区南青山4-16-3-102
- ☎ 03-3796-7564　🕘 9:00～18:00（土・日曜・祝日休）
- HP http://www.usa-tatsujin.com

華やかな中国旅行をプロデュースする
中青旅日本
ちゅうせいりょにほん
- 所 東京都港区西新橋2-2-2 澤ビル4F
- ☎ 03-5510-9988　🕘 9:30～18:00（土曜は～12:00、日曜・祝日休）
- HP http://cyts.co.jp/

ロシア・CIS諸国専門のオプショナルツアーに強い
インツーリスト・ジャパン
- 所 東京都千代田区九段北4-1-14 九段北TLビル2F
- ☎ 03-3238-9117　🕘 9:30～18:30（土・日曜・祝日休）
- HP http://www.intourist-jpn.co.jp

シルクロード諸国専門の旅行会社
さくら ツアーズ
- 所 東京都中央区新富1-4-5 東銀座ビル5F
- ☎ 03-5541-9960　🕘 10:00～18:00（土・日曜・祝日休）
- HP http://www.sakura-tours.jp

オーダーメイドで旅をアレンジ！ヨーロッパ専門店
旅コンシェル
たびコンシェル
- 所 東京都千代田区内神田2-7-7 新内神田ビル2F
- ☎ 03-3525-8380　🕘 10:00～19:00（土曜は～15:00、日曜・祝日休）
- HP http://www.big-tour.com

北欧や中欧のネットワークに強い
ネットトラベルサービス
- 所 東京都港区芝1-7-17 住友不動産芝ビル3号館3F
- ☎ 03-6809-4324　🕘 10:00～17:00（日曜・祝日休）
- HP http://www.tumlare.co.jp

アフリカのツアーならおまかせ安心
ベビーズブレス
- 所 東京都渋谷区恵比寿南2-18-12　☎ 03-3760-8885
- 🕘 10:00～18:30 土曜11:00～16:30（第1・3・5土曜、日曜・祝日休）
- HP http://www.babibre.com

世界中に広がる旅のネットワーク
H.I.S. 新宿本社
エイチ アイ エス しんじゅくほんしゃ
- 所 東京都渋谷区千駄ヶ谷5-33-8 サウスゲート新宿ビル1・9F
- ☎ 03-5360-4891　🕘 10:00～22:00 土曜11:00～21:00 日曜・祝日11:00～18:00
- HP http://shinjuku.his-j.com

ワクワクする旅、南米・欧州を専門に取り扱う
スペースワールド
- 所 東京都新宿区四谷4-34-2 YSビル5F
- ☎ 03-3353-8782　🕘 9:30～18:30（土曜は～17:00、日曜・祝日休）
- HP http://www.spaceworld.jp

南米ツアーを専門に扱う
南米パック ブラジル旅行社
なんべいパック ブラジルりょこうしゃ
- 所 東京都港区新橋2-12-1 ランディック第3新橋ビル2F
- ☎ 03-3593-8787　🕘 9:30～18:00（土曜・日曜・祝日休）
- HP http://www.brasil.co.jp

現地オフィスもあり安心！フィリピン専門店
サウスバウンド
- 所 東京都港区西新橋1-5-12 佐野ビル4F
- ☎ 03-3539-6951　🕘 9:30～18:00（土・日曜・祝日休）
- HP http://www.southbound-inc.com

シベリア鉄道旅行、サハリン旅行を専門に扱う
ツーリストシアター
- 所 東京都中央区勝どき4-2-13 辻野ビル503
- ☎ 03-5560-8051　🕘 9:30～18:00（土・日曜・祝日休）
- HP http://www.touristtheater.com

ヨーロッパ20都市以上に現地手配オフィスあり
ミキツーリスト［みゅう］東京
ミキツーリスト みゅう とうきょう
- 所 東京都港区西新橋3-23-11
- ☎ 03-5404-8814　🕘 10:00～18:00（土・日曜・祝日休）
- HP http://www.myushop.net

ヨーロッパに精通した専門店で自分だけの旅を実現！
ユーレックス
- 所 東京都港区赤坂3-16-11 東海赤坂ビル3F
- ☎ 03-3586-7392　🕘 10:00～18:00（土・日曜・祝日休）
- HP http://www.eurex.co.jp

ヨーロッパの個人旅行専門店
GCトラベル
ジーシートラベル
- 所 東京都新宿区西新宿7-1-7 ダイカンプラザA館 419号
- ☎ 03-3364-4963　🕘 10:00～18:00（日曜・祝日休）
- HP http://www.gctravel.co.jp

南米やアフリカの秘境を専門に扱う
クオリアス 旅人舎
クオリアス りょじんしゃ
- 所 東京都新宿区西新宿1-3-3 品川ステーションビル新宿6F
- ☎ 03-5325-4525　🕘 10:00～18:00（土曜は～14:00、日曜・祝日休）
- HP http://www.qualia-earth.com

未知なる国々への旅をメインに取り扱う少人数ツアー
ファイブ・スター・クラブ
- 所 東京都千代田区神田神保町1-13 CONVEX 神保町8F　☎ 03-3259-1511　🕘 10:00～18:00（土曜は～16:30、日曜・祝日休）
- HP http://www.fivestar-club.jp

現地ツアー会社

現地発着の宿泊ツアーや、絶景をもっと楽しむためのアクティビティなど、その国、エリアを知り尽くした、頼もしいスタッフが相談にのってくれる。国内から予約を。

上海東方和平国際旅行社
SHANGHAI ORIENT PEACE INTERNATIONAL TRAVEL SERVICE
中国
- 所 上海市閘北区天目西路511号 錦程大廈2302室
- ☎ +86-21-3303-0480　営 9:00～17:00（日曜・祝日休）
- HP http://www.yurakutravel.com

四川省中国青年旅行社欧米支社
Sichuan Province, China Youth Travel Service
中国
- 所 成都市錦里西路107号 錦江時代花園南楼406室
- ☎ +86-28-8517-4978　営 9:00～18:00（土・日曜・祝日休）
- HP http://www.tf-travel.com

ヒット・ザ・ロード・ツーリズム
HTR Tourism & Travel
トルコ
- 所 Karagandere Mah. Karagandere Sok. No.20, URGUP
- ☎ +90-539-971-7191（日本語）、0384-341-5548
- 営 9:00～18:00（日曜休）　HP http://htrtour.com

ウニベルツール
UNIVERTUR
ブラジル
- 所 東京都中央区銀座8-14-14 銀座昭和通りビル4F
- ☎ 03-3544-6110　営 9:30～17:30（土曜は～12:30、日曜休）
- HP http://www.univer.net/local-tour

リバティーホリデイズ
LIBERTY Holidays
ネパール
- 所 東京都新宿区南元町25-6-201
- ☎ 03-5362-0411　営 10:00～18:00（土・日曜・祝日休）　HP http://www.libertyholidays.jp

スールトレック
Surtrek
エクアドル
- 所 Reina Victoria N24 -151 y José Calama, Quito, Ecuador　☎ +593-2-2500-660　営 9:00～18:00（土・日曜休）　HP http://www.surtrek.jp

PTNトラベル
PTN Travel
フィリピン
- 所 SaacⅡ, Lapu-lapu city, Cebu　☎ 050-5539-5122（IP）　営 8:00～17:00（土曜は～13:00、日曜休）　HP http://www.ptn.com.ph

BPRP
Belize Public Relation Production
ベリーズ
- 所 6181 Dolphin Drive, Button wood Bay, Belize City　☎ +501-223-3206　営 9:00～17:00（土・日曜休）　HP http://www.bprp.bz

JIC旅行センター
JIC Travel Center
ロシア
- 所 東京都新宿区四谷2-14-8 YPCビル7F
- ☎ 03-3355-7295　営 9:30～18:00（土・日曜休）
- HP http://www.jic-web.co.jp

ネバダ観光サービス
NEVADA KANKO SERVICE
アメリカ
- 所 2225 East Flamingo Road #202 Las Vegas Nevada 89119
- ☎ +1-702-731-5403（日本語）　営 10:00～18:00（無休）
- HP http://www.nevakan.com

チェコ・トラベランド
CZECH TRAVELAND
チェコ
- 所 Ke Zbraslavi 172,143 00 Praha 4-Točná
- ✉ info@czechtraveland.com　営 9:00～17:00（土・日曜・祝日休）
- HP http://www.czechtraveland.com

ARAプロフェッショナル・トラベル&サポート
ARA Professional Travel & Support Inc.
カナダ
- 所 Suite728 – 602 W. Hastings St.,Vancouver B C V6B 1P2　☎ +1-604-558-3223（代表）　営 10:00～18:00（土・日曜休）　HP http://arapro.ca

パノラミック・トラベル・グループ
Panoramic Travel Group
スロベニア
- 所 Panoramic Travel Holding d.o.o. Stegne 11c, 1000 Ljubljana
- ☎ +386-1-600-43-24　営 8:00～16:00（土・日曜・祝日休）
- HP http://www.panoramic-travel.com/jp

AATキングス
AAT KINGS
オーストラリア
- 所 Tour & Information Centre, Ayers Rock Resort, Yulara NT　☎ +61-8-8956-2021
- 営 9:00～16:00　HP http://aatkings.co.jp

ユー・アンド・アフリカ
You and Africa
ナミビア
- 所 Company Reg. Number: cc/2002/2905 P.O.Box 600 Omaruru　☎ +264-64-570058　営 9:00～17:00（土・日曜・祝日休）　HP http://www.hello-africa.com

インパック・ツアーズ
IMPAC TOURS
パラオ
- 所 P.O.Box 10107, Koror, Republic of Palau 96940
- ☎ 03-6222-8870（国内）、+680-488-3779（現地）
- 営 7:45～18:30（無休）　HP http://www.palau-impac.com

ジャタ・ツアーズ
JAPAN TANZANIA TOURS
タンザニア
- 所 P.O.Box 9350, Dar es Salaam TANZANIA
- ☎ +255-22-2134153　営 8:00～17:00 土曜8:30～13:00（日曜・祝日休）　HP http://jatatours.intafrica.com

※海外で営業している会社については、国番号から記載し、現地時間での営業時間を示しています。また、休日については定休日を表し、夏季、年末年始、旧正月などでは休みになる場合があります。

Photo Credits

Fotolia
Alex Koch : Cover

Flickr http://creativecommons.org/licenses/by/2.1/jp/legalcode
Jenny Mealing / The dude breaks up the glacier ice. : P.24-3,　Robert Gray : P.58,　Moyan Brenn / Antelope canyon : P.60-1,　Allie_Caulfield / 2011-06-13 Arizona, Antelope Canyon 064 Lower Antelope Canyon : P.60-2,　Jeff Moser / Canyonlands NP - Needles District : P.63,　Pinchof 2.0 / White Sands : P.66,　Larry Lamsa / Taos Pueblo : P.69[右],　Miguel Vieira / Sunset at White Sands National Monument : P.69[左],　brewbooks / Big Spring canyon Overlook : P.70,　David Taus / Chelser Park at Sunset : P.72-3,　Dean Souglass / Mesa Arch at Sunrise 1 : P.74[上],　guido da rozze / Usa 2010 : P.76,　Frank Kovalchek / Grand Prismatic Spring, Yellowstone National Park : P.79-5,　Artur Staszewski / Niagara Falls : P.88,　Anthony Cramp / Top of Franz Josef Glacier : P.106,　Colin Bowern : P.108-1,　einalem / Top of Franz Josef Glacier : P.108-3,　Greg Hewgill / Franz Josef Glacier : P.108-2,　Andreas Eldh / Franz Josef : P.109-4,　Nick Bramhall / Hiking the glacier : P.109-5,　ActiveSteve / Franz Josef Village : P.110,　Stefan Krasowski / Philippines Micronesia 053 : P.118-3,　Culantor Lin / 九寨溝 - 五花海 : P.128,　Jody McIntyre / Stone tunnel : P.159,　Sergey / Irkutsk Railway Stattion : P.159,　Stine Homann / DSC_9055 : P.166-2,　Odda town / Odda Kommune : P.171,　Michael R Perry / Postojna Cave Park:P.172,　Voyages Lambert / Plitvice : P.185,　Dennis Jarvis / Croatia-00836 : P.186,　Donald Judge / 28.3.13 Plitvice 013 : P.186

PIXTA
NoK : P.82,　ミラーカ : P.134,　animangel : P.192

©白川由紀 : Cover,P.4,P.16，P.20,P.24-2,P.26,P.31[右],P.40,P.42-2,P.44[下],P.52～P.55,P.57,
©ユーラシア旅行社 : P.2,P.32,P.35[右],P.48～P.50,P.152,P.155,P.164,P.166-3,P.167-1, P.168[下2点],P.195,P.202-1,2,3,P.203-4,6,P.204,P.206～P.210,P.212～P.217,
©K.KANEKIYO / www.mercosur.jp : P.10,P.20,　©宮崎亜希子 : P.12-1,　©毛利祥子P.12-2,3, P.13-4,P.14～15,　©宮地健太郎 : P.22,P.24-1,P.25-4,P.26,P.31[左],P.41,P.43-5,P.138, P.140-1,P.222,　©Belize Public Relation Production : P.35[左]
©Mario Carvajal / www.cano-cristales.com : P.36,P.39[左],　©Sebastian Oquendo : P.39[右],
©Osamu Hoshino : P.62[下],P.78-1,3,4,P.79-2,6,7,P.80
©ARAMARK Parks and Destinations : P.62[上2点],　©ネバダ州観光サービス : P.62[中],P.74[下],
©髙橋良子 : P.64,　©National Park Service Photo : P.72-1,2,P.73-4,　©Redtail Aviation : P.74[中],
©Travel Alberta : P.84[左],　©chipphillipsphotography.com : P.86,　©中井太郎 : P.92,
©Ryoichi Sato : P.95[中・下],　©HagePhoto : P.95[上],　©Chris Kapa : P.96,
©Nick Rains : P.98-1,　©Anson Smart : P.98-4,P.99-6,P.100,　©Warren Clarke : P.101,
©ultimatehikes.co.nz : P.115,　©馬場裕 : P.118-1,
©Okinawan-lyrics / www.okinawan-lyrics.com/2009/12/blog-post_14.html : P.119-4,
©インパック・ツアーズ : P.120[上・中],　©谷口哲 : P.127,　©Murat E. Gülyaz : P.140-2,3,P.142,
©西遊旅行 : P.148,P.151,　©Alexey Trofimov / Solent News : P.156,
©Ajar Varlamov(ロシア) : P.159,　©高江遊(Yu Takae) : P.160,　©Stine Homann : P.166,
©Arhiv Postojnske jame / www.slovenia.info : P.175,
©Franci Ferjan / www.slovenia.info : P.175,　©D. Mladenović / www.slovenia.info : P.175,
©Eisriesenwelt Werfen : P.176-P.180,　©Paul Mckenzie / wildencounters.net : P.196,
©道祖神 : P.191,P.199[右],　©金山麻美 / JATA TOURS : P.199[左]

写真協力
アラスカ州政府観光局，　アルバータ州観光公社，
オーストラリア政府観光局 http://australia.com，　カナダ・オンタリオ州政府観光局，
クロアチア政府観光局，　コロラド・サウスダコタ・ワイオミング州政府観光局，
スカンジナビア政府観光局 http://www.visitscandinavia.or.jp，　スロベニア観光局，
中国国家観光局(大阪)，　中国国家観光局(東京)，
トルコ共和国大使館・文化広報参事官室，　ニュージーランド政府観光局，
パラオ政府観光局，　ベネズエラ・ボリバル共和国大使館，　南アフリカ観光局，
メルコスール観光局
ism，　インパック・ツアーズ，　道祖神，　西遊旅行，　Surtrek社，　ユーラシア旅行社，
ハミルトンアイランド

INDEX

絶景スポット

あ

アイスリーゼンヴェルト	オーストリア	176
アブラハム湖	カナダ	86
アンテロープ・キャニオン	アメリカ	58
イエローストーン	アメリカ	76
イグアスの滝	ブラジル/アルゼンチン	16
ウユニ塩湖	ボリビア	40
ウルル（エアーズ・ロック）	オーストラリア	96
エベレスト	ネパール	148

か

カーニョ・クリスタレス	コロンビア	36
カッパドキア	トルコ	138
カナイマ国立公園とエンジェル・フォール	ベネズエラ	46
キャニオンランズ	アメリカ	70
九寨溝	中国	128

さ

ザ・ウェイブ	アメリカ	64
サハラの白砂漠	エジプト	206

た

ダナキル荒地	エチオピア	212
チョコレート・ヒルズ	フィリピン	152
トロルの舌	ノルウェー	170

な

ナイアガラの滝	カナダ/アメリカ	88
ナトロン湖	タンザニア	196
ナミブ砂漠	ナミビア	200

は

バイカル湖	ロシア	156
パムッカレ	トルコ	144
盤錦の紅海灘	中国	134
フェアバンクスのオーロラ	アメリカ（アラスカ州）	92
ブライデ・リバー・キャニオン	南アフリカ共和国	188
フランツ・ジョセフ氷河	ニュージーランド	106
プリトヴィツェ湖群	クロアチア	182
武陵源	中国	122
ブルーホール	ベリーズ	32
ペリト・モレノ氷河	アルゼンチン	22
ポストイナ鍾乳洞	スロベニア	172
ホワイトサンズ国立モニュメント	アメリカ	66
ホワイトヘヴン・ビーチ	オーストラリア	102

ま

マーブル・カテドラル	チリ	28
マチュピチュ	ペルー	52
ミルフォード・サウンド	ニュージーランド	112
モラヴィアの大草原	チェコ	160

ら

ラック・ローズ	セネガル	192
リーセフィヨルド	ノルウェー	164
レイク・ルイーズ	カナダ	82
レンソイス砂丘	ブラジル	10
ロック・アイランド	パラオ	116

オプションプラン

あ

アオラキ/マウント・クック国立公園	ニュージーランド	110
アワシュ国立公園	エチオピア	216
アンタルヤ	トルコ	147
ウィーン	オーストリア	180
ヴィクトリア・フォールズ	ザンビア/ジンバブエ	205
エル・チャルテン	アルゼンチン	26

か

ガイランゲルフィヨルド	ノルウェー	168
峨眉山	中国	132
キングス・キャニオン	オーストラリア	100
ケープタウン	南アフリカ共和国	191
黄龍洞	中国	126

さ

ザルツカンマーグート	オーストリア	180
サン・ルイス	ブラジル	14
セドナ	アメリカ	62
セブ	フィリピン	155
セレンゲティ国立公園	タンザニア	199
ソグネフィヨルド	ノルウェー	168

た

大連	中国	137
チェスキー・クルムロフ	チェコ	163
ティティカカ湖	ボリビア/ペルー	44
ドゥブロヴニク	クロアチア	186

な

ナスカの地上絵	ペルー	56
ネムルト・ダーウ	トルコ	142

は

ハルビン	中国	137
ブラックキャニオン・オブ・ザ・ガニソン国立公園	アメリカ	74
プリンス・ウィリアム湾	アメリカ	95
ヘイマン島	オーストラリア	105
鳳凰古城	中国	126
ポカラ	ネパール	151
ポトシ	ボリビア	44

ら・わ

楽山大仏	中国	132
リオ・デ・ジャネイロ	ブラジル	14
レティシア	コロンビア	39
レドニツェ・ヴァルチツェ地区	チェコ	163
ワディ・アル・ヒタン	エジプト	210

地球新発見の旅

絶景の旅
未知の大自然へ
The Greatest Landscape of the World

2014年7月16日　初版第1刷発行

編　者	K&Bパブリッシャーズ編集部
発行者	河村季里
発行所	K&Bパブリッシャーズ

〒101-0054　東京都千代田区神田錦町2-7 戸田ビル3F
電話03-3294-2771　FAX 03-3294-2772
E-Mail info@kb-p.co.jp
URL http://www.kb-p.co.jp

印刷・製本　加藤文明社

落丁・乱丁本は送料負担でお取り替えいたします。
本書の無断複写・複製・転載を禁じます。
ISBN978-4-902800-43-2 C0026
©2014 K&B PUBLISHERS

本書の掲載情報による損失、および個人的トラブルに
関しては、弊社では一切の責任を負いかねますので、
あらかじめご了承ください。

K&B
PUBLISHERS